직무중심 역량개발을 위한

NCS의

한국행동과학연구소 편저 | **역할과 과제**

학지사

한국행동과학연구소에서는 매년 당면한 사회문제나 많은 사람이 관심을 가지고 있는 주제에 대하여 여러 분야 전문가가 심도 있게 분석하고 토론하는 학제 간 학술포럼을 개최해 오고 있습니다. 최근 몇 년간 정부의 관계 부처 인사들을 비롯하여 전문대학 교육과정 개발자, 공기업 인사담당자, 취업준비생들에 이르기까지 사회 곳곳에서 크게 회자되는 화두의 하나는 NCS라고 볼 수 있습니다. 따라서 이번에는 한국직업능력개발원과 공동으로 '미래 인재육성을 위한 NCS의 역할과 과제'라는 주제로 학술포럼을 개최하였습니다. NCS의 도입취지와 발전과제를 살펴보고, 직무중심의 역량개발이라는 관점에서 그 효용성과 한계점 등에 대하여 전문가들을 모시고 함께 지혜를 나누는 자리를 마련하였습니다.

국가직무능력표준(National Competency Standards)이란 산업현장에서 해당 직무를 성공적으로 수행하기 위하여 요구되는 역량(지식, 기술, 태도)을 국가 수준에서 체계화하고 표준화한 것이라고 하겠습니다. 박근혜 정부에서 주요 국정과제 중 하나로 책정하여 추진되고 있는 NCS는 학벌중심사회를 타파하고 능력중심사회를 구현하기 위한 하나의 수단으로 그 중요성이 강조되고 있습니다. 그동안 막대한 예산과 노력을 투입하여 상당한 성과를 이룩하였다고 판단됩니다. 그러나 다른 한편에서는 이에 대한 비판과 우려의 목소리가 있는 것도 엄연한 사실입니다. 기술혁신, 사회변화 등으로 인하여 산업구조와 직업세계가 급변하고 있는 현실에서 획일적인 표준화가 과연 얼마나 유용할 것인가에 대한 회의적인 시각이 있습니다.

NCS 정책에 대하여 거세게 비판하거나 냉소적 입장을 취하는 사람들이 많이 있으나, 그럼에도 불구하고 전체 직업분야는 아니더라도 상당수 직업분야에서 NCS는 분명 필요하다고 보며, 앞으로 정권이 바뀌어도 이 정책은 어떤 형태로든 지속되어야 한다고 생각합니다. 다만, 현재 제기되고 있는 다양한 비판과 문제점을 열린 자세로 겸허하게 수용하고 많은 사람의 중지를 모아 발전방안을 모색해야 할 것입니다.

아무리 바람직한 정책이라 하더라도 적절한 숙성과정을 거치지 않고 성급하게 시행하면 갖가지 부작용이 나타나게 마련입니다. 그 좋은 예를 1990년대 초 교육당국이 학교현장에 도입한 수행평가에서 찾을 수 있습니다. 수행평가(performance assessment)는 타당성이 매우 높은 우수한 평가방법임에도 불구하고 여건이 미비한 상황에서 졸속으로 시행함으로써 장점은 제대로 살리지 못하고 '무늬만' 수행평가가 되어 각종 문제들을 야기했던 적이 있습니다. 그러므로 좋은 정책과 제도라도 특정 임기 내에 반드시 성과를 내야만 한다는 조급증을 버리고 정도(正道)를 밟아 나가야 소기의 목표를 달성하고 안착할 수 있다고 봅니다.

이번 학술포럼을 통하여 새삼 깨달은 사실은 NCS 관련 업무나 연구에 종사하는 사람 중 특히 공공기관에 근무하는 분들은 정부 측 반응에 매우 예민하고 조심스럽게 행동한다는 것이었습니다. 잘못하여 눈 밖에 나면 크게 불이익을 당할 수 있다고 걱정하면서 몸을 사린다는 점입니다. 우리 연구소도 관련 공무원들이나 당국에 찍히지(?) 않을까 걱정입니다. 건설적인 비판마저 꺼려 하고 관계기관의 눈치를 살펴야만 하는 조직 풍토와 사회 분위기에서는 창의성을 발휘하거나 혁신적 발전방안을 도모하기 어려울 것입니다.

사실 그동안 여러 기관과 단체에서 주최한 NCS에 관한 각종 세미나, 토론회, 정책설명회 등은 많이 이루어졌습니다. 그런데 그 실상과 결과물을 보면, 대부분 정책 홍보 수준 아니면 정부시책에 호응하는 형태로 좀 더 나은 대안모색이나 건설적 비판이 미흡하였다고 판단됩니다. 어떤 새로운 정책과 제도가 성공적으로 정착되기 위해서는 객관적인 상황인식에 바탕을 둔 냉철한 반성과 성찰이 필요하다고 생각합니다. 즉, 비판을 두려워 말고 현실을 있는 그대로 직시하면서 강점과 약점, 개신해야 할 사항을 올바로 파악할 필요가 있습니다. 이와 같은 인식에 근거하여, 이제 NCS

를 도입한 지도 어느덧 몇 년의 기간이 경과하였고 또한 사회적 이슈가 되고 있는 현시점에서, NCS와 관련된 문제에 대해 다각도로 분석해 보는 것은 그 나름으로 의미 있다고 봅니다.

이 책은 우리 연구소에서 2016년에 한국직업능력개발원과 공동개최한 학술포럼에서 있었던 주제발표와 토론내용을 정리하여 발간하는 것입니다. 아무쪼록 NCS에 관심 있는 분들에게 좋은 참고자료가 될 수 있기를 바랍니다. 끝으로 이 자리를 빌려서 바쁘신 중에도 시간을 내어 훌륭한 원고를 작성하고 학술포럼 현장에서 발표하거나 토론하여 주신 여러 선생님께 대단히 감사하다는 말씀을 드립니다. 또한 학술포럼의 성공을 위해 보이지 않는 곳에서 맡은 바 임무를 충실히 수행한 우리 연구소 직원들과, 이 책이 발간되기까지 수고한 학지사 편집부 직원 여러분께 고맙다는 뜻을 전합니다.

2017년 5월
한국행동과학연구소장 이 종 승

차례

국가직무능력표준에 대한 자전적 감회

곽병선
전 한국교육개발원장

1. 박근혜 정부와 국가직무능력표준 정책

국가직무능력표준(NCS)은 중학교 자유학기제와 같이 박근혜 정부의 대표적 교육정책의 하나다. 국가직무능력표준은 능력중심사회를 실질적으로 촉진하기 위한 직업실무교육 중심의 방향을 우리 사회 전반에 작동할 수 있는 구체적 기제로 설정하고 정부가 이를 추동함으로써, 공기업, 산업계 등 인재 선발 분야의 중요한 기준으로 자리 잡아 가도록 추진되고 있다. 박근혜 정부가 국가직무능력표준을 하나의 핵심 정책으로 추진하게 된 것을 이해하기 위해서는 박근혜 정부의 교육정책 구상 전반을 조감하는 것이 도움이 된다.

박근혜 정부의 교육정책은 크게 세 가지 축으로 압축할 수 있다. 첫째는 공교육 정상화 추진, 둘째는 교육복지 확충(고른 교육 기회 보장을 위한 교육비 부담 경감), 셋째는 능력중심사회 기반 형

11

성이다. 다음 [그림 1]은 이를 한눈에 조감할 수 있도록 마련된 것이다. 필자가 보기에 박근혜 정부의 교육정책은 1980년대 이후 교육개혁이라는 이름으로 역대 정부들이 시도해 왔던 이러저러한 교육정책들의 종합적 결정판이라고 생각한다.

이렇게 말할 수 있는 이유는 크게 네 가지다. 첫째, 박근혜 정부의 교육정책은 우리의 고질적 교육문제를 해결하는 데 있어 매우 돌파력이 있는 대안들을 교육정책의 핵심으로 삼으려고 했다는 점이다. 여기서 돌파력 있는 정책들이란 과거에도 시도가 있었지만 구두선(口頭禪)에 그치고 만 입시 위주 교육의 벽을 넘을 수 있는 정책들을 말한다. 학생 저마다 자신의 잠재력을 찾고 꿈과 끼를 마음껏 키우도록 도우려면, 학생들이 시험의 굴레를 벗어나도록 도와주어야 한다. 개성신장, 창의성 교육은 과거에도 강조해 온 교육의 과제였지만, 정작 이를 촉진할 제도가 미비하여 우리의 교육체질은 현상유지에 머물렀다. 이 문제에 대해서 박근혜 정부 교육정책은 교육과정 중심으로 학교 교육을 정상화하겠다는 의지를 분명하게 설정하고 있다. 다음 [그림 2]가 이를 나타낸 것이다. 박근혜 정부 교육정책은 현재와 같은 입시체제를 가지고는 꿈과 끼를 기르는 교육은 불가능하다는 현행 교육체질에 대한 분석에서부터 출발하고 있다고 보아도 좋을 것이다.

입시제도 이해관계자 전반의 공감대 형성 전에 입시제도의 근간을 직접 건드리는 것은 많은 반발과 혼란을 가져오기 쉽다. 이에 박근혜 정부는 반교육적 폐단에 대한 이해 관계자의 국민 공감대를 형성해가면서, 시험 위주의 학교 교육의 돌파구 중 하나인 중학교 자유학기제를 도입하였다.

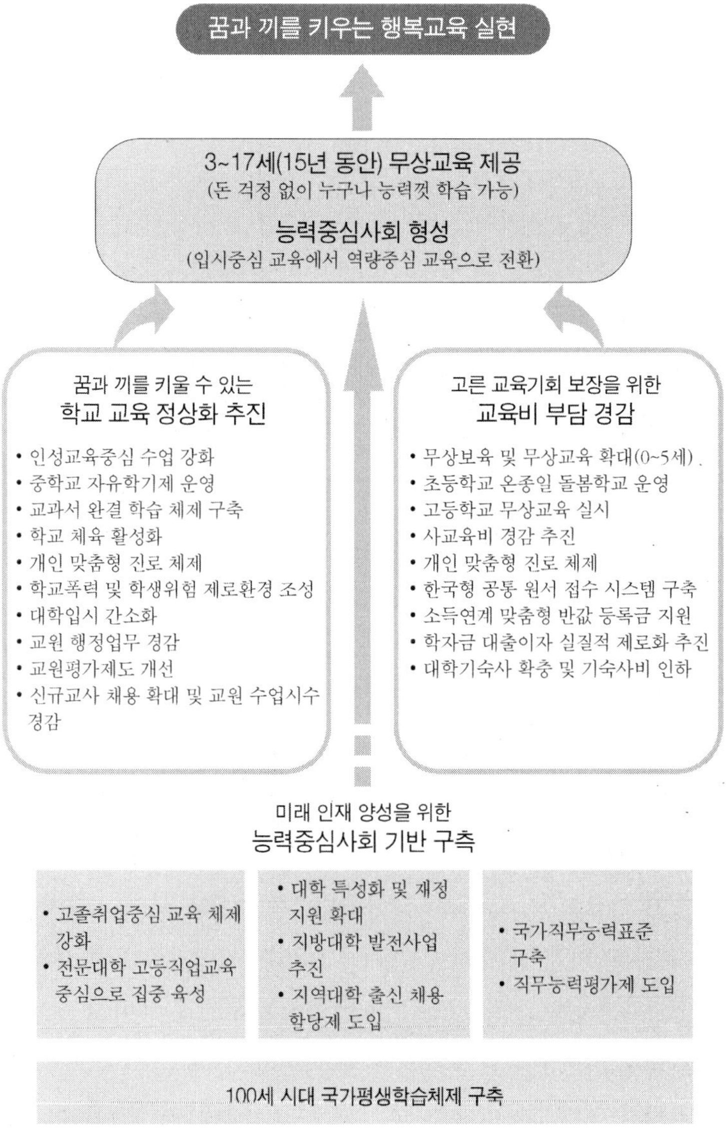

꿈과 끼를 키우는 행복교육 실현

3~17세(15년 동안) 무상교육 제공
(돈 걱정 없이 누구나 능력껏 학습 가능)
능력중심사회 형성
(입시중심 교육에서 역량중심 교육으로 전환)

꿈과 끼를 키울 수 있는
학교 교육 정상화 추진

• 인성교육중심 수업 강화
• 중학교 자유학기제 운영
• 교과서 완결 학습 체제 구축
• 학교 체육 활성화
• 개인 맞춤형 진로 체제
• 학교폭력 및 학생위험 제로환경 조성
• 대학입시 간소화
• 교원 행정업무 경감
• 교원평가제도 개선
• 신규교사 채용 확대 및 교원 수업시수 경감

고른 교육기회 보장을 위한
교육비 부담 경감

• 무상보육 및 무상교육 확대(0~5세)
• 초등학교 온종일 돌봄학교 운영
• 고등학교 무상교육 실시
• 사교육비 경감 추진
• 개인 맞춤형 진로 체제
• 한국형 공통 원서 접수 시스템 구축
• 소득연계 맞춤형 반값 등록금 지원
• 학자금 대출이자 실질적 제로화 추진
• 대학기숙사 확충 및 기숙사비 인하

미래 인재 양성을 위한
능력중심사회 기반 구축

• 고졸취업중심 교육 체제 강화
• 전문대학 고등직업교육 중심으로 집중 육성

• 대학 특성화 및 재정 지원 확대
• 지방대학 발전사업 추진
• 지역대학 출신 채용 할당제 도입

• 국가직무능력표준 구축
• 직무능력평가제 도입

100세 시대 국가평생학습체제 구축

[그림 1] 박근혜 정부 교육정책 구상도
출처: 제18대 대통령직인수위원회 교육과학분과(2013. 2. 14., p. 7). 비출판 내부자료.

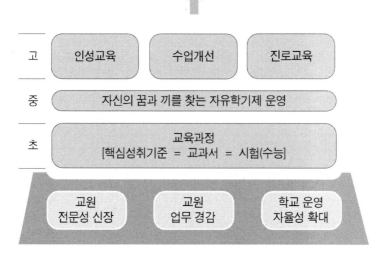

[그림 2] 박근혜 정부 학교교육정상화 방안 구상

출처: 제18대 대통령직인수위원회 교육과학분과(2013. 2. 14., p. 8). 비출판 내부자료.

　비록 한 학기이지만, 이 제도에 거는 기대는 우리 학교 교육의 현실에서 학생주도 학습이 가능할 수 있는 환경과 체질을 기르는 데 물꼬 역할을 해 장기적으로 학교 교육 전체가 자기주도학습이 가능하도록 하는 데 있다. 또한 학교 외적 시험평가에 종속된 학교가 교육본령을 살리는 데 주도적 역할을 하도록 하여 지금과 같은 수능시험에 종속된 입시제도를 혁파하고, 수업마다 교육목적에 적합한 학습경험이 장려되는 교육을 하려는 데 있다. 이러한 맥락에서 박근혜 정부는 '중학교 자유학기제'를 대표 교육정책으로 삼았다. 이것을 박근혜 정부 교육정책의 핵심어인 꿈, 끼, 행복교육의 의미를 살리는 여러 공약 가운데, 획일적 학습체질을 벗어나게 하는 데 있어 파괴력을 지닌 정책으로 의도하고 설정했기 때문이다. 중학교 자유학기제는 2016년부터 전면 시행하였다.

둘째, 우리 교육의 당면 현안에 전면적·종합적으로 대처하고 있다는 점이다. 앞의 [그림 1]이 시사하는 것처럼 박근혜 정부의 공(학교)교육 정상화, 교육복지 확충, 능력중심사회 기반 구축의 세 축은 국가 차원에서 추진해야 할 제반 정책과제를 포괄하고 있다. 이것은 공교육 정상화 정책을 포함하여, 출생에서부터 100세까지의 전 생애에 걸쳐 누구나 경제적 부담 없이 능력껏 원하는 교육 서비스를 받을 수 있도록 하는 교육기회의 형평성 제고, 국가직무능력표준체제 구축을 정점으로 하는 능력중심사회 기반을 형성하기 위한 정책 등에서 잘 나타나 있다고 본다. 이것은 다음 [그림 3]을 통해 더 자세히 볼 수 있다.

셋째, 정책 이행에 필수불가결한 소요 재정을 공약이행 약속 대상으로 천명하여, 재정적 지원방안이 정책안 자체에 내재해 있다는 점이다. [그림 1]에서 보는 것처럼, 교육복지 확충에 해당하는 교육비 부담 경감 정책들은 모두 정부의 재원 확보 여부에 그 성패가 좌우된다. 박근혜 정부는 이에 필요한 재원 확보를 대통령 약속으로 보장하고 있다.

넷째, 이상에서 언급된 박근혜 정부의 교육정책들은 야당 대선 후보들이 내세웠던 교육정책들을 비롯해서 사회 각계에서 제안해 온 여러 주장과 크게 다르지 않았다는 점이다. 예컨대, 영유아교육지원, 고교무상교육, 대학등록금 정책 등 교육복지 부문의 정책과 선행교육 금지를 골자로 하는 사교육 금지 정책에 있어서는 대

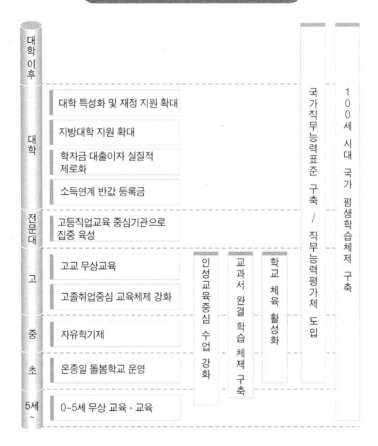

생애단계별 교육 부문 주요 국정과제

대학 이후		
대학	대학 특성화 및 재정 지원 확대	
	지방대학 지원 확대	
	학자금 대출이자 실질적 제로화	
	소득연계 반값 등록금	
전문대	고등직업교육 중심기관으로 집중 육성	
고	고교 무상교육	
	고졸취업중심 교육체제 강화	
중	자유학기제	
초	온종일 돌봄학교 운영	
5세~	0~5세 무상 교육·교육	

인성교육중심 수업 강화 / 교과서 완결 학습 체제 구축 / 학교 체육 활성화 / 국가직무능력표준 구축 / 직무능력평가제 도입 / 100세 시대 국가 평생학습체제 구축

[그림 3] 박근혜 정부의 생애단계별 교육 부문 주요 국정과제

출처: 제18대 대통령직인수위원회 교육과학분과(2013. 2. 14., p. 56). 비출판 내부자료.

동소이했다. 이것은 정당을 비롯한 사회 각계 저변에 교육현안에 대한 문제의식과 그 기본적 해법에 대해서는 공감대가 형성되어 있다는 것을 반증한다. 바로 이러한 이유에서 박근혜 정부 교육정책은 역대 정부들이 추구해 왔던 정책들의 연장선상에 있을 뿐만 아니라, 우리사회의 교육 여론 주도세력들의 여망을 반영하고 있다고 볼 수 있다.

[그림 1]이 보여 주는 대로 국가직무능력표준 정책의 큰 방향은 미래 인재 양성을 위한 능력중심사회 기반 구축을 명시하고 있다. 그리고 관련 하위 주요 정책과제로 '국가직무능력표준 구축'과 '직무능력평가제도 도입' 등을 언급하고 있다. 관련 정책으로는 이두 가지 과제 외에 고졸취업중심 교육체제 강화, 전문대학을 고등직업교육 중심기관으로 집중 육성, 대학 재정지원 대폭 확대, 지방대학 발전사업 추진, 지역대학 출신 채용할당제 도입, 100세 시대 국가평생학습체제 구축 등이 포함되어 있다.

2. 자전적(自傳的) 감회

필자의 발표주제는 능력중심사회와 국가직무자격능력 사이의 연관성을 학술적으로 검토하기 위한 것이다. 아마도 이 학술행사는 박근혜 정부의 국가직무능력표준이 교육정책으로 추진되지 않았으면 마련되지 않았을 개연성이 없지 않다. 필자는 개인적으로 국가직무능력표준 구축 분야의 전문가는 아니다. 그럼에도 불구하고, 박근혜 정부가 이 국가직무능력표준을 중요한 정책으로 채택하고 추진하는 사실에 대해서는 남다른 감회를 느낀다. 이는 교육학자로서의 지난 40여 년의 삶에 있어서 평생의 한 숙원이 이루어진 것이나 다름없기 때문이다. 감회라는 표현은 독자적인 한 개인의 경험으로 축적되고 형성된 정서적·주관적인 느낌을 나타내는 말이다.

학술적인 논의에서 한 개인의 주관적인 느낌을 이야기하는 것은 적절하지 않을 수 있다. 그럼에도 불구하고, 필자는 박근혜 정부가 깊은 관심을 가지고 추진하고 있는 국가직무능력표준에 대한 자전적인 감회를 말하고자 한다. 자전적이란, 말 그대로 말하는 사람만이 살아오는 동안 가졌던 자기만의 경험을 이야기한다는 말과 같은 것이다.

우리 모두는 각자 자기만의 남다른 이야기를 가지고 산다. 덧없는 한 인생의 주관적이고 사적일 수밖에 없는 이야기가 그렇게 들어 줄 만한 대단한 것은 아닐 것이다. 그럼에도 자전적 이야기를 나누는 것은, 우리는 피차 동질적 요인을 공유하고 숙명적으로 연결되어 있어 타인의 경험을 통해서 세상이 어떻게 돌아가는지를 이해하고 해석하는 안목을 키울 수 있기 때문이다. 지리적으로나 시간적으로 매우 동떨어져 있어 인간 삶의 경험과 당면 문제들이 상이함에도 불구하고, 그 해법에 있어서는 유사성이 있다. 어떤 점에서 한 인간의 고유한 경험은 광대한 우주로 통하는 유일한 길이기도 한 것이다. 이러한 점에서 한 인간의 이야기는 자신과 타자를 이어 주고, 공동체로 연결 짓는 접점 그 자체라고 볼 수 있다 (Erben, 1998).

필자는 자신의 전문 분야인 교육내용과 방법 분야의 입장에서 교육의 기준 설정에 깊은 관심을 기울여 왔다. 좁게는 학교 교육에서의 성취기준, 학력기준이 무엇이냐이고, 넓게는 사회 인재 선발의 기준은 무엇이어야 하느냐에 관한 것이다. 필자가 1970년대

초 교육연구 분야에 발을 들여놓은 이래 오늘에 이르기까지 필자의 머리를 떠나지 않았던 문제의식 중 하나는 교육방식이 국가 발전에 차이를 가져올 수 있는가 하는 것이었다. 그동안 안으로는 산업화와 민주화, 밖으로는 동구권 붕괴, 중동전쟁, 중국의 부상 등 많은 변화가 있었지만, 과연 교육이 국가를 축으로 벌어지고 있는 대내외의 변화에 어떤 역할을 얼마만큼 할 수 있는 것인가는 여전히 필자가 교육에 관심을 기울이게 하는 동인이다.

남북대치의 냉혹한 현실과 미·소 간의 각축을 보면서 교육방식의 차이가 체제 유지와 발전에 어떤 관계가 있는가에 관심을 기울이지 않을 수 없었다. 1983년 필자는 교육학회연차대회에서 소련 교육의 동향을 나름대로 검토하고, 비판을 허용하지 못하는 닫힌 방식의 사회화 과정으로는 희망이 없을 것임을 시사하는 결론을 내린 바 있다. 열린사회와 열린교육, 닫힌사회와 닫힌교육이라는 화두는 1980년대에 발표자가 자주 사용했던 용어다.

열린사회와 열린교육은 전체주의체제의 것과 극명하게 대비되는 용어이긴 했지만, 같은 열린사회에 속하는 국가 간에도 정도의 차이는 있었다. 예컨대, 1980년대 영국의 경우 학교 교육과정은 전적으로 교사에게 맡겨져 있었다. 교육과정 자유방임체제인데, 필자는 이것을 교육과정 분산체제라고 불렀다. 국가 교육과정을 주기적으로 개정하고 있는 한국의 입장에서 영국의 교육과정 운영방식은 그 자체로 흥미진진한 관심 대상이 되었다. 고등교육에서 높은 경쟁력을 가지고 있는 영국의 학교 교육과정이 어떻게 결정되고, 어떤 과정으로 상급학교로의 진학이 결정되는지에 대해서 지금까지도 밀착 추적의 관심을 기울이고 있다.

필자는 40여 년간 영국의 교육을 관찰하는 동안, 영국이 그들 특유의 교육과정 분산체제를 포기하고 1989년 국가 교육과정을 도입하며, 연이어 독일의 강한 직업교육의 영향을 받아 국가자격체계(National Qualification Framework)[1]를 도입하는 것을 보았다.[2] 또한 필자는 평생의 연구기지였던 한국교육개발원의 혜택으로 독

---

1) 종전에 필자는 국민역량체계라고 표현하기도 했다. 초창기 영국의 국가자격체계는 다음과 같은 구상으로 출발하였다. 2004년 이후 자격체계는 학력과 직업자격 간의 호환을 살리기 위하여 종전의 5단계 위계를 8단계로 확대 조정하였다.

성취 수준 ＼ 범주	일반 자격 교과 성취도에 대한 입증	경력 관련 자격 직업 분야에서의 성취도 입증	직무 자격 현장에서의 직무 능력에 대한 입증	
고급 수준 5	고급 수준의 자격		국가직업자격 수준 5	
고급 수준 4			국가직업자격 수준 4	지식, 기술, 이해 수준의 향상
상위 수준 3	A 수준	일반국가직업자격 A 수준	국가직업자격 수준 3	
중간 수준 2	일반중등자격 A-C	일반국가직업자격 중간 수준	국가직업자격 수준 2	
기초 수준 1	일반중등자격 D-G	일반국가직업자격 기초 수준	국가직업자격 수준 1	
도입 수준	도입단계에서의 교육 성취수준에 대한 자격기준은 상위 수준으로 진행하기 위한 기초 제공			

직업에 대한 강조점 증가 →

2) 처음에는 5단계로 학력과 직업능력자격을 위계화하였다가 2004년 이후 직업능력과 학력 간의 동등화를 위해서 8단계로 재편되었다. 이 국가자격체계 아이디어는 유럽연합과 세계 여러 나라로 확산되어 47개국에서 구축되고, 환태평양 지역에서는 오스트레일리아, 뉴질랜드, 홍콩에서 자국 실정에 맞게 설정ㆍ운영하고 있다(출처: http://old.cefi.orq/CEFNET/ECOLES/VAE/VAE.UK.htm).

일, 프랑스, 이스라엘, 스웨덴, 구소련 등 교육문제에서 관심을 기울일 만한 세계 각국의 교육현장을 필요할 때면 찾아가 보는 기회를 가졌다. 늘 공통된 관심사는 '그들은 무엇을 중요한 교육기준으로 삼고 있으며, 어떻게 학생을 선발해서 진학시키고 사회적 역할을 분배하는가?'였다. 관심 있는 나라들의 학교 방문 가운데 독일의 아비투어시험 관리 실태와 공장의 작업장을 방불케 한 중학교 공작실습 교육, 배운 실무능력을 부모에게 자랑스럽게 보여 주는 스웨덴의 직업학교 졸업식 장면은 잊을 수 없다. 필자가 그들에게 받은 강한 인상은 이런 것이다. '대학에 들어가 힘들게 공부하는 것보다 내가 좋아하는 일을 잘할 수 있는 실력을 기르는 것은 더 좋고, 그렇게 하는 것은 대학에 진학하는 것과 비교해서 손해 보는 것이 없다.'는 것이다. 특별히 스웨덴의 직업 고교는 직업자격을 따는 대로 졸업이 가능하도록 되어 있어 일률적인 3년 이수제를 취하는 우리와 달랐다. 또 한편, 이들 나라의 교육체질 중에 교사를 신뢰하는 독일과 이스라엘의 교육은 우리의 교육에 중요한 과제가 있음을 늘 생각하게 한다.

1980년대 중반 이후 한국에서도 정부 차원에서 교육개혁 노력이 전개되어 왔다. 이 과정에서 필자가 일관되게 주장하여 온 것은 정상적인 학교 교육이 가능하도록 하는 입시선발 개혁이고, 직업교육 강조 차원에서 교육기준을 쇄신하는 것이었다. 한국 교육의 한 고질병은 근로천시 숭문주의 전통이 있어 직업 기술 교육을 경시하는 것이라고 판단했다.[3]

---

3) 국가의 생산성을 건강하게 유지할 수 있는 사회간접자본의 입장에서뿐만 아니

교육의 기능 가운데 한 가지 중요한 것은 구성원 각자의 잠재능력을 최대로 키워 사회적 역할을 담당하도록 하는 데에 있다. 다르게 말하면, 사회 구성원으로서 분담해야 할 일을 맡게 하는 것인데, 자신의 안녕을 담보할 수 있고 사회발전에 이바지할 수 있는 직업을 갖도록 하는 것이다. 이런 의미에서 모든 교육은 직업교육으로 통한다고 보아야 할 것이다. 그러나 한국 교육의 실상은 직업교육을 외면하고 모두가 높은 학위 추구를 향해 달리는 쪽으로 쏠려 있다는 것을 자성하는 목소리는 어제 오늘의 이야기가 아니다. 이러한 차원에서 한국직업능력개발원이 2003년 후진적 학벌주의 폐단을 분석하고, 폐단에 대한 대안으로 국가직무능력표준 개발 방안에 대한 세미나를 개최한 것은 주목받을 만하다.

라, 교육받은 개개인이 누구나 자신을 존엄하게 여기고 또 여김을 받도록 하기 위해서 한국 교육이 뚜렷하게 지향해야 할 교육 철학상의 원칙이 있다. 그것은 근로천시(勤勞賤視) 숭문주의(崇文主義) 교육관(敎育觀)의 맥을 교육에서 끊도록 하는 것이다. 다른 말로, 일의 세계에 대한 적극적 가치관과 태도를 갖추도록 교육은 제도적으로 내용과 방법 면에서 끊임없는 자기혁신 노력을 기울여야 한다. 오늘날 남다른 생산성으로 경제적 지위를 누리고 있는 나라들은 대체로 그 국민들이 일의 세계에 대한 긍정적인 가치와 태도를 가졌다. 이러한 사회의 교육은 일의 가치를 중요하게 가르치고, 교육받은 인력이 산업현장으로 편입되는 데 지체되지 않도록 한다. 나라에서 바로 직업·기술교육을 제도적으로 강조하고 있는 것이다. 독일은 초등학교 4학년 졸업 후부터 실업교육을 강도 높게 실시한다. 고등학교 학생의 70% 이상이 직업·기술교육을 받고, 졸업과 동시에 산업현장으로 간다. 이러한 사정은 독일의 이웃 프랑스도 비슷하다. 우리의 이웃 대만은 인문·실업 고교생 비율이 30:70이다. 싱가포르도 교육 인력 배출 면에서 대만과 유사하다. 한국은 한때 이 동남아 지역 나라들과 일인당 GNP 경쟁을 벌였다. 하지만 이들 나라는 이미 GNP에 있어서 선진국 진입에 성공했을 뿐만 아니라 우리와 같은 IMF 환란(換亂)을 겪지 않았다. 우리가 무역 적자로 시달리는 동안 이들은 흑자 행진을 계속하여 왔다[필자의 '실업중심의 교육체제(1999. 3. 26.)'에서].

이와 같은 입장에서 필자가 나름대로 주장해 온 것은 국가자격
체계[4] 구축이었다. 그리고 요로의 관계자들에게 직접 호소하는
것을 마다하지 않았다. 그 대상은 정부 장·차관, 국장, 국책 연구
기관장 등을 가리지 않았다. 이러한 노력은 마침내 국정최고 책
임자에게 직접 의사를 피력하는 기회로 연결되었다. '국가자격체
계를 구축하는 것은 국민역량의 로드맵 인프라를 갖추는 것과 같
은 것인데, 능력중심사회로 가기 위해서 필수불가결한 국가사업
이다. 그러나 단기간에 가시적 성과가 나타나지 않을 뿐만 아니
라, 산적한 현안에 파묻히기 쉬워 교육부 장관이 혼자 감당할 수
없는, 유관 부처의 협력이 필요한 과제다. 때문에 국정 최고책임
자가 챙기지 않으면 이 과제는 설사 시작하더라도 외면당하기 쉽
다. 그러나 언젠가는 반드시 이루어져야 할 과제다.' 이에 대해서
이 사업의 중요성을 알겠고 챙기겠다는 의지의 표명을 들었을 때,
'아! 이제 이 나라의 장래를 낙관해도 되겠구나.' 하는 감탄을 누를
수 없었다.

국가자격체계의 기본 구상은 다음과 같은 것이었다. 한 나라 안
에서 학교 교육, 직업훈련 등 각종 교육 및 훈련 프로그램으로 길
러 낼 수 있는 학력 및 직업 분야 자격들을 상호 연결될 수 있는
하나의 자격체계의 틀로 엮어 내고, 학력은 학력대로, 직업능력은
직업능력대로 현실 적합성에 맞게 세련하여 교육과 훈련의 성취
기준으로 삼도록 하자는 것이었다. 필자의 국가자격체계 구축에

---

4) 국가자격체계를 주장한 것은 필자가 한국교육개발원 부원장으로 재직하던 시
절부터다. 대표적인 문헌은 '곽병선(1998). 상황주도력의 개발: 교육문제 해부
와 국가 교육과정정책과제, 한국교육개발원 연구노트(RN 98-1).'다.

대한 주장을 잘 나타낸 글은 각주 5)를 참고할 수 있다.

---

5) 필자는 2011년 '한국 교육행정 선진화의 방향과 과제'란 제목의 발표에서 국민 역량 자격체계의 구축을 다음과 같이 언급하였다. "고등학교 이상의 학교 교육을 마치고 졸업하는 사람들은 그들이 성취한 능력을 항상 유효할 수 있는 학력자격이나 직업능력 자격으로 인정받도록 하고, 그 자격이 진학과 취업의 가장 중요한 전형자료가 되게 하는 제도입니다. 이것은 각자가 성취한 능력을 객관적으로 인정하는 자격으로 확보하게 하는 것입니다. 그렇게 해서 학교가 길러야 할 것은 상대평가에서 상위 서열 획득을 위한 정답 암기력이 아니라, 각자의 적성과 잠재력을 최대로 살려 각자의 진로에 유리한 실력을 기르는 데 집중하도록 하는 것입니다. 수능이나 고시와 같은 일회성 시험 준비에 몰두하는 학습과는 그 내용의 깊이와 학습방법에 있어서 큰 차이가 있을 수 있습니다. 전자는 출제 수준에 맞춰 학습내용의 수준을 조절하고, 시험 점수 고득점 요령에 민감하게 움직입니다. 반면, 후자는 해당 영역의 단계별 자격기준을 놓고 가능한 한 상위 자격을 획득하기 위해서 자격기준에서 요구되는 학습내용을 깊이 있게 충실히 학습하게 됩니다. 전자의 경우 점수는 일회성이지만, 후자의 경우 자격은 관련 규정이 정하는 기간만큼 효력을 인정받을 수 있습니다. 교육받은 능력을 자격취득제도로 전환하려는 이유는, 그중에서도 고교학력 또는 직업능력자격 제도를 두어야 할 이유는 공교육 위기의 핵인 정답암기 교육을 철폐할 수 있는 근간이 될 수 있으며, 학벌주의의 폐해를 뿌리 뽑고 능력중심사회로 진입하는 데 첩경이 될 수 있기 때문입니다. 학벌중심사회에서 능력중심사회로의 이동은 능력을 인정해 주는 구체적 · 제도적 장치 없이는 어렵다고 생각합니다. 어떠한 정책대안이 제시된다고 하여도 우리의 경쟁적 교육구도에서 입시위주 교육은 해소되지 않을 것입니다. 입시 위주 교육을 피할 수 없다고 해서 지금처럼 학생들에게 정답형 단편적 지식 암기 교육을 고질적으로 계속해야 할 이유는 없습니다. 누구나 최소한 공통적으로 갖추어야 할 학습영역을 제외하고, 개인별 학습 역량을 달리하는 교과나 직업 영역에 대해서는 탁월성의 정도를 나타내 주는 자격을 획득하도록 한다면, 실력 위주의 학습이 촉진될 가능성이 높습니다. 시험을 위한 피상적 학습 대신 쓸모 있는 실력을 기르기 위한 진지한 학습이 될 가능성 또한 높습니다. 학력 또는 직업능력자격제도가 도입되면 다음과 같은 학교 교육의 변화를 예상할 수 있습니다. 무엇보다 고등학교에서 학생 개인별 신뢰로운 교과별 학력 기록이 가능하게 됩니다. 학생들은 사전에 공지된 단계별 자격기준에 따라 각자 성취한 수준에 해당하는 자격을 얻게 될 것입니다. 학생평가는 절대평가 체제로 전환됩니다. 엄정한 자격 기준을 적용하기 때문에 점수 부풀리기로 학생의 교과 성적이 과대 평가되는 일이 없어질 것이

이는 크게 국민이 기본 자질로서 갖추어야 할 기량이 무엇인지를 국민적 합의를 기반으로 설정·공포하여 국민 개개인의 학력자격과 직업자격을 하나의 국가자격 틀 안에서 상호 호환이 되게 구축하자는 취지였다. 직업능력 자격은 새롭게 구축해야 할 분야도 있지만, 기존의 직종별로 산재(散在)해 있는 자격들을 상호 연결해 직종별, 자격 위계 간 균형이 맞도록 조정하면 가능하다고 생각해 왔다.

국가자격체계를 주장하는 이유는 다음과 같다. 첫째, 국가가 필요로 하는 국민역량은 학력만이 아니라 직업능력에도 있다는 것을 명쾌하게 제시하여 학습자들이 자기 개발을 총체적 시야에서 도모할 수 있도록 하는 데 도움이 되기 때문이다. 둘째, 학력, 직업능력별 역량의 요소와 그 요소들 간의 위계를 밝혀 줌으로써 교육 및 훈련 기관에서는 교육목표 설정을 분명히 할 수 있고, 이와 상응하여 목표성취에 대한 혼란 방지와 교육과정(過程)의 효율을 높이는 도움을 줄 수 있기 때문이다. 셋째, 인력을 선발하는 기관과 기업에 지원자의 자격을 심사하는 기준과 지침으로 삼을 수 있는 자료를 제공해 줄 수 있기 때문이다. 넷째, 학력과 직업능력 간의 상호 호환 관계를 구축하여 평생교육의 기반을 형성하는 데 도

고, 특수목적고등학교의 비교내신과 같은 요구는 필요가 없어지게 됩니다. 평준화 고교나 도서지역 학교가 불이익을 받는 일도 없어집니다. 폭넓고 깊이 있게 공부할수록 상급 자격을 받는 데 유리하기 때문에 피상적 암기 교육은 사라지게 됩니다. 간단히 말하여, 교육의 본질이 살아납니다. 만약 우리가 한국형 국민자격역량 체계를 세우기로 합의에 도달할 수 있다면, 그 구체적인 방법을 선택하는 데 여러 나라의 경험을 참고할 수 있을 것입니다. 중요한 것은 우리의 교육행정 분야가 이러한 과제를 위해 주도력을 발휘해야 한다는 것입니다".

움이 되기 때문이다. 다섯째, 학벌주의 폐단을 완화하는 데 도움이 되기 때문이다.

필자의 이러한 국가자격체계에 대한 생각에 비추어 볼 때, 박근혜 정부가 추진하고 있는 직무능력표준은 학력 분야를 제외한 직업분야의 자격기준을 구축하는 것으로서 능력중심사회로의 진도를 촉진하기 위한 특단의 정책이라고 볼 수 있다. 이 정책이 중요한 의미를 갖는 것은 이 분야의 관계자들이 오랫동안 숙원으로 여겨 왔던 직업 분야의 자격체계를 국가자격으로 그 위상을 분명히 세워 줌으로써, 직업능력의 중요성을 사회적으로 확인해 주었다는 데 있다고 생각한다. 또한 사회 구성원 각자가 자기 능력을 개발함에 있어서 직업능력 개발이 학력 못지않게 인정받게 되는 기제를 갖추어 준 제도라고 볼 수 있다. 실제로 정부의 의지로 우선 공공기관부터 신입 직원을 채용함에 있어서 국가직무능력표준을 기준으로 삼도록 하여 이 기준이 명실상부하게 인력 선발의 중요한 잣대로 살아 움직이게 하고, 나아가 그 파급 효과가 전체 기업으로 확산될 것으로 기대하고 있다.

3. 향후 과제

국가직무능력표준은 국가의 의지로 출발함으로써 그동안 관련 인사들이 오랫동안의 숙원으로 가지고 있었던 숙제를 일거에 해결하는 쾌거를 이루었다. 그러나 이 정책이 관련 이해 당사자들의 폭넓은 호응과 지원으로 명실상부하게 직업세계에서의 신뢰로운 자격제도로 정착되기 위해서는 해결해야 할 여러 숙제가 있다고 생각한다.

첫째, 각종 전문 직업 분야에서의 자발적인 참여와 협력이 필요하다고 생각한다. 직종별 직무능력 요소들과 그것들의 위계는 그 분야에 종사하는 전문가들이 도출하는 것이 마땅할 것이다. 이 정책은 다분히 위로부터의 추진이라는 성격이 있어 학교현장과 실무현장에서의 소외와 그로 인한 공감대 부족이 발생하거나 증폭될 가능성이 있으므로, 현장으로부터의 이해와 협력을 구하는 데 배전의 노력을 기울여야 할 것으로 판단된다.

둘째, 직종 간, 직무능력 간의 위계에서 상호 균형을 유지하기 위해 직종별 전문가들이 수평적으로 대화하여 능력 단계별 직종 간 괴리가 생기지 않도록 하는 노력이 필요하다고 생각한다.

셋째, 직무정신의 엄정함을 고양시키는 직업관의 형성, 즉 국가 직무능력표준이 직업교육의 중요성에 대한 의식개혁으로 연결되어야 한다고 생각한다. 직무를 중요하게 여기고, 책임 있고 성실하게 임하며, 그 직무가 더욱 가치 있는 것이 될 수 있도록 직무의 수준을 높이는 데 헌신하는 직업정신을 강조하는 계기가 되는 것이 바람직하다.

넷째, 직무능력표준을 끊임없이 쇄신하는 후속 작업이 필요하다. 직무능력표준은 실재하는 직업 분야가 존재하는 것을 전제로 하기 때문에 직업의 세계가 하루가 다르게 변화하는 오늘날의 변화 실상을 제때에 반영하지 못하면, 능력표준과 실제 직업현장 간에 괴리가 발생할 수 있다.

다섯째, 직무능력표준이 정착되는 대로 학력체계와 직업능력체계를 상호 호환 가능한 국가자격체계로 전환시키는 대책을 수립하고 추진하는 것이 필요하다고 생각한다. 직무능력표준체계는 향후 학력자격을 아우를 수 있는 한국형 국가자격체계로 진화될 수 있어야 완성단계에 다다른다.

NCS 정책: 발전과제 탐색을 위한 분석적 검토

장석민
한국교육연구소 이사장

1. 발표의 의도와 관점

이 발표문은 논문보다는 논설문에 가까운 형식으로 쓴 것이다. 따라서 이 발표에서는 직업교육 전문가로서 필자가 지난 30여 년 동안 한 연구와 활동 경험을 바탕으로 세 가지 관점에서 NCS에 관한 비판적 분석을 토대로, 큰 방향의 개선 및 발전 과제에 대한 소신과 견해를 밝히고자 한다.

첫 번째는 직업교육훈련 그 자체의 효율화 관점에서 NCS의 추진 정책들이 타당한가를 분석·검토하여 개선점을 찾는 노력이다. 직업교육이 당면한 문제점 해결 및 미래 요구의 관점에서 NCS가 얼마나 도움이 되고 있으며, 도움이 될 가능성이 있는가를 분석해 보면 그 정책의 타당성을 추론해 볼 수 있다. 그러나 이러한 실증적 분석의 시도는 아직 없었고, 따라서 그러한 자료도 거의 없다. 다만, 가설적으로나 이론적으로 설명한 일부의 정책 자료가 존재한다. 이 점에서 NCS의 타당성을 직업교육 효율화의 관점에서 좀 더 체계적으로 분석·검토해 보고, 그 개선 방향에 관한 필자의 견해를 제시하고자 한다.

두 번째는 경제·사회적 인력 요구 충족의 관점에서 NCS 정책이 타당하게 추진되고 있는가를 분석·검토하여 개선점을 찾는 노력이다. 경제·사회적 인력 요구 충족의 관점에서 얼마나 타당한가를 판단해 보려면, 목하 우리나라가 직면하고 있는 청년 대량 실업 문제, 산업 기능인력 부족 문제 및 산업 경쟁력 약화 문제, 인력의 지나친 고학력화 및 인문 편중화 문제, 학벌 사회의 양극화 및 형평성 문제 등의 해결에 얼마나 도움이 되는가를 분석해 보아야 한다. 그러나 NCS 정책이 과연 이러한 문제점 해결에 얼마나 도움이 되고 있으며, 도움이 될 가능성이 있는가를 분석한 자료는 거의 없기 때문에 필자의 오랜 경험에 비추어 합리적 추론으로 판단해 보고자 한다.

세 번째는 혁신 이론과 전략의 관점에서 NCS 정책의 추진이 타당하게 효과적으로 추진되고 있는가를 분석·비판하고, 그 개선 방향 및 발전 과제를 제시하는 것이다. 우리나라는 말할 것도 없고 선진국에서도 과거 수많은 좋은 정책이 실패로 끝난 경우가 많았다. 이 점에서 많은 선진국은 혁신 이론을 구축하고 적용함으로써 정책의 실패 확률을 낮추고 있다. 그럼에도 NCS 정책 추진 과정에서 이런 혁신 이론을 검토하고 적용했다는 증거는 찾기 어렵다. 이 점에서 필자는 성공적 혁신 이론의 관점에서 NCS 정책 추진의 과정 및 전략을 분석해 보고, 그 타당성을 검토해 보고자 한다.

이상의 세 가지 관점은 이하에서 NCS 정책 추진의 모든 측면에서의 타당성을 분석·검토하는 일관된 기준을 적용한다. 그리고 타당성 검토에 기초하여 그 개선 및 발전 과제도 탐색해 보고자 한다.

2. NCS 정책의 기본 전제에 대한 분석적 검토

이 장에서는 NCS 정책의 기본 전제들을 분석적으로 검토해 본다. 정부가 명시적으로 제시한 전제는 말할 것도 없고, 묵시적인 전제까지도 포함하여 분석적으로 검토해 보고자 한다.

1) NCS 정책의 묵시적 전제에 대한 검토

NCS 정책은 분명하게 천명한 바는 없지만 결과적으로 직무분석법(job analysis)의 적용과 직무를 국가표준으로 정하는 것이 타당하고 바람직하다는 것을 전제로 하고 있다. 일단 상식적으로 수긍은 된다. 그러나 깊이 분석해 보면 직무분석이 어떻게 이루어지고 적용되느냐에 따라, 국가직무표준이 어떻게 만들어지고 적용되느냐에 따라 바람직할 수도 있고 그렇지 않을 수도 있다. 이 점에서 필자는 NCS 정책의 묵시적 전제들을 먼저 분석·검토해 보고자 한다.

(1) 직무분석법의 장점과 한계점의 검토
직무분석은 20세기 초부터 미국을 비롯한 공업 선진국에서 도입·적용되어 온 전통을 가지고 있다. 소위 Taylor의 과학적 관리법이 대량 생산을 위한 경영 철학으로 정착한 근저에는 직무분석법이 토대하고 있다. 대량 생산 체제가 가능했던 것은 분업(division of labor)으로 노동의 전문성과 효율성이 극대화되었기 때문이다. 이는 직무분석을 통하여 생산 및 조립 라인(assembly line)에서 각각의 노동자가 해야 할 일과 역할이 분·초 단위로 분명히 나뉘고 규정될 수 있었기에 가능했던 것이다. 이후 직무분석법은 진화를 거듭하여 오늘날에 와서는 직무를 가장 과학적이고 객관적으로 파악하고 기술하는 방법으로 정착되었다.

직무분석의 일반적 목적은 수행해야 하는 일과 직무에서 요구되는 역량과 조건을 정확히 기술하는 것으로 볼 수 있으며, 이는 직무 개선의 토대로서 흔히 직무 영역의 규정, 직무 자체의 기술(description of a job), 직무성취도 평가, 사원 선발 및 배치 제도, 승진 기준, 훈련 요구 내용, 보수 및 보상 체계 등에 관한 정보를 제공한다. 미국을 비롯한 선진국들은 기업의 인사 관리 및 인적자원 관리의 중요 수단으로 직무분석법을 활용하여 왔다.

직무분석은 일반적으로 다음과 같은 질문에 대답을 얻기 위해 시행된다.

① 그 직업은 왜 존재하는가?
② 그 직업에서 어떤 신체적 및 정신적 활동을 수행하는가?
③ 그 직업은 언제 수행되는가?
④ 그 직업은 어디(어느 장소)에서 수행되는가?
⑤ 그 직업은 어떤 방법으로 수행되는가?
⑥ 그 직업 수행에 요구되는 자질과 역량은 무엇인가?

직무분석을 통하여 이 질문들에 정확한 답을 구할 수 있다면 우리는 회사나 직장의 직무나 노무 관리를 효율적으로 할 수 있으며, 인력의 양성도 현장의 요구에 맞게 효율적으로 할 수 있을 것이다. 이러한 입장에서 선진국들은 직무분석을 오래전부터 적용해 왔다.

선진 기업들은 인력 선발, 배치, 활용, 업적 평가, 보상 등의 인적자원 관리를 위해서는 말할 것도 없고, 인력의 훈련과 개발에서도 직무분석법을 널리 활용하고 있다. 현장 적응력이 높은 인력을 양성하기 위해 기업 이외의 직업교육 훈련기관에서도 직무분석법을 활용하는 것이 보편화되었다. 특히 미국에서는 인적자원 관리를 위한 기업의 직무분석법과는 달리 직업교육과정 개발만을 위한 직무분석법이 널리 활용되기도 한다. DACUM(Developing a Curriculum)법은 기업의 인사 관리보다는 직업교육훈련의 내용과 방법을 탐색하는 데 역점을 두는 직무분석법으로서 미국을 비롯한 세계 각국의 직업교육 훈련기관들에 의하여 널리 활용되고 있다.

직무분석은 크게 두 가지 방법으로 구분할 수 있다. 첫 번째는 일과 기능 중심(task oriented) 방법으로, 자료(data), 사람(people) 및 사물(things)의 관점에서 일이 수행되는 절차와 요인을 분석하는 방법이다. 두 번째는 인간 특성 중심(worker oriented) 방법으로, 인간의 지식, 기능, 기타 능력 및 특성의 관점에서 일이 수행되는 절차와 요인을 분석하는 것이다.

직무분석의 절차와 방법은 복잡하고 다양하지만, 이를 간단히 요약하면 현장의 기능인들이 무엇을 하기 위해 어떤 지식과 기능 및 태도를 가지고, 어떤 도구와 장비 및 재료를 활용하여, 언제 어디서 어떤 업무를 얼마나 자주 수행하는지 등에 관한 정보를 관찰 및 면접 등을 통하여 수집하고 분석하는 활동으로 볼 수 있다.

이상의 고찰에 입각해 볼 때 직무분석은 직무를 가장 과학적이고 객관적으로 파악하는 방안으로 인식된다. 이 점에서 직무분석법은 기업의 인적자원 관리를 위하여 직업교육 훈련기관에서 필수로 활용되고 있다. 그리고 기능·기술 자격제도를 채택하고 있는 나라에서도 현장 타당성이 높은 인력을 양성하기 위해 현장 직무분석에 기초하여 자격검정 기준을 만들어 적용한다. 이러한 자격검정 기준은 동시에 직업교육훈련 기준으로도 적용된다.

지난 세기 동안 직무분석은 직무와 역할을 세분화하여 규정하고 관리함으로써 기업의 생산성과 업무 효율을 높이는 데 크게 기여해 왔다. 그러나 직무분석이 만능은 아니다. 한 사람이 이 일, 저 일을 맡지 않으면 안 되는 소규모 기업이나, 최종 발명품이나 산출물이 사전에 규정될 수 없는 창의적 모험을 하는 기업 등에서는 직무분석이 불필요할 수도 있고 적용이 어려울 수도 있다.

최근의 기업과 직업세계의 변화는 직무 수행에 많은 변화를 요구하고 전통적 직무분석의 필요성에 의문을 제기한다. 20세기 중반부터 제기된 문제인 협소하게 전문화된 일의 반복에서 발생하는 비인간화(dehumanizing) 문제점에 대응하여 직무확장, 직무순환, 직무심화 등이 이루어지고 있다. 직무확장(job enlargement)은 같은 수준의 과업을 추가해 주는 것이고, 직무순환(job rotation)은 서로 다른 일에 배치하는 것이며, 직무심화(job enrichment)는 근로자의 책무감, 성취감, 인정감의 경험 기회를 높이도록 직무를 재설계하는 것이다. 이러한 대응은 엄격히 규정된 직무의 단순 반복으로 인한 비인간화 문제를 완화하는 조치로 이해되며, 엄격한 직무분석법 적용의 한계점을 제기하는 것으로 볼 수 있다.

직무분석법의 가장 큰 한계점은 미래의 기술 변화 및 업무 변화를 반영하지 못하는 것이며, 기업과 회사원의 책임과 업무가 수시로 변동되는 최근 기업의 환경 변화에는 대응하기 어렵다는 것이다. 최근에 등장한 직무해제(dejobbing)란 용어는 직무분석법에 대한 근본적 회의 또는 변화를 요구하는 것으로 볼 수 있다. 오늘날 기업의 환경 변화는 기업의 직무와 책무를 새롭게 확대하도록 요구하고 있고, 종업원 또한 자신의 직무규정에 제한되지 않고 융통성과 창의성을 발휘하여 일하도록 요구받고 있다. 기업은 제품과 기술의 급격한 변화 및 서비스 경제로의 전환에 대응하여 신속한 대응력, 유연성 및 경쟁력을 강화하기 위한 수단으로, 고정적인 직무규정과 역할 분담을 해제하는 변화를 하게 되었으며, 이는 직무해제란 용어로 최근 개념화되었다.

최근의 직무해제 동향은 지금까지 잘 규정된 직무와 책무의 중요성을 약화시키고, 나아가 해제하여, 시간 변화 및 상황 변화의 새로운 요구에 신속 대응하여 기업의 경쟁력을 높이려는 의도를 반영하고 있다.

기업의 수평 조직화(flatter organization)는 직무규정의 근본적 변화 요구로 인식된다. 기존 7~8단계의 위계 조직을 2~3단계로 축소하여 창구 직원이 중요한 의사결정과 서비스를 동시에 할 수 있게 하여 기업의 경쟁력을 높이는 것이다. 이는 직무의 상하·수평적 관계와 책무에 대한 견해를 전혀 새로운 각도로 이해하도록 요구한다.

최근의 기업 공동 작업팀(work team)은 공동 작업과 공동 책무를 부여받는다. 융·복합 기술 사회로 진전됨에 따라 기업의 공동 작업은 더욱 보편화되고 대형화되고 있다. 이 점에서 개인의 직무 규정을 전제로 한 직무분석과 직무규정은 적용되기 어렵다. 임무와 역할이 분담되기도 하지만 공유되기도 하고, 순환도 되고, 동시에 공동 작업으로 이루어지는 등 복잡하기 때문이다.

경계 없는 조직(boundaryless organization)에서는 근본적으로 직무분석법의 적용이 어렵다. 경계 없는 조직에서 기업은 최대 이익의 관점에서 위계 조직과 부서 간 장벽 및 각자 내 일이 아니라는 배타적 태도를 제거하고, 수용적으로 일과 과제를 결정하고 추진한다. 따라서 과제에 따라 수시로 직무가 부여되기 때문에 개인에게 고정된 직무규정은 별 필요가 없게 된다.

급속한 기술 변화 주기의 단축, 제조 공업으로부터 서비스 경제로의 전환, 융·복합 기술의 보편화, 창조적 모험 기업의 확산, 리엔지니어링, 기업의 수평 조직화, 기업의 경쟁력 강화를 위한 다양한 변신은 직무분석법을 단순화하여 획일적으로 적용할 수 없도록 만들고 있다. 이 점에 관한 많은 연구와 고려가 필요한 시점이다.

우리나라는 아직 직무분석법을 적용하여 기업의 생산성이나 직업교육 훈련의 효율성을 더 높일 필요가 절실하다고 본다. 그러나 직무분석은 고도의 전문성과 많은 경험이 요구된다. 우리나라는 아직 전 산업 분야에 걸쳐 직무분석을 적절히 수행할 수 있는 전문가를 보유한 것으로 판단되지 않는다. 갑자기 전문가를 일시에 대량 양성하여 투입한다면, 그 직무분석의 결과는 그만큼 불완전

할 것이다. 그리고 직무분석에 투입된 시간과 비용의 합당성, 직무분석이 수행되는 여건 등이 불비하다면 그만큼 결과는 부실해질 수 있다. 이 점에서 직무분석 결과의 적용은 한계점을 지닐 수밖에 없을 것이다.

(2) 국가 직무표준화의 장점과 한계점의 검토

직무기술 규정은 중세 장인조합(gild/trade union)이 자신들의 기술을 전수하고, 가르치고, 그 비밀을 보호하여 자신들의 신뢰와 권익을 옹호하기 위해 노력하는 과정의 일부분으로 만들어지기 시작했다. 장인조합이 도제들에게 기술을 가르치고 도제 자격 및 장인 자격을 인정하는 기준을 만들어 적용함으로써 직무기술(job skills) 서술 및 표준화가 시작된 것이다. 그러나 이러한 직무기술 규정은 국가와는 무관하게 자신들의 이익과 권익을 보호하기 위한 자율적 집단행동이었다.

근대에 민주주의가 보편화되면서 신분제와 연결된 것으로 인식된 도제제도는 대부분 국가에서 사라지게 되었고, 직업훈련 또는 직업교육 형식으로 발전하여 학교 교육 안으로 진입하였고 통합되었다. 그런 가운데 독일은 전통적 도제제도를 폐기하는 대신, 근대적 학교 교육과 접목하여 그 장점을 잘 살려 오고 있다. 독일은 1963년 근대적인 직업교육법을 새로 제정하여 도제제도의 장점을 살린 그 유명한 이원화 직업교육제도(dual system)를 정착시켜 지금까지 잘 운영·발전시키고 있다. 따라서 독일은 길드조합들이 각기 발전시켜 적용해 오던 장인기술 직무 규정들을 국가의 직업기술자격제도로 확대·발전시켰다. 이런 점에서 독일은 국가 직무능력표준과 직업자격제도를 세계에서 가장 잘 만들어 운영하는 국가로 인식된다.

영국을 비롯한 영연방국가들도 대부분 직무능력을 국가 수준에서 규정하고 국가 자격제도를 운영하고 있다. 그러나 영국은 제2차 세계대전 이후까지도 국가 자격제도를 채택하지 않고 길드조합이 자율적으로 자격제도를 운영하였다. 그러나 패전 후에 이원화 직업교육제도를 운영한 독일이 빠른 속도로 경제 및 기술 발전을 이룩하자 영국도 기술교육과 직업교육을 강화하는 교육개혁법을 1988년부터 제정 및 적용하면서 국가 수준에서 직무능력표준을 만들어 적용하였다. 영국은 국가 직업자격제도(National Vocational Qualification: NVQ) 및 일반 국가직업자격제도(General Vocational Qualification: GNVQ)를 도입·운영하다가 이를 토대로 EU국민역량체계(European Qualification Framework: EQF)를 수용하여 EU 국가 간에도 통용될 수 있는 QCF(Qualification and Credit Framework) 제도를 만들어 2012년부터 적용해 나가고 있다.

미국은 자유시장경제 원칙으로 국가 자격제도를 채택하지 않고 있다. 모든 것이 시장의 경쟁에 의하여 평가되고 선택되기 때문에 노동시장도, 직업교육훈련 시장도 열려 있고 자유 경쟁하도록 되어 있다. 그럼에도 불구하고 미국도 직업교육 발전에 많은 노력을 기울여 왔고, 1980년대에 국제 경쟁력이 약화되자 인력 양성의 질을 높이는 노력의 일환으로 1994년 「국가기술표준법(National Skill Standards Act)」을 제정하고 정부가 지원하여 제조업 분야에서 기술표준들을 개발하여 적용하는 노력을 하였다. 그러나 이러한 기술표준들은 국가가 지원했을 뿐 국가 주도의 직무능력표준이 아니고, 산업 분야별 협회(Industrial Sector Council: ISC)가 그들의 필요에 입각하여 만들어 적용하는 자율적인 것이었다. 따라서 이러한 표준은 산업체가 필요하면 필요한 만큼 자유롭게 선택하여 적용하였다. 법적 강제나 구속력은 전혀 없다. 이와 같이 미국은 획일적인 그리고 국가 독점적 통제력을 갖는 국가 직무능력표준이나 자격제도를 갖지 않음으로써 오히려 국민의 창의력과 기술력이 더 발휘될 수 있도록 하는 장점을 지녔다고 판단된다.

표준은 국가 공업 표준 및 세계 공업 표준처럼 경제적 효율성을 높이기 위해 매우 필요한 경우가 많다. 따라서 대부분의 근대 국가는 국가 표준을 만들고 관리하는 정부 조직을 가지고 있다. 국가직무능력표준도 이러한 입장의 대부분 국가에서 채택되고 있는 것으로 인식된다.

직무능력표준은 국가 환경 및 수준에 따라 필요할 수도 있고 그렇지 않을 수도 있는 것 같다. 자유시장경제 제도를 채택한 나라들은 필요한 제반 정보와 지원은 법에 따라 정부가 공평하게 제공하되 간섭과 통제는 최소화하여 국민의 자율과 창의적 노력을 극대화하려고 한다. 이것은 바로 시장경제가 효율화되는 요체이기도 하다. 국민의 일반적 교육 수준이 높아 정보 소통 능력과 자율적 판단력이 제고되고 경제 수준이 향상되며 동시에 민주화가 진전된다면, 직업교육에서도 국민의 자율적이고 창의적인 노력이 극대화되도록 국가의 역할과 통제를 줄여 나가야 한다. 국가가 직업교육을 직접 통제하고 관리하기보다는 여건과 기반 구축을 지원하는 일에 역점을 둘 필요가 있는 것이다.

우리나라의 경우도 과거 개도국 시기에는 우수한 정부 관료가 앞장서 직업교육훈련을 선도하고 관리하는 것이 효과적이었다고 판단했다. 따라서 과거에는 직업훈련기준이 강요되었지만 그로 인해 빨리 많은 발전이 이루어졌던 것도 어느 정도 사실이다. 그러나 1990년대 이후에는 획일적인 훈련기준이 기업과 사회의 다양한 요구에 부응하지 못하게 되었고, 심지어 창의적으로 기업의 특성을 살려 잘하려는 일부 기업의 노력을 가로막는 요인으로 인식되기 시작하였다. 이러한 점에서 볼 때도 그렇고 미국의 경우를 견주어 보아도 국가표준이 반드시 효율적이라고 판단하기는 어렵다.

대체로 국가표준은 후진국에서 선진국으로 가기까지는 긍정적 효과가 더 클 것이라고 가정된다. 그러나 선진국으로 발전함에 따라 산업 다양화와 변화, 융·복합 등의 기술 변화, 기업 조직의 경영 변신 등 실로 많은 다양한 변수로 인해 획일적인 표준화가 매우 어렵게 되거나 불가능해질 수도 있다. 개인과 개별 기업이 자율적으로 독창성을 발휘해야 하는 미래 산업 시대에는 표준화가 근본적으로 거부될 수도 있을 것이다. 시대의 흐름을 거스르는 이러한 표준화를 강요한다면 저항과 갈등이 커지고 추진을 위한 투자가 늘어나도 효과는 반감되는 상황에 직면할 수도 있다. 따라서 국가직무능력표준화 정책도 무조건 추진하기보다는 미래 산업 기술 환경 변화를 고려하면서 투자 대비 효과를 평가해 보는 중간 점검이 필요한 것 같다.

가장 효율적이고 궁극적인 방안은 정부의 개입과 지원을 최소화하고, 개인과 기업이 자율적으로 판단해서 직업교육훈련의 효율성을 높이고 기업의 생산성을 높이는 것이다. 이 점에서 정부의 개입과 투자를 확대해서 문제를 해결해 보고자 노력해 온 지금까지의 방향, 즉 표준화를 강화하는 방향과 그 반대로 정부의 개입과 투자를 최소화하고 국민과 기업의 자발적이고 창의적인 노력을 극대화하여 문제 해결을 시도하는 방향, 즉 표준화를 해제하는 방향을 비교·검토해 볼 필요도 있다.

2) NCS 정책의 명시적 전제에 대한 검토

(1) 직업교육훈련 효율화의 가능성과 한계성 검토

NCS는 현장 적응력이 높은 인력을 양성하기 위해 직업교육훈련 제도를 개혁하는 과제로 인식된다. 이 점에서 NCS 개혁 정책이 타당한가를 보기 위해서는 우선 직업교육훈련의 관점에서 효율적인 정책인가를 분석·검토할 필요가 있다. 직업교육훈련 관점에서 그 타당성을 살펴보는 일은 직업교육훈련 그 자체의 과정이나 제도의 문제점 등이 얼마나 해소될 가능성이 있는가를 분석해 보는 것이며, 다른 한편으로는 직업교육훈련 결과로서 취업률을 높이고 동시에 경제 산업적 인력 양성 요구에 얼마나 잘 부응할 가능성이 있는가를 분석해 보는 것이다.

① 직업교육훈련 자체의 문제점 해결 가능성과 한계성

먼저, 직업교육훈련 과정 자체의 효율화 관점에서 지금까지 직업교육훈련이 직면해 온 주요 문제점을 얼마나 잘 해결할 가능성이 있는가 및 그 한계성에 대하여 검토해 보고자 한다. 여기에서는 여건 제한으로 인하여 직업교육훈련이 지금까지 직면해 온 중요한 세 가지 문제점, 즉 현장과 괴리된 교육과정, 부실한 현장 실습교육, 효용성 낮은 자격증 문제점만을 검토해 볼 것이다. NCS가 이러한 문제점들을 잘 해결할 수 있다면 직업교육훈련의 효율화를 그만큼 잘 달성할 수 있는 것으로 볼 수 있으며, 한계성이 있다면 그만큼 효율화를 달성하기 어려운 것으로 볼 수 있을 것이다.

지금까지 직업교육훈련이 직면한 가장 큰 문제점은 현장과 괴리된 직업훈련 과정을 운영할 수밖에 없었다는 점이다. 지금까지 학교에서는 현장의 급속한 변화를 잘 모르고 따라잡을 수도 없는 한계점이 있었고, 교육과정 개정도 산업계의 참여는 형식에 그치고 교수들과 교원들의 주도로 이루어져 실무보다는 이론 편중으로 이루어지는 한계점을 지녀 왔다. 이 점에서 NCS는 산업현장 기술자 중심으로 현장 직무분석을 통하여 교육과정을 새롭게 제정하는 방식으로 변화를 시도했고, 따라서 지금까지 현장과 괴리되는 교육과정을 만들 수밖에 없었던 문제점들을 어느 정도 해결할 수 있을 것으로 판단된다. 물론 현장 직무분석이 원래의 의도대로 제대로 이루어진다는 전제하에 그렇게 될 것으로 전망된다.

과거에도 현장 타당성이 높은 교육과정을 개발하려 노력해 왔지만 정부의 의지 부족으로 인한 예산지원 부족과 산업계 및 관련 부처들의 협력 부족이 가장 주요한 원인으로 작용하여 실패했던 것으로 판단된다. 그러나 박근혜 정부는 이전과는 달리 교육부와 고용노동부가 합작하고 기타 관련 부처가 협력하는 자세를 보였고, 산업체도 참여 자세를 보이고 있어 더 큰 효과를 거둘 것으로 기대되고 있다.

두 번째는 현장실습 부실의 문제점이다. 학교는 제때에 전공에 맞는 현장실습처를 구하기 어려웠고, 확보한다 해도 실습이 형식적으로 이루어졌으며, 열악한 여건에서 학생들의 노동력만 활용되는 실습으로 전락된다는 불만이 계속해서 제기되어 왔다.

현장실습은 학교에서 배운 이론을 적용해 보면서 제반 실무를 익혀 현장 적응력을 높이는 요체다. 그러나 독일 등과는 달리 우리나라는 현장실습이 그 회사의 채용을 전제로 하지도 않고, 기능인의 실습교육을 기업이 마땅히 맡아야 한다는 인식과 전통도 없기 때문에, 많은 기업이 부차적이고 손해 나는 일을 마지못해 하는 것으로 받아들이고 있다. 이러한 기업 풍토를 해결하는 일은 쉽지 않다. 또한 이러한 풍토에서 학생들이 불만 없이 받아들일 만하며, 동시에 제대로 실습 교육을 제공할 기업체를 확보하는 일은 쉽지 않다. 때문에 정부는 고육지책으로 기업에 많은 재정 지원 등 유인책을 제공하여 참여를 유도하고 있다. 학생들에게도 참여를 유도하기 위해 초임자 인건비의 80~90%에 육박하는 많은 훈련수당을 제공하는 것은 물론, 대학에 진학할 수 있는 특전 등 많은 유인책을 제공한다.

그러나 정부가 참고했다는 스위스나 독일의 경우를 살펴보면, 도제훈련은 기업의 필요성에 의한 것이며, 정부는 제도적·행정적 지원만 한다. 독일의 기업은 그것을 훌륭한 기능인을 양성·확보하는 최선의 방법으로 알고 자발적으로 참여하며, 도제생에게 초임자 임금의 약 20~40% 정도를 훈련수당으로 지급한다. 독일 기업들은 이러한 훈련수당 지급에 대하여 훈련 1년 차에는 기업의 손실이 되지만 2, 3년 차가 되면 도제생의 생산성이 높아져 오히려 기업에 이익이 되는 것으로 인식하고 있으며, 무엇보다도 현장에 잘 적응된 기능인력을 우선 확보하는 이점을 가장 큰 보상으로 생각한다.

그러니까 독일은 각 산업 분야의 기업들이 단합해서 분야별로 필요한 만큼의 기능인력을 도제훈련으로 양성·확보하면서도, 동일 분야 기업 간에는 기능인력 채용을 두고 경쟁하는 구도가 형성되어 있는 것이다. 독일의 도제훈련생은 훈련수당을 받으면 최소의 생활비를 확보하면서 현장 적응력이 높은 훈련을 받아 취업이 유리하기 때문에 전일제 직업학교보다는 도제훈련을 훨씬 선호한다. 그리고 독일에서는 청소년들이 직업훈련을 통하여 자격을 취득하면 취업에 유리하고 생계도 보장되는 수준이 되며, 이후 10년 이내에 마이스터가 되면 사회적 지위도 인정되며 자부심을 가지고 직업 생활을 할 수 있는 사회 분위기가 조성되어 있다. 한마디로 직업훈련을 둘러싼 사회적 인프라가 우리나라와 다르게 조성되어 있다.

독일의 도제훈련을 기준으로 해서 우리의 NCS가 시도하는 도제훈련을 검토해 보면 이 정책의 지속 가능성에 대한 큰 의문이 제기된다. 독일에서처럼 도제훈련으로 기능인력을 확보하는 것이 필요하고 유리한 기업들이 자발적으로 참여하고, 학생들도 이러한 도제훈련을 최선의 진로 선택으로 인식하여 자발적으로 참여해야 NCS 정책의 지속성이 담보될 수 있다고 판단되지만, 현실은 그것과 거리가 먼 것으로 인식되기 때문이다. 그러나 우리나라 기업 및 학교 풍토는 독일과 너무 다르기 때문에 독일에서 그 제도가 아무리 이상적이고 성공적인 제도라고 하더라도 단기간 내에 우리나라에서 자발적 참여 기업과 학교를 찾아내고 성공적 적용

모델을 만들어 내는 것은 쉽지 않다고 판단되며, 이를 확산·정착 시키려면 교육적·경제적·사회적 인프라 구축을 위하여 10년 이상 장기간의 정책적 노력이 요구될 것으로 판단된다.

그럼에도 불구하고 정부가 추진하는 모습을 보면, 스스로의 필요성에 입각하여 참여한 기업과 학교를 중심으로 이를 적용하여 성공 모델을 만들고 자연스럽게 확산되도록 해 나간다기보다는 정치적으로 사전에 결정된 목표 달성을 위해 정부가 주도적으로 무리한 유인책을 제공하면서 참여 학교와 기업 수를 확대해 나가고 있다는 인상을 지울 수 없다. 그렇게 되면 정권이 바뀌면서 유인책은 사라지고 필요성에 대한 인식 또한 확실하지 않기 때문에 정책은 중단되기 마련이다. 따라서 NCS 정책이 얼마나 학교 및 기업의 자발적 필요성에 기반하여 추진되고 있는지를 검토해 보고, 필요하면 정책의 방향과 목표까지도 수정·보완하여 정권 교체에 관계없이 지속성이 담보되도록 노력해야 할 것이다.

NCS 정책이 효과가 있다 하더라도 투자 대비 효과 면에서 효율성이 낮으면 지속되기 어렵다. 정책 초기에는 사업의 성공적 토대 마련을 위하여 집중 투자를 하는 것이 필요하고 효과적일 수 있지만, 계속해서 많은 투자가 요구되고 효과가 증대되지 않으면 전체적으로 그리고 장기적으로 효율성이 낮아지고 따라서 그 정책은 지속되기 어렵다. 이 점에서 NCS 정책은 중·장기적 관점에서 투자 대비 성과와 효율성이 높은 정책인지 중간평가를 해 보아야 한다. 그리고 더 효과적인 대안이 있는지에 대하여도 검토해 볼 필요가 있다. NCS 정책을 그대로 유지하는 것이 바람직하다고 판단되더라도 투자의 효율성 문제는 더 면밀히 검토할 필요가 있다.

정책을 성급하게 밀어붙이다 보니 기존의 자원과 인프라를 충분히 활용하는 지혜를 발휘하지 못하고 빠르고 손쉬운 성과 위주의 추진을 위하여 신규 투자를 확대한 측면이 없지 않았다고 판단되기 때문이다.

세 번째는 직업기술 자격증의 효용성 문제점이다. 우리나라의 기능자격제도는 한마디로 유명무실하게 운영되어 온 측면이 없지 않다. 자격증을 소지해도, 독일에서와 같은 배타적·독점적 권리가 주어지지도 않았고, 자격의 질 관리도 엄격하지 않았고, 기업들의 자격에 대한 인식도 낮아서, 취업 시장에서도 그리고 현직에서도 유리한 것이 별로 없는 상황이 지속된 것이다. 자격제도가 인력 양성 및 공급 조절 등 제 기능을 다하지 못하고 유명무실하게 존속되어 온 것이다.

국가 자격제도는 산업현장의 급속한 기술 변화를 신속하게 반영하기 어려운 형태이며 산업 평균 수준의 기술 능력을 검정 기준으로 삼아 표본 검정을 할 수밖에 없다. 산업 기술이 빠르게 변화하고 다양화되면서 이에 뒤떨어진 자격증의 필요성과 효용성은 상대적으로 낮아지게 되었고, 자격검정제도 또한 기술 변화의 속도를 반영하는 데는 한계점을 드러내게 된 것이다. 취업난이 심화되면서 자격증을 취득하려는 사람들이 일부 늘어나긴 했어도 이는 미취업자의 불안 심리에 기인한 일시적 현상일 뿐 취업에 미치는 효과는 크지 않은 것으로 보인다.

지금까지는 특성화고 학생들이 기능자격을 취득하는 주 고객이었는데, 이들은 교육부가 제정·고시한 교육과정을 이수하고, 자격증을 취득하려면 고용노동부가 고시하고 주관하는 자격검정을 또 받아야 한다. 이 점에서 특성화 고등학교는 교육과정과 자격검정 기준 간의 괴리 및 이중성의 문제점을 계속해서 제기해 왔다. 오히려 자격검정 기준과 교육과정이 학생들의 학습 부담만 이중으로 늘리고, 현장 적응력을 높이기 위한 자유로운 교육활동을 제한하는 요인이 된다는 일부 학교의 불평도 제기되어 왔다. 이에 NCS 정책은 산학 일체형 도제학교 운영과 과정 이수형 신 자격제도를 도입함으로써 이수 과정과 검정 기준 간의 이중성 문제점을 해결하고, 동시에 교육과정 및 자격검정 기준의 현장 타당성 문제점도 해결하고자 하였다.

정부는 현장 직무분석과 과정 이수에 근거하여 발급하는 자격증을 우선 신 자격이란 명칭으로 도입하였다. 기존의 제도에 의하여 인정된 자격과 새로 인정하는 자격의 통폐합에 대한 대책을 검토하고 수립할 여유가 없는 가운데 NCS 정책을 도입해야 하는 불가피성 때문에 그렇게 한 것으로 사료된다. 그러나 이 두 가지 신 자격제도와 구 자격제도의 통폐합 문제와 직업교육훈련 제도의 연계 문제는 앞으로 해결해야 할 중요 과제로 인식된다.

② 경제 산업적 인력 요구 충족의 가능성과 한계성

직업교육훈련은 결과적으로 경제 산업적 인력 요구를 충족하기 위해 이루어지는 인력 양성 활동이다. 이 점에서 NCS 정책도 이러한 인력 양성 요구에 부응하지 못하면 실패할 수밖에 없다. 정부가 명료하게 어느 분야, 어느 수준의 인력 요구에 얼마만큼 부응하기 위해 NCS 정책을 추진한다는 목표를 내걸지는 않았지만, NCS를 특성화고 및 전문대학, 직업훈련 영역에 집중 적용하고,

이어서 일부 대학에도 확대 적용하려는 것을 보면 이에 해당하는 인력 양성을 효율화하려는 의도가 있는 것으로 판단된다. 그렇게 보면 NCS 정책이 노동 분야 정부 정책으로 제시한 노동인력 고용률 70% 달성과 관련되어 있는 것으로 간주해 볼 수도 있다. 그러나 많은 전문가가 고용률 70%는 과도한 정치적 목표이며 우리나라 경제 상황으로 보아 처음부터 달성하기 어려운 것으로 보는 가운데, NCS 정책에서 무리하게 기업과 학생을 과도하게 끌어들여 숫자상 고용률을 높여 보려는 꼼수가 있다는 비판이 제기되기도 하였다. 물론 담당 공무원들은 이를 적극 부인한 바 있다.

우리나라는 지금까지 특성화고 졸업 수준의 기능인력이 매우 부족하여 한때 인력난으로 중소 제조업의 가동률이 70% 이하로 하락하고 생산성이 저하되는 고통 속에서 많은 기업이 해외로 이전하여 산업 공동화를 우려하는 사태에 이르기도 하였다. 3D 업종 기피 현상이 심화되면서 특성화고 진학이 기피되고, 심지어 특성화고 졸업자의 약 80%가 대학 진학을 하면서, 계속되는 정부의 제조업 경쟁력 강화 대책에도 불구하고 기능인력 양성은 실패하게 되었다. 이로 인해 산업기술 연수생 제도가 도입되어 해외 기능인력의 긴급 수입 조치가 이루어졌고, 궁극적으로 외국인 공용허가제가 자리를 잡아 해외 기능인력 수입이 보편화되는 단계에 이르게 되었으며, 이들 해외 수입 인력이 없으면 우리 산업을 지탱하기 어려운 지경에 이르렀다.

아직도 우리나라 인력은 대량 실업 상태에 있고, 특히 청년 실업은 실제로 15%가 넘는 수준이며, 국민 전체 평균 실업률도 매우 높은 상태다. 합법 및 불법 체류자를 포함하여 해외 수입 근로자가 50만 명이 넘는 가운데 특성화 고졸자들도 취업난에 직면해 있고, 전문대 졸업자도 취업이 어려운 상황이다. 중소기업들은 국내 인력이 높은 임금 요구에 비하여 생산성이 낮고, 불만 제기와 노동 쟁의 가능성이 크다고 인식하여 오히려 해외 인력을 선호하는 경향마저 드러내고 있다. 저출산으로 노동 인력의 감소가 현실화되고 있고 산업의 기계화, 자동화, 로봇화의 가속화로 생산성과 수출이 증대함에도 불구하고 일자리를 늘리지 못하는 상태에 있고, 세계 경기 침체로 저성장 경제가 지속됨으로써 우리나라의 고용을 더욱 악화시키고 있다.

실업계고 졸업자의 취업률이 10%대로 하락했던 상태에서 전 정부는 마이스터고를 만들어 취업률을 30% 이상으로 끌어올렸고, 지금 특성화고의 취업률은 40~50%에 이르게 되었다. 전문대학은 직업교육 대학으로서 실무기능을 가르치고 처음부터 취업을 전제로 교육한다. 그러나 현장 적응력이 낮다는 이유로 산업체가 이들을 기피하는가 하면 전문대 졸업생들도 임금과 근로 조건이 좋지 않다는 이유로 중소기업을 기피하고 있다. 전문대 졸업생의 취업률은 약 60%를 보이고 있지만, 불완전 취업이 더 많은 상황에서 고용의 질은 매우 낮고 불안정하다.

현재 우리나라의 취업난이 심화되고 취업률이 낮게 된 근본 원인은 여러 가지로 가정해 볼 수 있다. 그러나 이를 한마디로 요약하면, 근본 원인은 산업구조가 요구하는 인력과 교육 구조 및 인구 구조가 공급하는 인력이 구조적으로 불일치하는 것이며, 이 문제는 사회 및 인구 구조, 산업 구조, 교육 구조 등을 근본적으로 개혁해야 하는 난제라서 오래 지속되고 있다.

NCS가 현장 타당성이 높은 교육과정 및 자격제도를 만들어 운영하면 다소간은 취업률이 높아질 것으로 기대된다. 현장에서 필요로 하는 기능이 부족하여 채용되지 못하는 경우도 일정 비율 있을 것이기 때문이다. 그러나 청년들의 눈높이에 맞는 일자리 (decent job)의 근본적 부족과 기업의 생산성과 임금 지불 능력 부족에 기인한 구조적 실업은 직업교육훈련으로 해결하기 어렵다. 산업을 고도화하여 기업의 임금 지불 능력을 근본적으로 높이고 그에 맞는 직업교육훈련을 재설계하거나, 아니면 청년들의 눈높이와 임금 기대 수준을 대폭 현실화하는 구조적 개혁 작업이 선행되어야 해결될 수 있는 문제이기 때문이다. 그러나 이러한 구조적 문제 해결은 함께 시도되지 않고 있기 때문에 NCS 정책이 취업률을 획기적으로 높일 가능성은 크게 엿보이지 않는다.

산업체에서 특성화고 졸업자 및 전문대 졸업자의 일자리와 수준이 직무표준에서 정해진 것과 같이 일치되고, 그 인력 수요가 특성화고 및 전문대 졸업자 수와 맞아떨어지면서 임금, 근로조건 및 직업 전망 등이 청년들의 눈높이에 맞게 조정될 수 있다면 취업률을 높일 수도 있을 것이다. 직무표준에서 정한 8단계의 수준을 기업체 현실에 일치시켜 실제로 적용하는 일은 쉽지 않을 것으로 생각되며, 산업체의 분야별·수준별 인력 수요를 사전에 예측하고 이에 맞게 특성화고 및 전문대학의 학과 및 정원을 조정하여 수급을 조절하는 것은 더욱 어려운 과제로 인식된다. 이러한 점을 감안하여 추론해 보면 NCS 정책이 실업률을 낮추고 취업률을 높일 가능성은 그렇게 높지 않다. 이에 NCS 정책의 실효성 비판이 제기될 수 있으므로, 앞으로 취업률을 높이기 위한 제반 정책을

NCS 정책과 한 묶음(policy package)으로 동시에 추진할 종합 대책을 마련해야 할 것으로 생각된다.

(2) 능력중심사회 구현의 가능성과 한계성 검토

능력중심사회 구현에 대하여 정부가 제시한 자료는 '스펙초월 채용 시스템 정착 및 국가직무능력표준 개발 보급 등 스펙보다 능력이 존중받는 사회 구현'이라고 서술하고 있다. 그리고 이를 위해 능력중심의 스펙초월 채용 시스템 정착, 국가직무능력표준 구축, 직무능력평가제 도입, 평생 직업능력개발체제 구축의 네 가지 과제 추진을 제시하고 있다.

정부가 내건 능력중심사회 구현이라는 전제와 목표는 우리나라 직업 및 산업 사회의 현실적 문제점을 살펴보면 쉽게 수긍이 간다. 저간의 기업체 신입사원 채용 실태를 살펴보자. 기업체들은 신입사원 경쟁이 심화되자 합당한 직무능력 소유자를 잘 가려내는 방식이라기보다는 불평의 소지가 적으면서 보다 객관적 점수차로 불합격자를 걸러 내는 수단으로 여러 가지 스펙을 요구하는 관행을 심화하게 되었고, 이로 인하여 응시자들의 불필요한 부담에 대한 불만이 고조되고, 기업 차원에서도 신입사원의 직무능력이 경쟁률에 비하면 떨어지고, 직무 부적응으로 이직하는 신입사원 비율이 높아지는 부작용을 겪게 되었다. 이 점에서 정부는 실력중심의 스펙초월 채용 시스템 및 직무능력평가제를 도입하고자 하는 것으로 이해된다.

국가 기능 및 기술 자격제도를 운영하고 있지만 유명무실화되다 보니, 자격제도가 현장 적응력이 높은 인력을 양성·공급하는 데 기여하지도 못하게 되었고, 자격증은 현직에서도 효용성이 없게 되었다. 자격검정 기준이나 직업훈련 과정이 현장과 유리되어 왔기 때문이다. 자격제도 및 직업교육훈련의 사회적 위상과 신뢰를 높이려면 무엇보다도 기업체가 직업교육훈련의 질과 자격제도를 신뢰하고 이를 적극 활용해야 한다. 그렇게 되려면 현장 타당성이 높은 직업교육훈련이 먼저 이루어지고, 자격검정 기준 또한 그렇게 만들어져야 한다. 이 점에서 정부는 국가 직무능력표준을 구축하여 현장 타당성이 높은 직업교육훈련과 자격검정 기준을 만들고자 한 것으로 이해된다.

기술의 급속한 변화로 제품의 생산 주기가 짧아지고, 기업의 업종 전환 및 다양화가 심화되면서 평생직업능력개발은 필수화되고 있다. 생산성을 높이기 위해 자신의 기술을 계속해서 심화시켜 나가거나, 새로운 기술을 배워 나가지 않으면 평생직업생활이 보장되기 어려운 시대가 전개되고 있다. 이 점에서 정부는 평생교육 기회를 넓혀 주고, 필요한 교육을 받을 수 있도록 제도를 구축하고자 하는 것으로 이해된다.

능력중심사회 구현에 관련된 핵심 정책은 이상의 네 가지 정책 과제를 포괄하고 동시에 이를 토대로 실현시키려는 '국가역량체계(National Qualification Framework: NQF)' 구축이다. NQF 제도 구축 정책은 2016년에야 본격 시작되어 구체적 실체가 아직 드러나지 않고 있다. 그러나 많은 선진국에서 시행되고 있는 NQF를 벤치마킹하여 우리나라에 적합한 NQF를 구축하고자 한다는 점에서 그 취지와 의도는 충분히 미루어 짐작된다.

선진국들에서 시행되고 있는 NQF 제도의 도입 배경을 먼저 살

퍼보자. 우루과이 협상에 의하여 '무역 및 관세에 관한 일반협정 (GATT)' 체제가 폐기되고 1995년부터 '세계무역기구(World Trade Organization: WTO)' 체제가 새로 도입되었다. 그리고 이로 인해 상품, 자본, 정보, 인력 등 모든 무역 거래가 원칙적으로 국경의 제약 없이 자유화되었다. 이와 같이 세계 노동시장도 하나로 통합 됨으로써 국가 간 인력의 이동이 자유화되고 촉진되었다.

특히 EU 국가들은 경제 통합에 의하여 인력의 국가 간 이동과 고용이 자유화되고 촉진되었다. 이를 위하여 EU는 4년간의 연구 개발 기간을 거쳐 평생학습을 촉진하고 국가 간 인력 이동을 보 장하기 위하여 2008년부터 EU 역량체계(European Qualification Framework: EQF)를 만들어 적용을 확산하고 있다.

EQF는 학습자 개인, 고용주, 교육훈련 제공자에게 국가 및 교 육·훈련 기관 간 개인의 자질과 자격(qualification)을 비교 가능 하게 한 것이다. 이를 위해 교육 및 훈련을 포괄하여 그 능력 수준 을 8단계로 구분해 제시하고 있다. 그리고 8단계의 자격 또는 능 력 수준을 교육 또는 현장 경력 등 다양한 통로로 단계적으로 획 득하는 것을 인정하고 있다.

EQF는 능력 획득을 학습 내용 이해 정도 평가 및 이수 시간 등 으로 인정하던 관행으로부터 실행 능력(performance)을 보장하는 학습 결과(learning outcomes) 평가로 전환하였다. 이는 노동시장 에서 요구되는 실제 능력을 교육훈련에서 배양하고 이를 평가· 인정하기 위한 것이다.

이상과 같이 EU 국가들은 말할 것도 없고 많은 나라가 국가역 량체계(NQF)를 만들어 적용함으로써 현장 적응력이 높은 다양한 인력을 다양한 통로로 양성하는 것을 촉진하고, 동시에 국가 간, 교육기관 간 인적 이동이 자유롭도록 노력하고 있다. NQF는 현장 실무교육에서 더 나아가 자격과 학력 및 경력 등의 가치를 합당하게 인정함으로써 평생교육, 즉 학교 이외의 모든 학습을 인정하고 촉진하려는 의도를 내포하고 있다.

이러한 취지와 의도에서 우리나라도 NQF 체제를 구축하려 한다고 판단된다. 그렇지만 정부 발표 자료에서 학벌주의 타파, 스펙초월 채용제도 도입, 현장 경력 및 선행학습 인증제(recognition of prior learning) 등의 과제를 주로 거론하는 것을 보면, 우리나라 정부 정책은 그간 우리 사회에 만연한 학벌주의로부터 야기된 인류학교 병, 입시 교육 폐단, 간판주의 교육, 학력 격차에 의한 소득 및 사회적 지위 불평등 갈등, 각종 고시 제도의 문제점 등으로 그리고 생산적 실무자를 하대함으로써 민주주의의 근간인 평등성(equality)과 형평성(equity)이 위협받는 풍토를 개혁하는 데 방점이 찍힌 것으로 이해된다.

이상과 같은 정책과 과제들이 잘 시행된다면 능력중심사회가 구현될 가능성이 커진다고는 판단된다. 그러나 정부 정책을 깊이 살펴보면 능력중심사회가 무엇을 뜻하는지, 그 구체적인 실현 지표가 무엇인지에 대한 분석과 제시는 어디에도 없다. 다만, 극히 상식적인 수준에서 우리나라 사회에 제기된 학벌주의 문제점과 그로 인한 불평등 및 형평성 문제점을 다소간 해결하는 데 도움이 될 것이라는 막연한 기대에서 내건 정치적 구호로 인식되는 측면이 없지 않다. 직무분석에 기초하여 현장 타당성이 높은 직업 교육훈련과정과 자격검정 기준만 마련하면 능력중심사회가 구현되리라는 기대는 그 문제의 근본을 간과한 데서 비롯된 낙관론으로 이해된다.

사실상 능력중심사회는 흔히 서양에서 개념화된 'Meritocracy'를 의미한다. 이런 의미의 능력중심주의는 실제로 족벌주의 또는 귀족주의, 음서주의 관료 채용 방식을 사전에 일정한 능력 기준을 공표하고 투명한 공개 채용으로 공정하게 관료를 선발하는 방식으로 제도를 전환했던 것이 핵심이었다. 이러한 능력중심주의는 서양에서 일정 기간 성공적으로 적용되기도 하였지만, 궁극적으로 엘리트주의 및 학벌주의의 병폐를 유발했다. 동양의 과거제도 또한 음서주의에서 능력중심주의로 발전했던 것으로 볼 수도 있다. 우리나라의 과거제도도 음서주의에서 능력중심주의로 발전된 사례로 볼 수 있으나, 시간이 흐르면서 이러한 과거제도의 실사구시 정신은 약화되고, 권력 지향적 입신출세주의 강화 등 많은 병폐를 낳게 되었다. 그리고 과거제도의 뿌리 깊은 병폐와 전통은 오늘에 이르러서도 사라지기는커녕 입시위주의 교육으로 대치된 양상을 보이고 있다. 이러한 우리나라의 능력주의는 인문 숭상 관료주의 풍토에서 궁극적으로 학벌주의로 전락한 것이다. 이 점에서 서양의 엘리트 관료중심의 능력주의도 노정된 많은 한계점 때문에 우리 정부가 그대로 지향하기는 어렵다고 판단된다.

그러면 최근 신자유주의가 전제하고 있는 능력중심주의는 어떠한가? 신자유주의는 정부의 간섭을 최소화하는 반면, 자유시장경제 체제 질서 위에서 국민 각자가 능력을 발휘하여 경쟁하도록 하고 시장에 의하여 소득이 결정되는 것을 전제로 받아들인다. 지난 30여 년간 신자유주의 경제 질서를 추구했던 미국은 지난 2008년

금융위기를 정점으로 많은 문제점을 드러내 보였다. 미국 정부가 시장 질서를 공정하게 관리하지 못하는 가운데 개인과 기업의 능력주의 경쟁으로 인하여 전체 생산성과 소득은 높아졌을지라도 빈부 격차가 커지면서 중산층이 무너지고 소수 능력 집단이 부를 독점하였으며, 도덕성이 결여된 탐욕으로 국가 경제질서까지도 붕괴시키는 결과를 초래하였다는 것이다. 이러한 점에서 신자유주의 경제가 전제하는 능력주의 또한 우리나라가 지향하기에 적절하지 않은 모형이라고 판단된다.

직업교육훈련 과정과 자격검정 기준의 현장 타당성이 높다고 해서, 그리고 정부가 제시한 몇 개의 과제가 추진된다고 해서 능력중심사회 구현이 실제로 이루어질 가능성은 매우 낮다고 판단된다. 과거에도 학벌주의 사회 문제 및 이로 인한 차별 문제 등이 수도 없이 거론되고 이를 시정하기 위한 정책들이 시행되었다. 독학학위제나 학점은행제 같은 일부 정책이 지속적으로 추진됨으로써 효과가 없지 않았지만, 그 밖에 다수의 정책은 정치적 구두선에 지나지 않았고 무위로 끝나 버렸다.

직업교육과 학벌주의 문제를 해결하고 나아가 능력주의 사회를 실현하는 과제는 깊이 분석해 보면 우리 사회 및 교육의 구조와 국민 계층의 이익과 권익 구조를 근본적으로 개혁하는 것이다. 이 점에서 보면 지금까지는 정권마다 그럴듯한 정치구호만 내세우고 변죽만 울리는 한두 가지 정책을 가지고 하는 시늉만 내다 끝난 것으로 판단된다. 그러나 근본적인 개혁 정책들이 패키지로 만들어져 장기간에 걸쳐 추진된다면 성과를 거둘 수도 있을 것이다. 예컨대, 모든 직종별 · 직급별 직무분석을 통하여 노동의 양과 질 및 강도, 노동 조건과 여건, 요구되는 능력과 교육 및 임금 실태를 장기간에 걸쳐 비교·분석하여 합리적이며 사회적으로 합의되는 임금 지침을 만드는 것과 같이 사회 근본 구조를 합리적으로 개혁하는 정책들을 패키지로 만들어 장기간에 걸쳐 추진한다면 능력중심사회 구현의 가능성이 높아질 수도 있을 것이다.

능력중심사회를 지향하려면 능력주의와 바람직한 능력주의 개념부터 모색해야 한다. 역사에서 이미 경험한 바와 같이 능력주의는 능력 자체가 부익부 빈익빈 현상을 심화시키고 세습시키는 한편, 소득 격차를 심화시킨다. 능력은 지능, 적성, 신체적 적성 등 부모로부터 타고나는 측면이 있지만, 교육과 학습, 자신의 적극적 의지와 탐색 활동 등 환경과의 상호작용에 의하여 후천적으로 획득되는 측면도 있다. 특히 최근에는 부모로부터 물려받는 재력과 영향력까지도 능력으로 간주되고 있다. 이와 같이 능력은 수많은 요인에 의하여 획득되고 영향을 받고, 획득된 능력을 활용하여 소득과 지위를 획득하는 환경 또한 매우 복잡하고 다양한 요인이 작용한다. 이러한 복잡 다양한 요인이 작용하는 교육 및 산업 사회 환경 속에서 평등과 형평성을 구현시키는 일은 더 나아가 공정한 능력중심사회를 구현시키는 일은 난제일 수밖에 없다.

이상의 고찰에서 시사되는 바와 같이 능력중심사회 구현이 그럴듯한 구두선으로만 끝나지 않으려면, 지향하는 능력중심사회가 무엇을 뜻하는지 구체적이고 종합적인 진단 및 발전 지표를 사회적 합의를 통하여 개발하고, 현재 추진하려는 정책이 어떤 지표를 어느 정도 달성할 수 있는지 분석적으로 제시함과 동시에 여타 지표의 발전은 타 분야, 타 부처 정책에서 그리고 차기 정권에서 어떻게 실현해야 하는지를 제시할 필요가 있다.

3. NCS 정책 추진 과정의 문제점 검토

1) NCS 정책의 배경 및 기본 취지

박근혜 정부는 능력중심사회 구현을 공약으로 내걸고, 이를 위한 핵심 사업으로 국가직무능력표준 및 국가역량체계 구축 정책을 추진하게 되었다.

20세기 초부터 직무분석 방법을 도입함으로써 미국을 위시한 선진국들은 현장의 직무와 역할을 명확히 규정하여 그에 적합한 직원의 선발, 배치, 활용, 평가, 훈련 등을 실시해 왔다. 이에 따라 우리나라도 직무분석 방법을 도입하였고, 필자 또한 1990년대에 공고 교육과정 및 교과서를 현장 직무분석에 의하여 개발했던 경험이 있다.

그럼에도 불구하고 아직 우리나라는 직무분석을 제대로 적용하지 못하여 왔고, 활용 또한 극히 제한적이었다. 직무분석은 목적에 따라 다양한 방법이 적용될 수 있으나, 기본적으로 직무를 객관적으로 파악하기 위한 수단이다. 직무분석 결과는 인적자원 관리, 자격 기준 설정, 교육 훈련·과정 개발 등에 적용될 수 있다. 선진국들이 이러한 직무분석 방법을 널리 활용해 온 반면에 우리나라는 극히 제한적으로만 활용하였다. 이러한 상황에서 박근혜 정부는 직무분석의 적용을 근간으로 하는 국가직무능력표준을 만들어 적용할 것을 제안하였다.

많은 선진국은 오래전부터 직업교육훈련에서 실행력 중심의 훈련(competency based training) 방법을 적용하여 왔다. 이는 지식과 기능을 이해시키는 수준을 넘어 실제로 무엇을 만들고 실행해 보이는 실제적 작업 능력(performance)을 육성하는 데 초점을 둔다. 이러한 직업훈련은 현장 직무분석을 토대로 하여 성취 기준(performance criteria/competency criteria)을 상세화하고 학습결과가 이러한 성취 기준에 도달한 정도를 파악하여 자격을 인정하는 것이다.

우리나라도 현장 직무분석에 기반한 실행력 중심 훈련방법 도입을 2000년대부터 시도해 왔다. 이러한 노력은 산업현장에서 요구되는 실제적 지식, 기능, 태도 및 기타 역량을 소유한 기술자를 양성하고 이들에게 자격증을 부여하기 위한 것이었다. 그럼에도 불구하고 이러한 노력은 성공적으로 성취되지는 못하였다. 노력이 분산되고 체계적·종합적으로 이루어지지 못하였기 때문이다. 따라서 기술 자격은 산업현장의 요구도 제대로 충족하지 못하게 되었고, 더욱이 학력·학벌 중심 사회 풍토로 인하여 자격증 소지자는 그 능력에 상응하는 사회적 대우도 받지 못하게 되었다. 이로 인하여 기능인력은 질적·양적으로 매우 부족하게 되었고, 대학 졸업의 기술 없는 고학력 인력은 과잉 양성되었다.

박근혜 정부가 내세우는 NCS 및 NQF 정책 도입의 근본 목적은 학벌 및 스펙 중심 사회의 폐단을 타파하고 공정한 능력중심사회를 구현하자는 것이다. 그러나 '공정한 능력중심사회가 무엇이고 이의 실현이 NCS 및 NQF만으로 가능한가?'라고 질문한다면 그

대답은 간단하지 않으며 논란의 여지가 많다. 그럼에도 불구하고, 세계적 동향에 비추어 볼 때 NCS와 NQF 추진의 필요성과 타당성은 인정될 수 있다.

NQF 구축은 학교 교육, 직업훈련, 평생학습, 성인학습, 자격제도, 경력제도의 등가성(equivalence)을 인정하는 제도로서 모든 국민이 다양한 환경과 통로로 자유롭게 능력과 자격을 획득하도록 촉진하고 인정받도록 만드는 것을 의미한다. NCS는 직무분석에 기초하여 실행 능력을 육성하고 자격증을 부여하기 때문에 직업교육훈련을 충실하게 만드는 수단이 되며, 동시에 NQF 구축의 토대가 된다. 이 점에서 현 정부가 추진하고 있는 NCS 및 NQF 사업은 타당성이 인정되며, 능력중심사회 구현에 일단 도움이 될 것으로 판단된다.

NCS란 한 근로자가 자신의 직업에서 직무를 성공적으로 수행하기 위해 요구되는 지식, 기술 및 태도를 포함한 제반 역량을 국가 차원에서 표준화한 것으로 이해된다. 이러한 직무 역량은 관찰 및 측정 가능한 성취 행동으로 정의되며, 동시에 어떠한 작업 조건에서 어느 정도 수준으로 성취가 이루어져야 하는가로 규정된다. 이것은 그간 직업교육이 편의적으로 이론과 개념 교육에 편중되어 현장 실무능력이 부족한 인력을 양성해 왔기 때문에 이를 보완하기 위하여 취해진 것으로 볼 수 있다.

2) NCS 정책 추진 과정의 문제점 검토

NCS에 관한 주요 과제는 국가 직무표준의 개발, 이를 교육 현장에 적용하기 위한 학습모듈의 개발, NCS의 활용 확산과 NQF 구축 사업으로 구별해 볼 수 있다. 이러한 과제들의 추진 과정 및 결과에 대해 정부 발표 자료를 그대로 인용해 개략적인 상황을 살펴보면 다음과 같다.

NCS 표준 개발 추진 경과 및 결과

- 능력중심사회를 위한 여건 조성의 핵심 국정 과제로 채택 (2013. 2.)
- 총 797개 NCS 개발: '13년 240개, '14년 557개(2014. 12.)
- 기획재정부, 고용노동부, 교육부 등 정부 부처와 협의하여 공공기관 및 기업체에서의 활용, 과정평가형 자격제도 시행, 신직업자격의 설계와 적용 등에 중점을 두어 NCS 활용 확산 추진(2015. 1.)
- 847개 NCS 개발 완료: '15년 50개 개발(2015. 12.)
- 890개 민간 중견기업 및 중소기업 대상 컨설팅 실시(2015)

국가직무능력표준(NCS)을 교육·훈련 기관에서 가르칠 수 있도록 NCS학습모듈(교재) 547개 세분류 개발

- (특성화고) NCS 기반 교육과정 총·각론 고시(2015. 9.), '16학

년도부터 특성화고, 마이스터고 전체에 NCS 기반 교육과정 전면 적용(2016. 3.~)

- (전문대학) 전문대학 특성화 육성사업*과 연계하여 NCS 기반 교육과정 확산

  * ('14) 78개교 → ('15) 79개교 → ('16) 90개교 → ('17) 100개교
  * 당초 55개 세분류를 개발하였으나 분류체계 개편(2016. 6.)에 따라 51개 세분류로 통합·조정

구분	개발 세분류	개발 교재 수	개발진(명)		
			집필진	검토진	계
'13년	51개	468권	483	291	774
'14년	175개	1,801권	1,472	901	2,373
'15년	321개	3,259권	2,683	1,556	4,272
계	547개	5,528권	4,638	2,748	7,419

NCS 활용확산 추진 경과 및 결과

- (교육·훈련) 특성화고 'NCS 기반 고교직업교육과정'을 고시(2015. 9.)하였으며, 전문대학(79개교)에 NCS 기반 교육과정 본격 적용

  - 전체 폴리텍 및 민간 훈련과정(1,324개 기관, 6,279개 과정), 일학습병행제 참여기업(6,243개, ~2016. 2.)에서 NCS 기반 직업훈련과정 운영

- (자격개편) 기존 검정형 국가기술자격을 교육·훈련 및 평가를 통해 자격을 취득하는 과정평가형 자격으로 시범 운영(2015년 15종목 52개 과정 운영, 51명 자격 취득*)

  * 산업기사: 3종목 10명, 기능사: 4종목 41명

- 산업계(ISC) 주도로 인력 양성이 필요한 자격종목을 NCS 기반으로 설계완료(597종목)

- (능력중심채용) 130개 공공기관 능력중심 채용* 도입, 대 · 중견기업 MOU**, 중소기업 컨설팅(1,000개) 등을 통해 민간 확산

  * 105개 기관 5,877명 채용공고, 84개 기관 4,166명 채용 완료

  ** '13~'15년 현대모비스, 신한은행 등 36개사 MOU 체결

NCS 활용 및 확산 추진 성과 및 한계점

- (교육 · 훈련) 특성화고 교육과정 개편, 전문대학 NCS 기반 교육과정 본격 적용, 공공 · 민간 훈련 NCS 전면 적용 등 빠르게 확산

  - 실습기자재 마련, 특성화고 전문교과 교원 확충 등 현장성 있는 교육·훈련을 위한 교육·훈련 여건 마련 필요

- (자격) 과정평가형 자격의 점진적인 확대에서 나아가 전체 국가기술자격을 NCS 기반으로 개편, 과정평가형 자격으로 전환 필요

- (능력중심채용) 취업자의 스펙부담 감소*와 공공기관의 채용 비용 감소** 등 성과가 있으나, 취업준비생 정보 부족 호소

  * (남동발전) 10명당 출신대학 분포 : '14년 3.7개 → '15년 4.9개

  ** (국립공원관리공단 사례) 중도퇴사율 감소('14년 8.9% → '15년 0%), 허수지원자 감소('14년 4,833명 → '15년 2,263명)

NQF 구축 사업 추진 경과

- '국가역량체계(NQF) 구축 기본계획' 수립(2013. 12., 교육부 · 고용부)
- 국가역량체계 구축 시범사업* 추진계획 수립(2014. 6., 교육부 · 고용부)
- 시범사업과 연계하여 'NCS 활용 확산 및 NQF 구축'을 위한 산 · 학 · 관 업무협약 체결(2014. 6. 10. 소프트웨어 분야, 2014. 12. 10. 미용 분야)
- 4개 분야(헤어미용, 자동차정비, 숙박서비스, SW) 역량체계 구축 시범사업 추진(2014. 6.~ 2015. 1.) 및 결과 발표 세미나 개최(2015. 2.)
- 한국형 국가역량체계 구축을 위한 기본 틀 마련 정책연구 (2015. 9.~12.)
- 한국형 NQF 구축을 위한 실무 T/F*를 운영하여 시범분야 역량체계 점검, NQF 구축 관련 쟁점 검토 및 논의(2015. 10.~ 2016. 1.)

  * 시범사업 분야 산업계, 교육계, 전문연구기관 및 관계 부처 담당자 등으로 구성

- '국가역량체계(NQF) 구축 추진단' 구성 및 제1차 회의 개최 (2016. 3. 4.)

NCS 정책 과제의 추진 경과 및 결과는 2015년까지만 여기에 제

시했으나, 정부는 2016년 이후의 사업 계획을 제시하였고 계속 사업으로 추진하고 있다. NCS 정책 사업의 중간평가 또는 결과평가가 없기 때문에 추진 과정의 구체적 문제점을 전체적으로 파악하기는 어렵다. 그러나 추진 과정에서 대상 기관 담당자 및 전문가들이 지적하는 문제점들은 살펴볼 수 있다. 여기에서는 구체적인 문제점을 지적하기보다는 전문가의 관점에서 사업 추진의 내용과 전략에 관한 원천적이고 이론적인 문제점을 검토해 보고자 한다.

(1) 표준화를 위한 직무분석 추진 과정의 문제점

먼저 살펴보고 싶은 문제점은 직무분석 추진 과정이다. 직무능력표준을 잘 만드는 요체는 직무분석에 있다. 우리나라에서도 오래전부터 일부 직업교육 전문가들이 직무분석을 시도해 왔기 때문에 직무분석의 일반 절차와 방법에 관하여는 그만한 전문성이 확보되었다고 판단된다.

직무분석은 각 직업 기술 분야의 많은 전문가가 참여해야 하고 이들에게 축적된 경험과 노하우가 그 질을 좌우한다. 하지만 우리는 1~2년 내에 많은 양(847개 직무)의 직무분석을 일시에 수행하는 상황이 되었기 때문에 직무분석 일반 전문가도 부족하고, 기술 분야의 경험이 있는 직무분석가는 더더욱 부족했다고 판단된다. 이에 따라 대대적인 직무분석 전문가 양성 연수가 실시되었다. 그러나 연수 결과 평가를 NCS가 제안했던 실행 능력(performance) 평가로 하기는 현실적으로 곤란했으며, 그렇게 하였다 해도 일정 기간 경험이 축적되지 않는 한 전문적 자질이 일시에 성숙되기는 어려웠다.

이렇게 급조된 전문가들이 대량(약 1만 2,000명) 투입되어 직무분석이 이루어지고 직무능력표준이 만들어졌다. 전문성 부족으로 직무분석 결과의 부실화 소지가 예견되는 지점이다. 게다가 기간도 짧고, 예산도 부족했다고 한다. 한국인들은 급하면 급한 대로 열심히 잘하는 기질이 있어서 투입된 예산과 시간에 비해서는 좋은 결과를 만들어 냈을 것으로 보지만 전문적 경험, 예산 및 투입된 시간의 부족을 감안해 보면 그만큼의 부실성은 불가피할 것으로 판단된다. 이미 문제 제기로 수정·보완 작업이 진행된 부분이 적지 않지만, 앞으로 본격 적용되면 더 많은 문제점이 제기될 것으로 예측된다.

직무분석이 제대로 되려면 목적에 맞는 방법을 선택하거나 창안해야 한다. 이에 정부는 직업교육훈련 과정 및 자격검정 기준 개발과 산업체 적용을 위하여 직무분석을 시도하였다. 일반적으로 교육과정 개발에 목적을 둔다면 근로자의 심리·운동적 능력 특성을 규명하는 데 보다 초점을 두고, 산업체 적용에 목적을 둔다면 직무에서 하는 역할과 기능을 분석하는 데 보다 초점을 둘 필요가 있다. 그러나 이번 직무분석은 교육 및 산업체가 두루 사용할 수 있는 결과를 도출해야 하기 때문에 종합적인 방법이 강구되어야 했다. 이 때문에 많은 직무분석법을 분석·검토하여 우리 목적에 맞는 직무분석 모형을 만들어 적용하였다.

전문가마다, 기술 분야마다 다른 직무분석법이 적용되면 혼란을 피할 수 없다. 이런 점에서 우리 나름의 통일된 직무분석 모형을 만든 것은 잘한 것으로 판단되며, 전문가로서 그 모형을 일별해 볼 때 그런대로 문제없이 설계된 것으로 판단된다. 이는 설계된 직무분석 모형의 결함으로 큰 문제가 발생하지는 않을 것으로 본다는 뜻이 된다. 직무분석 모형이 잘 설계되었다 해도 전문성과 경험 부족, 예산과 시간 부족에 기인하는 문제점이 예방되는 것은 아니다. 이 점에서 직무분석 결과의 부실성이 발생한다면, 그것은 직무분석 모형에서 비롯될 가능성보다는 전문성과 경험 부족 및 기타 원인에 기인할 가능성이 크다는 뜻이 된다.

(2) 과도한 목표 및 조급한 추진의 문제점

과거 정부에서 실패했던 정책들을 살펴보면 정책 추진 목표가 과도하고 조급한 경우가 많았다. 그것은 선거 과정의 경쟁에서 목표가 부풀려지기 일쑤였고, 정권 또한 5년 단임제가 되다 보니 시간이 부족한 가운데 가시적인 성과를 빨리 거두어 국민에게 보여주지 않으면 안 된다는 정권 담당자들의 정치적 계산이 뒤에서 안 보이는 손으로 작용하기 때문이었다.

더 큰 문제는 선거 과정에서 급조된 정책 내용과 목표가 현장 타당성 검토 연구 없이 시행된다는 점이다. 물론 현장 적용에 앞서 이해당사자 및 전문가들의 의견을 수렴하는 공청회를 개최하는 등 형식은 지킨다. 그러나 그것은 요식 행위에 불과한 경우가 더 많다. 담당 관료들의 재량권 범위에서 제기된 의견이나 문제점은 어느 정도 수용되지만, 그 이상의 의견이나 문제 제기는 우이독경인 경우가 많다. 심지어 일부 관료는 비판적인 전문가를 공청회에서 배제하기도 한다. 이는 관료들이 이런 문제점들을 수용하여 정권 고위층과 부딪히면서 해결하는 것을 매우 부담스러워할

뿐만 아니라 자칫 무능력자 또는 반개혁자로 오해받고 인사 조치를 당하는 수도 있기 때문이다.

이런 연유들 때문에 정책 목표나 추진 일정이 현장의 수용 여건을 면밀히 분석·검토한 토대 위에서 현장의 의견 및 전문가들의 의견을 반영하여 상하 양방향의 원활한 의사소통으로 조정되지 못한 채 하향식으로 추진되는 경우가 많다. 정책에 따라서는 역량을 갖춘 전문적 관료가 충분히 확보되고, 전문가 자문 집단도 충분하고, 현장의 수용 태세가 잘 준비되고, 예산도 충분히 확보되고, 관련 분야 사람들의 이해와 지지가 확보되는 경우도 있을 수 있다. 이런 경우는 정책이 하향식으로 빠르게 추진되어도 성공할 가능성이 없지는 않다. 그렇다 해도 민주적 주인 의식이 성숙한 사회에서는 하향식으로 밀어붙이기는 성공하기 어렵다. 실제로 정책 추진의 최적의 여건이 잘 갖추어진 경우는 흔치 않으며, 개혁에 저항하는 집단들이 많고 여건이 불비한 경우가 더 많다.

이번 NCS 정책 추진의 경우도 예외로 보기는 어려운 것 같다. 정책 추진 목표도 현장 여건을 감안하여 상하 소통과 조정에 의하여 합당하게 설정되었다고 보기 어렵지만, 추진 일정도 5년 정권 일정에 맞춰 무리하게 짜인 것으로 판단되며, 조급한 성과 창출에 급급한 모습을 드러내는 것으로 보인다. 사전에 정책 목표와 일정이 정해졌다 해도 이해당사자 및 정책 담당자 모두가 소통하면서 이를 수정·보완하고 협력적으로 추진해 나가는 민주적 과정이 무시되고 정권을 위해 보여 주기식 성과 창출만 강요하면, 긍정적 성과는 문서에만 나타나게 되고 현장에서는 부작용을 더 많이 경험하게 되면서 정권 말기에 가서는 이해 상충 집단의 비판과 저항에 휘말리게 될 수도 있다.

백년대계로 추진되어야 할 많은 정책이 5년 단임 정권에 의해 과도하고 무리하게 추진되다 실패하거나 흐지부지되는 일은 이제 사라지는 시대가 되기를 기대한다. 2016년 7월 22일자로 고용노동부가 국가직무능력표준을 확정·고시하였기 때문에 NCS 정책은 지속될 가능성이 높아졌다고 볼 수도 있다. 그리고 NCS 정책은 추진 과정에 무리수를 두지 않고 여건을 정비하면서 단계적으로 추진하면 그 타당성 자체에 의하여 지속될 가능성은 높다고 인식된다.

(3) 이해 및 자발적 참여 부족의 문제점

혁신 이론에 비추어 볼 때, 많은 경우 혁신은 익숙한 구습을 버리고 효율성을 높이기 위해 이해관계 및 역할과 임무를 재조정해 나가는 과정으로 이해된다. 이 과정에서 많은 저항과 갈등이 발생할 수밖에 없다. 그리고 혁신의 초기에는 새로운 혁신을 이해하고 수용하기 위한 학습 부담이 추가되고, 새로운 방식이 익숙하지 않으므로 업무 부담과 갈등이 늘어나는 경향이 있다. 물론 새로운 혁신이 자리 잡으면 그 방식이 더 편리하고 효율적이란 것을 이해하고 수용하게 되지만, 그렇게 되기까지의 과정을 성공적으로 이끌어 나가는 일은 쉽지 않다. 대부분의 타당한 정책이 실패하는 이유는 혁신의 초기 진행 과정에서 담당자들이 정책의 타당성과 필요성에만 매몰되어 개방적인 의견 수렴 없이 폐쇄적이 되거나, 지나친 자신감과 낙관으로 성급하게 조심성 없이 밀어붙이는 데에 기인한다.

정책 추진 담당자들은 정책의 필요성과 타당성을 당연히 신뢰하고 자신감을 갖는 것이 너무도 당연하다. 그러나 현장에서 이를 새롭게 실천해 나가야 하는 당사자들은 그렇지 않거나 이해관계의 상충으로 다른 입장에 서 있는 경우가 많다. 이 때문에 혁신은 언제나 지난한 과정으로 인식되며, 이로 인해 많은 선진국은 혁신 전파 및 확산 이론을 발전시켜 적용하고 있다. 이러한 이론들에 의하면 먼저 혁신 내용을 이해시켜 혁신 수용자로 만들고, 다시 혁신 실천 내용과 방법을 익혀 자신감과 소신을 가지고 혁신을 전파하고 확산하는 전문가 및 전문기관(Change Agent or Agency)을 만들어 시범을 보이며, 이러한 시범과 전파 과정을 통하여 이웃 및 이웃 기관들이 스스로의 결정으로 혁신을 받아들이고 실천해 나가도록 하면서 단계적으로 확산·보급하는 것이 자연스런 순리로 이해된다. 한마디로 축약하면, 어떤 정책이든지 성공하려면 혁신 이론에 맞는 추진 전략이 수립되어야 한다는 점이다.

이런 혁신 이론 및 모형에 비추어 볼 때 NCS의 경우에도 NCS를 이해시키기 위하여 관계 당사자들의 연수도 실시하고, 시범학교도 운영하고, 이후 전국 학교에 일반화하는 단계에 와 있으니 최소한의 절차와 기준은 만족할 수 있게 정책을 추진해 온 것으로 볼 수 있다. 그러나 핵심은 연수를 실시하고 시범학교를 운영한 후 일반화하는 등 형식적인 절차를 거치는 것이 아니라, 진정으로 NCS를 이해하여 NCS 정책 수용자가 되고, 이의 전파자가 되며, 학교 및 교원들이 스스로의 판단과 결정에 의하여 NCS를 적용해 나갈 수 있어야 한다는 점이다.

그러나 현실을 살펴보면 NCS 정책을 잘 이해하면서 전파자 역할을 자임하는 교원 및 교장은 그렇게 많지 않아 보이며, 오히려 정부가 하기 때문에 또는 재정 지원을 받기 위해서 한다는 식으로 반응하는 경우도 적지 않고, 심지어는 현장 여건의 문제점과 막대한 정부 재정 지원의 지속성이 담보되기 어려워 다음 정부에서 정책이 지속되기 어렵지 않은가 하는 의구심을 표시하는 교원들도 있다.

정부가 주도하여 속전속결 식으로 연수 실시 및 시범학교 운영을 마치고, 전국 학교에 대대적으로 일반화하는 방식은 짧은 기간에 양적 성과를 높이는 데는 효과적일 수 있지만, 교원들의 이해 및 자발적 참여를 보장하기는 어려울 것이다. 정부의 입김과 재정 지원 및 유인책으로 많은 학교를 일시에 인위적으로 참여하게 만든다면 이러한 요인이 약화되거나 사라지게 될 경우 그 정책은 흐지부지되기 마련이다. 반면에 교원들이 정책의 필요성과 중요성을 이해한 후에 소신과 자신감을 가지고 자발적으로 참여하여 실천하기 시작했다면, 그러한 경우는 교원들 스스로의 힘에 의하여 여하한 어려움 속에서도 지속되고 정권이 바뀐다 해도 지속될 가능성이 높으며, 정부의 지원 행정 체제만 잘 가동되면 더욱 성공적으로 실행될 수 있을 것이다. 이러한 점에서 NCS 정책 추진 과정의 문제점은 없는지 살펴보는 것은 이 정책의 지속성 담보를 위해 반드시 필요하다고 판단된다.

(4) 사업 대상자 선정의 적합성 문제점

NCS 정책에는 관련된 여러 개의 사업이 복합되어 있다. 그런데 각각의 사업이 그 정책과 제도를 필요로 하는 가장 적합한 대상을 선정하여 적용하고 있는가의 문제 제기를 해 보고 싶다. 문제 해결을 위한 대안을 찾기 위해 해외 선진국들을 벤치마킹하다 보면 우리나라에 적합할 것으로 생각되는 제도나 정책이 발견되기도 한다. 그래서 선진 제도나 정책을 수입해서 적용해 보면, 정책 아이디어와 논리는 이상적이지만 현실 여건의 차이로 적용이 잘 안되고 실패하는 경우도 있다. 산학 일체형 도제학교 운영이 바로 그런 경우에 해당할지도 모른다는 생각이 든다.

독일이나 스위스에서 운영하고 있는 이원화 체제식의 도제학교 제도는 현장 적응력이 높은 기능인을 양성하는 이상적이고 성공적인 제도로 세계에 알려져 있고, 이 점에서 정책 결정자가 얼핏 도입해 보고 싶은 충동을 느낄 수도 있다. 그러나 독일이나 스위스는 기업이 도제를 훈련해 온 오랜 전통과 환경 및 사회적 인식이 이미 확립된 나라이기 때문에 잘 운영되고 있는 것이다. 물론 우리나라도 그런 제도를 잘 운영할 가능성이 없지 않다. 그러나 우리나라가 이를 잘 운영할 수 있으려면 독일과 스위스가 전통적으로 가지고 있는 것과 같은 사회적 인프라를 새로 구축하고 기업과 사회의 인식도 그렇게 변화해야 한다. 이 때문에 많은 시간과 노력 및 재정 투자가 요구되며, 이 점에서 우리나라에서 적용되기는 쉽지 않을 수 있다.

실제로 이 제도를 도입하는 초기 과정에서 희망하는 학교와 학생 및 기업이 많지 않아 어려움이 많았다고 들었다. 희망자가 없으면 적용을 포기하고 다른 대안을 찾는 것이 마땅하다. 현장 적응력이 높은 기능인을 양성하는 대안이 스위스식 도제학교 운영만이 유일한 것은 아니기 때문이다. 우리나라는 서구와 달리 학교가 기업보다 사회적으로 우월한 지위에 있는 것으로 인식되기 때문에 학교가 주도하고 기업이 협조하는 기존의 산학협력 체제를 실질적으로 강화하여 현장실습 제도를 내실화하는 것이 투자도 더 적게 하면서(현 산학일체형 도제 학교 운영보다는 적어도 과거보다는 투자를 늘려야 하지만) 현장 적응력이 높은 기능인 양성의 성공 가능성을 더 높이는 방안이 될 수도 있다.

과거의 현장실습 제도가 효과가 없었던 것은 정부의 투자와 인식 부족으로 유명무실하게 운영되었기 때문이며, 도제학교 운영만큼 관심과 투자를 높이고 내실화 방안을 강구한다면 이에 관한 우리나라의 운영 경험은 이미 많이 축적되어 있기 때문에 도제학교 제도를 새로 구축하는 것보다 손쉽게 성공적인 제도 강화가 가능할 수도 있다고 판단된다.

정책 추진 과정에서 학교 및 기업의 지원이 저조하였다면 그것은 현실적으로 필요성이 높지 않거나, 필요성은 있다 하더라도 그 중요성과 필요성을 인식하지 못하였기 때문이라고 판단된다. 따라서 충분한 시간을 두고 홍보하고 정보를 제공하여 그 제도를 잘 이해하고 스스로 적합하다고 판단하는 대상자가 자발적으로 참여하도록 해야 한다. 아니면 이 제도가 면밀한 현실 타당성 분석 토대 위에 도입하기로 결정되기보다는 정치적 논리 타당성만으로 결정되었을 가능성이 높다는 점에서 다른 현실적 정책 대안을 찾아보는 노력을 해야 한다. 그렇게 되어야 국가 정책이 장기적 관점에서 시행착오를 줄이고 올바로 갈 수 있기 때문이다.

논리적 필요성과 타당성에만 매몰되어 현실 여건을 간과한 채, 그리고 이미 결정된 정책이고 추진 목표까지 정해져 하달된 사업이기 때문에 이를 어떻게든 실현시켜야 한다는 압력 속에서 정해진 일정과 목표치에 맞춰 참여 학생, 학교 및 기업의 숫자를 늘리기 위해 과도한 재정 지원 및 유인책 제공마저 불사하는 방식으로 사업이 추진돼서는 안 된다. 그렇게 되면 일시적으로 참여 대상자 숫자가 늘어나서 성공적인 것처럼 보일 수도 있지만, 유인책과 정부의 유도가 사라지면 제도가 지속되기 어려워진다. 비록 소수가 된다 하더라도 스스로 진정으로 필요성이 있는 적합한 대상자만을 선정하여 제도 운영을 내실화하고 지속시킬 수 있는 방안이 강구되어야 한다. 도제학교뿐만 아니라 NCS에 관련된 모든 사업이 적합한 대상 집단을 상대로 합당하게 적용되고 있는지 기준을 만들어 중간 평가를 해 보고, 숫자 늘리기에 여념하기보다는 합당한 대상자가 스스로 진정한 필요성을 이해하고 적용해 나가도록 유도해야 부작용을 줄이고 효과를 거둘 수 있을 것이다.

(5) 비용 대비 효과 분석 결여의 문제점

모든 사업이 그렇게 할 필요는 없지만 장기적 국책사업은 투자의 효율성을 높이기 위해 비용 대비 효과 분석(cost-effective analysis)을 반드시 해야 한다. 동일한 목적을 달성하는 데서도 수단과 방법은 여러 가지가 있을 수 있기 때문에 어느 방법이 최소의 비용으로 최대의 효과를 거둘 수 있는지 비교·분석해 보고 최선의 방법을 선택해야 한다. 그럼에도 불구하고 NCS 사업 추진에서 비용 대비 효과 분석에 근거하여 현명하게 방법이 선택되었다고 보기 어려운 부분이 없지 않은 것 같아 문제를 제기해 보고자 한다.

비용 대비 효과를 분석하는 일은 쉽지 않다. NCS 사업은 여러 부처가 관련되어 있어 더욱 그렇다. 여러 부처가 관련되어 있으니 관리를 위한 역할 분담과 협력도 어려움이 많을 것이고, 비용 대비 효과 분석도 부처 입장에 따라 달라질 수 있기 때문에 더욱 어려울 수 있다. 그렇다고 해도 NCS는 국책 사업이지 특정 부처 사업이라고 할 수는 없다. 그럼에도 투자의 권한을 가지고 관리 역할을 맡은 부처 입장에서만 방법을 결정하다 보면, 국가 전체의 입장에서 투자의 효율성이 떨어지는 부분이 발생할 수도 있다. 예컨대, 도제학교 운영에서 기업체 훈련을 위해 공동실습센터를 설치·운영하는 경우 이를 굳이 기업체에 설치하기 위해 막대한 투자를 새로 해야 할 필요가 있는가 하는 의문이 제기되는데, 이런 경우가 그에 해당하는 것 같다.

국가 전체의 자원을 효과적으로 활용해야 한다는 입장에서 보면, 공동실습센터를 특성화고나 전문대학의 관련 여유 시설과 공간을 활용하여 설치·운영하는 것이 더 효율적일 수도 있다고 판단된다. 특성화고에는 오래전부터 공동실습소를 운영해 온 경험이 있고, 특성화고나 전문대학에는 공히 최근 학생 수가 줄어 여유 공간과 시설이 생기고 있다. 특성화고나 기존의 전문대학 시설을 활용하는 방안이 강구되면 이미 있는 시설 장비 및 공간의 활용이 가능하고, 기존의 학교 교육 역량의 활용도 가능하기 때문에, 그리고 기존의 공동실습소도 지금까지 많은 현장 산업체 인사를 초빙하여 교육해 본 경험을 가지고 있기 때문에 공동실습센터 운영이 더 효율화될 수도 있다. 그리고 공동실습센터가 여유 공간이 생길 때 학교 교육에 활용될 수 있는 장점도 부가적으로 나타나게 된다.

하지만 이렇게 되면 특정 부처는 투자만 하고 관할권은 타 부처에 넘겨주는 일이 발생하게 된다. 지금까지의 부처 이기주의 관행에 의하면 이런 경우는 투자만 하고 관할권을 넘기게 되는 부처가 막대한 불이익을 받는다고 생각하기 때문에 실현되기 어려운 경우로 인식된다. 공동실습센터뿐만 아니라 NCS 사업 모두에서 부처 이기주의를 초월하여 국가 전체 자원의 효율적 활용이라는 관점에서 여러 가지 정책 추진 방법의 가능한 대안들에 대한 비용 대비 효과를 분석해 보고, 문제점은 없는지 검토해 볼 필요가 있다.

4. NCS 정책의 향후 발전 방향 및 과제

앞에서는 NCS 정책의 기본 전제들을 분석적으로 검토하여 개선 및 발전을 위한 여러 가지 시사점을 찾아보았다. 그리고 NCS 정책 추진 과정의 문제점들도 분석하여 개선 보완에 필요한 시사점들을 살펴보았다. 이 절에서는 분석적 검토에 의해 시사된 개선 및 발전의 방향과 과제들을 종합해서 제시해 볼 것이다. 물론 여기에 제시된 발전 방향 및 과제들은 어디까지나 필자의 경험과 관점을 반영한 것으로 다소 미진한 부분이 있을 수 있고, 객관적·학문적 검증이 더 필요한 부분이 있을 수 있음을 밝혀 둔다. 그렇다고 해도 NCS 정책의 개선 및 발전적 추진을 위해 많은 도움이 될 수 있기를 기대한다.

1) 전제 분석에서 사사된 발전 방향 및 과제

(1) 새로운 미래 첨단산업 직무분석 방법 탐색

기존의 직무분석법과 고용노동부가 고안하여 적용하고 있는 직무분석 모형은 기존의 대량 생산 산업체의 직무를 분석하고 적용하는 데 적합한 것으로서, 이미 앞에서 고찰한 바와 같이 새로운 첨단기술 산업과 기업조직에는 적용이 불가능하거나 한계가 노정되고 있다. 20세기 중반부터 직무분석법의 적용 한계는 제기되어 왔다. 협소하게 전문화된 일의 반복에서 비롯된 비인간화의 문제점—작업자가 자신을 생산 도구나 기계처럼 느낀다거나, 반복 작업에서 보람보다는 지루함과 싫증을 느끼는 문제점 등—이 제기됨으로써 엄격한 직무분석 결과의 적용이 한계에 부딪히게 된 것이다. 이로 인하여 직무확장(job enlargement), 직무순환(job rotation), 직무심화(job enrichment) 등의 새로운 직무 관리 전략이 등장하였다. 전통적인 직무분석 방법으로는 대응이 어려워진 부분이다.

직무분석법의 가장 큰 한계점은 최근의 기술 변화 및 업무 추진 방식을 반영하지 못한다는 점이다. 최근 새로이 개념화된 '직무해제'란 용어는 직무분석법에 대한 근본적 변화 요구 또는 회의를 제기하는 것으로 판단된다. 최근의 기업 환경 변화는 기업의 직무와 책무를 넓히는 가운데 종업원 또한 자신의 직무규정을 넘어 유연성과 창의성을 발휘하여 기업의 입장에서 업무를 발굴하고 추진할 것을 요구받고 있다. '직무해제'란 이러한 최근의 기업 환경에서 요구되는 업무 추진 방식을 새로이 개념화한 용어로 이해된다. 기업의 위계적 다단계를 수평 조직화하는 경향, 공동 작업팀(work team) 방식의 업무 추진, 부서 간의 경계 없는 조직 운영, 기업 조직과 운영 방식을 근본적으로 개편하는 리엔지니어 링(re-engineering) 등은 직무분석법의 적용을 근본적으로 불가능 하게 만들거나 전통적 직무 규정의 해제를 요구하는 것으로 이해 된다.

첨단기술의 발전은 단순 반복 기술직을 기계나 로봇이 대행하 도록 만들고, 인간은 근본적으로 창의적이고 복잡한 판단이 필요 한 서비스를 제공하는 일을 담당하도록 요구받고 있다. 산업과 기 업의 기능과 역할이 전혀 새로운 사회적 경쟁과 요구에 직면하여 변신에 변신을 거듭하고 있다. 제조 공업으로부터 서비스 경제로 의 전환, 융·복합 기술의 보편화, 창조적 모험 기업의 확산, 리엔 지니어링, 기업의 수평 조직화, 경계 없는 조직 운영, 공동 작업팀 중심 업무 추진, 기업의 경쟁력 강화를 위한 다양한 변신은 직무 분석법을 단순화하여 획일적으로 적용할 수 없도록 만들고 있다. 이 점에 관한 많은 연구와 고려가 필요한 시점이다. 전통적 직무 분석법의 대안을 탐색하여 적용할 필요가 제기된 것이다.

첨단산업과 선진 기업 조직이라 해도, 상하 위계질서 속 엄격한 개인별 직무 규정은 사회 변화 요구에 신속한 대응과 경쟁력을 높 이는 데에 장애 요인이란 점에서 해제하자는 것일 뿐, 오히려 직 무의 폭과 깊이를 더 넓히도록 요구하고, 유연하고 창의적인 업무 추진과 책임의 공유 및 공동 문제 해결을 더 요구하는 것으로 해 석된다. 이런 관점에서 새로운 첨단산업 조직에서의 업무 추진 방 식에 대한 연구와 새로운 직무 서술 방식의 개발이 필요한 것으로 판단된다.

(2) 직무능력표준의 다양한 적용 및 후속 대책 탐색

의도대로 된다면 직무능력표준을 만들어 적용하면 기업에서는 직무 관리가 효율적으로 되어 직무 생산성이 높아지고, 직업교육훈련도 효율성이 높아져야 한다. 그렇다면 직무능력표준을 적용하지 않는 미국과 같은 나라들은 직무 생산성과 직업교육훈련의 효율성이 상대적으로 낮아야만 하는가? 직무 생산성과 직업교육훈련 효율성을 높이는 방안은 나라 형편에 따라 다양할 수 있다. 직무능력표준을 어떻게 만들어 어떻게 적용하느냐에 따라 결과는 천차만별일 수 있고, 직무능력표준이 아닌 다른 방식도 마찬가지다. 표준을 만들어 적용하는 그 자체가 능사는 아닌 것이다.

직무능력표준이 능사는 아니지만 국가가 많은 돈과 인력과 시간을 투자하여 만들었다면 그만큼 효과를 낼 수 있도록 널리 활용해야 한다. 직무능력표준을 널리 활용하기 위한 첫 번째 방안은 특성화고, 전문대학, 폴리텍대학, 직업 전문학교 등 직업교육훈련 기관 등에서의 활용과 효과적 활용을 위한 후속 대책을 마련하는 것이다. 그렇게 되려면 우선 직무능력표준을 반영하는 새로운 교육과정으로 전면 개편해야 한다. 직무능력표준에 맞는 최신 기자재도 새로 설치해야 한다. 새로운 교육과정에 의하여 새로운 기자재로 실습 교육을 하고, 새로운 교수 학습 및 성과평가 방식(performance evaluation)을 적용할 수 있도록 교원 연수와 양성 방안을 수립·시행해야 한다. 이에 따라 정부는 NCS 개발 사업의 필수 후속 사업으로 교육과정 및 학습자료 개편, 기자재 설치 및 실습교육 대책, 새로운 교원 연수 및 양성 대책 등 후속 사업을 새롭게 수립·시행하여야 한다. 이러한 후속 대책이 제대로 수립·시행되지 못하면 NCS 개발은 그 자체로서 끝나고 효과는 거두지 못할 것이다. 정부의 NCS 후속 대책 탐색이 필요하고 중요한 연유가 바로 여기에 있다.

두 번째 방안은 자격검정 과정에서 활용하고 그 후속 대책을 마련하는 것이다. 지금까지 학교는 교육부 교육과정 기준에 의하여 기자재를 설치하고 실습교육을 실시하였다. 그리고 자격증을 취득하려면 고용노동부 검정 기준에 의한 실기 검정을 다시 받아야 했다. NCS 정책은 신 자격제도에 의하여 과정을 이수하면 자격을 부여하도록 하고 있다. 즉, 과정이수형 자격제도를 채택함으로써 교육과정과 검정 기준을 일치시켜 학생들의 이중 학습 부담 해소 등 제도 운영을 효율화하였다. 과거에는 교육부에 속한 학교의 교육용 실습 기자재 설치와 고용노동부에 속한 자격검정 기관의 검정용 기자재가 원칙적으로 따로 설치되어야 함으로써 국가적으로 보면 이중적 낭비 요인이 적지 않았다. 그러나 학교 교육과정과 검정 기준을 통합시킴으로써 동일한 기자재를 교육과 자격검정용으로 겸용할 가능성이 원천적으로 열린 것이다. 물론 학교 밖 청소년들의 자격검정을 위해서도 학교의 기자재 활용은 가능할 것이다. 아마도 학교의 방학이나 유휴 기간을 활용하여 학교 밖 청소년들의 자격검정이 이루어진다면 국가 예산의 많은 절감이 가능해질 것이다. 이 점에서 정부는 NCS를 학교 교육과정과 자격검정 기준을 통일하고, 이후 후속 대책으로 학교의 기자재 설치를 강화하며, 이를 검정기관에서 공동으로 활용하여 효율성을 증대하는 방안을 구체적으로 강구할 필요가 있다. NCS의 활용으로 진정한 효과가 나타나려면 이러한 대책이 수립·시행되어야 하기 때문이다.

세 번째 방안은 기업과 직장에서의 활용을 확대하고 활용 확대를 위한 후속 대책을 마련하는 것이다. 현재 NCS는 정부의 권장에 의하여 공기업과 일부 대기업에서 신입사원 채용 기준으로 시범적으로 활용되고 있다. 선진국에서는 기업 인적자원의 선발, 배치, 활용, 평가는 물론 인적자원 개발 및 훈련 등을 위하여 직무분석법이 보편적으로 활용되고 있다. 우리나라도 기업들이 직무분석법을 널리 활용하여 직무 관리 및 인적자원 관리를 보다 효율적으로 하는 것이 매우 바람직한 것으로 판단된다. 이번 국가 직무분석 결과로서 직무능력표준은 고작 신입사원 채용 기준으로 활용되며, 이마저도 부작용이 없지 않아 보완 대책이 필요한 것으로 보인다. 기업마다 사정이 다르니 획일적인 기준을 신축성 없이 교조적으로 적용하다 보면 부작용이 불가피할 것이다. 이는 적용 초기에서 이해가 부족한 가운데 다소간 무리하게 확산을 조급하게 서두른 데 기인한 것으로 판단된다. 이 점에서 정부는 다양한 기업의 여건에 따라 적용할 수 있는 다양한 모형을 개발하고, 이의 확산·보급을 위한 홍보 대책 및 부작용 방지 대책을 세워야 한다.

기업들이 신입사원 선발은 말할 것도 없고 사원 및 직무 관리 전체를 보다 효율적으로 하기 위해서는 기업 스스로가 직무분석을 시행하고 적용할 수 있도록 할 필요가 있다. 국가가 제공한 일부 직종의 직무능력표준은 신입사원 채용 기준으로 우선 활용할 수는 있겠지만 그 외로 기업에서의 활용은 어려워 보인다. 그러한 표준이 기업의 인적자원 관리 전체에도 적용되려면 그 기업 내의 다른 모든 직종의 직무분석이 선행되어 직무능력 기준이 동시에 시스템으로 적용될 수 있어야 가능하기 때문이다. 이 점에서 정부는 이번 직무능력표준을 만들어 적용하는 계기를 출발점으로 하여 보다 많은 기업이 고용노동부가 제시한 직무분석 모형을 활용하여 직무분석을 스스로 시행·적용할 수 있는 후속 대책을 마련하는 것이 필요한 것으로 판단된다. 그렇게 되어야 국가직무능력표준의 적용 효과도 배가될 수 있기 때문이다.

직무능력표준은 이에 관한 국가 정책을 수립하고 관리하는 기준 또는 근거가 될 수 있다는 점에서 필요하고 중요하다. 우리나라에서는 그렇지만, 직업자격 인정과 직업교육훈련을 시장의 자율 경쟁에 위임한 나라의 경우에는 그렇지 않을 수 있다. 우리나라는 오래전부터 자격과 직업교육훈련에 국가 기준을 적용해 왔기 때문에 이에 익숙한 풍토를 가지고 있다. 그렇지만 개별 기업이나 훈련기관 입장에서 보면 획일적인 국가표준을 적용하는 것은 쉽지 않다. 개별 기관이나 기업들이 처한 여건과 능력, 의지 및 풍토가 매우 다양하기 때문이다. 가장 이상적으로는 각 기업과 훈련기관들이 자율적으로 여건에 맞게 표준을 적용해 나가는 것이 효율적이다. 국가와 국민 의식 수준에 따라서는 표준 적용을 자율화하여 시장 기능에 맡기는 것이 효율적일 수도 있지만, 일반적으로 많은 개도국에서는 그렇지 않은 것으로 파악되고 있다. 우리나라도 따지고 보면 과거 후진국 대열 속에서 국가가 표준과 기준을 만들어 국민에게 강요하다시피 하여 그간 빠른 발전을 이끌어 온 측면이 없지 않다. 이번에 직무능력표준을 도입하는 것은 정부가 과거보다도 체계적인 직업교육훈련 및 자격 기준을 만들고 일사불란하게 적용하여 더 빠른 산업·경제 발전을 견인하겠다는 의도가 깔려 있는 것으로 짐작된다. 그렇게 하는 것이 국가 발전에 더 도움이 되는 정책으로 인식될 수도 있다.

과거에 우리나라가 운영해 온 직업훈련제도나 자격제도도 용어를 그렇게 사용하지 않았을 뿐 국가의 표준으로 정해진 것이었다. 이를 회고해 보면 국가 직업훈련제도와 자격제도가 도입된 1970년대 초기부터 1990년대까지는 인력 양성을 촉진하고 질을 높이는 수단으로서 기능을 잘 담당했던 것으로 판단된다. 그러나 1990년대 이후 산업과 기술의 수준이 높아지고 복잡해지면서 국가의 표준으로서 직업훈련과 자격 기준에 대한 불만이 많이 제기되었다. 1990년대 이후에는 국가 직업훈련과 자격 기준이 오히려 다양한 기술 발전과 인력 요구에 부응하여 앞서가려는 직업훈련을 가로막는 상황이 된 것이다.

국가 기준에 의한 국가 주도의 직업교육훈련 및 자격제도가 1990년대 이후 실효성 없이 유명무실해진 가운데 기능인력 양성이 어려워지고, 반면 해외 기능인력은 대량 수입되면서 첨단산업 발전도 지지부진한 상황이 지속돼 오고 있다. 직업교육훈련이 첨단산업 기술인력 양성을 위한 고등교육을 강화하는 한편, 위축된 기능인력 양성을 다소 확대·지속해야 하는 상황이 된 것이다.

숙련된 기능인력의 양성에는 직무능력표준의 적용이 효율적일 수 있다. 그러나 변화무쌍한 첨단산업 기술인력 양성과 관리에서는 앞에서 고찰한 바와 같이 표준화가 새로운 변화와 발전을 가로

막고 지체시키는 요인이 될 수도 있다. 수시로 공정 합리화, 원가 절감 방식 도입, 디자인 변경, 고객 서비스 방식 개선, 조직 운영 방법 개혁 등 기술을 새로 도입하거나 발전시켜 나가지 않으면 안 되는 국제 경쟁 속에 놓인 첨단산업의 입장에서는 표준이 오히려 장애가 될 수 있다. 이 점에서 정부는 표준의 효과적인 적용 범위와 방법을 면밀히 탐색할 필요가 있으며, 근본적으로 표준 적용을 자율화하는 방안도 탐색해 볼 필요가 있다.

(3) NCS 포함 취업 문제 해결 종합 대책 수립 시행

NCS가 직업교육훈련을 효율화한다는 점은 확실하다. 그러나 취업률을 높일 수 있는가에 대하여는 많은 의구심이 든다. 현재 취업률이 매우 낮은 것은 직업교육훈련의 질에 기인된 바가 없지 않으나, 그보다는 산업 구조, 인구 구조, 임금 구조, 교육 구조, 해외 인력 수입 정책 등의 왜곡에 기인된 바가 더 큰 것으로 판단되기 때문이다. 따라서 직업교육훈련을 둘러싼 환경 전체의 왜곡된 사회 구조가 바로잡히지 않으면 직업교육훈련의 질이 높아져도 취업률은 높아지기 어렵고, 직업교육훈련의 질을 높이기 위한 투자마저 허사가 될 수 있다. 이 점에서 정부는 NCS 정책과 더불어 취업률을 높이는 데 관련된 사회 구조 개혁 정책을 통합적(policy package)으로 그리고 범정부적으로 수립하여 시행할 것을 제안한다.

(4) 능력중심사회 진단 및 발전을 위한 통합 지표 개발

능력중심사회 실현은 우리 사회의 불만, 갈등, 불균형, 분열 등 제반 문제 해결의 열쇠란 점에서 매우 필요하고 중요하다. 그러나 능력중심사회는 NCS 관련 정책 도입만으로 간단히 실현될 수 있는 단순한 과제가 아니다. 능력중심주의는 앞에서 고찰한 바와 같이 역사적으로 오래된 개념이며, 사회·경제·철학적 입장에 따라 다양하고 복합적인 의미를 지닌다. 이 때문에 능력주의 사회가 제대로 실현되지 못하여 왔고, 오히려 능력주의 자체가 능력의 부익부 빈익빈 현상을 초래하고 이에 따라 소득 격차를 심화시키는 현상을 초래하기도 하였다. 능력중심사회는 그만큼 복잡한 요인들을 포함하고 있기 때문에 성공적 실현이 쉽지 않았던 것이다. 따라서 능력중심사회를 실현하려면 먼저 우리 사회가 지향해야 할 이상적 가치와 기준이 무엇인지 규명하여 국민적 합의를 만들고, 그 지향적 기준에 비추어 현재의 상황과 문제점을 진단하며, 그 이상적 기준에 도달하기 위한 수단을 강구해야 한다. 물론 NCS 관련 정책들이 능력중심사회 실현을 위한 훌륭한 수단의 일부가 될 수 있지만, 그와 관련된 다른 정책들이 동시에 통합적으로 시행되지 않으면, 리비히의 나무통 법칙(Liebig's Barrel/Law of the Minimum)에 따라 시너지 효과는 물론 그 자체의 효과마저 유명무실하게 되기 쉽다는 것이다. 이 점에서 능력중심사회 구현을 위한 진단 및 발전 지표를 통합적으로 개발하고 NCS 정책을 포함한 종합 대책을 수립·시행할 것을 제안한다.

2) 정책 추진 과정의 문제점 분석에서 시사된 발전 방향 및 과제

(1) 직무분석의 내실화 및 현장 타당성 제고

고용노동부가 개발해 사용한 직무분석 모형은 그런대로 잘된 것으로 인식되지만, 단시간 내에 800여 종이 넘는 직무분석을 일시에 1만여 명이 넘는 전문가를 양성·투입하여 완료한 일은 일단 대단한 일로 볼 수 있다. 그러나 앞에서 지적했던 바와 같이 전문성 부족, 시간 여유 부족, 예산 부족, 기타 여건 불비로 인해 많은 문제점이 제기되었다. 그리고 직무분석 모형 자체에 관하여도 문제점이 제기되었을 것이다.

첫째는 제시된 직무분석 모형이 포괄하고 있는 모든 절차와 기준이 제대로 지켜진 가운데 직무분석 결과를 도출하였는가 하는 문제점이다. 형식적인 점검은 하였다 해도 직무분석 결과의 질은 많은 문제점을 노출한 것으로 인식되며, 이는 이미 후속 사업으로서 학습 모듈 개발 과정에서 확인되기도 하였고, 문제 제기에 의해 일부는 보완이 이루어진 것 같다.

이러한 점에 기인하여 직무분석 모형의 적용 과정에서 제기된 모형 자체의 장단점 분석을 토대로 모형의 보완 및 유형 다양화 필요성 등을 재검토할 것을 제안한다. 그리고 직무분석 시행의 전 과정에서 실제로 투입된 전문가들의 자질과 전문 분야별 대표성 보장 등 전문가의 선정 및 활용상의 문제점 분석, 투입된 예산과 시간의 과부족 및 적절성에 대한 분석, 직무분석 전체를 기획하고 시행, 관리했던 주체 및 관련자들의 자질과 행태에 대한 객관적

평가 분석 조사 등이 이루어질 필요가 있다. 이는 앞으로 계속해서 이루어지는 직무분석의 방향과 질을 결정하는 방안 수립의 토대가 될 것이다.

(2) 상하 소통에 의한 민주적 방식의 사업 추진

민주화 시대의 개혁 정책 추진 방식은 개발 독재 시대와는 다르게 변화되어야 하고 그렇게 되어야 개혁 정책이 국민 속에 뿌리내리고 지속되고 성공할 수 있다. 이 점에서 NCS 정책 추진 과정을 살펴보면 아직도 개발 독재 시대의 잔재가 엿보여 우려되는 바가 없지 않다.

개발 독재 시대에는 정부가 모든 것을 주도했고, 국민은 정부의 명령대로 따르는 존재였다. 그렇게 해서 국가가 발전하고 국민은 그 혜택을 누리면 그것으로 족하고, 국민도 별 불평이 없었으며, 아직도 이러한 관 중심의 관행은 일부 지속되고 있는 것 같다. 그러나 민주화 이후 국민의 주인·주권 의식이 점점 성숙해지면서 이익과 혜택이 주어진다 해도 국민의 이해와 동의를 기반으로 하지 않으면 정책 추진이 어렵게 되어 가고 있다. 그럼에도 불구하고 민주화 이후에도 개발 독재 시대의 관행이 남아 정책 추진에서 정치적 계산에 의해 과도하게 설정된 목표가 하달되고, 추진 일정 또한 일방적으로 결정되는 사례가 적지 않은 것 같다.

NCS 정책도 정권을 넘어 지속되고 성공하려면 상하가 소통하고, 국민과 정부가 소통하고 협의해 나가는 민주적 방식으로 추진되어야 한다. 이는 그것을 필요로 하는 대상 집단이 주체가 되어 주인 의식을 가지고 스스로 추진해 나가도록 하고, 정부는 이를 관리하고 통제하는 입장이 아니라 지원·조장하는 입장에 서야 한다는 것을 의미한다. 그럼에도 불구하고 이번 NCS 정책 추진 과정도 과거 정부가 과도한 목표를 세우고 일방적으로 조급하게 추진하다 부작용을 많이 일으켰던 정책 등과 크게 달라진 점을 발견하기 어렵다. 정책 추진 대상 집단이 주인 의식을 가지고 스스로 자체 협의와 판단으로 목표도 정하고, 추진 일정도 정하고, 정부에 지원 요청을 하도록 하는 과정이 도입되어야 민주적 방식의 사업 추진이 가능해지고 사업의 지속성이 정권을 넘어 담보될 것이다.

이 점에서 정부는 지금까지의 NCS 정책 사업들이 얼마나 민주적 방식으로 소통과 협의에 의하여 추진되었는가를 점검·평가해 보고 문제점이 있다면 그 개선 대책을 수립·추진하기를 제안한다. 그리고 민주 방식의 추진 과정의 점검 및 평가는 대상 집단 구성원들이 정부의 압력이나 불이익의 우려로부터 완전히 자유로운 상태에서 양심적 반응을 할 수 있는 상황을 만들어 실시해야 한다.

(3) 현장의 이해와 자발성에 기초한 사업 추진

민주적 방식의 정책 추진은 원칙적으로 관 주도에서 국민 주도로 추진하고 정부는 지원·조장자의 입장에 서는 것을 의미한다. 그렇기 때문에 정책 대상 집단의 이해와 자발적 참여는 사업 출발의 기초가 된다. 혁신 이론에 의하면 대상 집단이 사업을 근본적으로 이해하고 혁신의 자발적 주체가 되어 스스로 사업을 추진하고 전파자가 되도록 하려면 초기에 많은 시간이 소요되고 진행이 더디지만 후반에는 속도가 붙고 혁신 정책의 지속력이 커진다. 이런 추진 방식은 요즘 강조하는 풀뿌리 민주주의 정신과 상통한다.

NCS 정책 추진 과정을 살펴보면, 정부가 추진 주체이고 대상 집단인 학교는 종속 집단으로서 개혁 정책의 관리 통제 대상이란 인상을 지울 수 없다. 아직도 많은 교원 및 학교는 필요성 및 중요성을 스스로 이해하고 자발적인 혁신 정책의 주체자로서 참여한다기보다는 정부의 불이익을 받지 않기 위해 또는 정부의 압력 때문에 불가피하게 사업에 참여한다는 인식을 가지고 있는 것이 사실이다. 물론 NCS와 같은 대형 국책 사업을 추진함에 있어서는 여건상의 많은 어려움이 따를 수밖에 없다. 그러나 이런 어려움을 이유로 모든 사람이 불만을 제기하고 거부하면 정책은 추진하기 어렵고 실패할 수밖에 없다. 사업 추진 주체들이 사업의 필요성을 절감하고 혁신의 주인이 되어 여건상의 제반 어려움을 오히려 극복의 문제로 인식한다면, 사업은 초기에 시간이 더 걸리기는 하여도 중단되지 않으며 결국 정착되고 성공할 것이다.

이러한 맥락에서 이번 NCS 정책 추진에서는 얼마나 대상 집단이 이해와 혁신의 주체로서 자발적 참여를 하고 있는지를 확인 · 평가해 보고, 문제점에 대한 개선 대책을 마련할 것을 제안한다.

(4) 대상자의 필요성과 적합성에 맞는 사업 추진

모든 정책은 국민의 편에서 현장 여건에 맞게 추진되어야 한다. 그렇게 되어야 국민이 비판보다 협력을 하게 된다. 사업이 이를 절실히 필요로 하는 대상자를 선정하여 그들의 요구에 합당하게 추진되면 부작용과 반발은 최소화된다. 당초 세워진 목표나 일정이 현실 여건에 비추어 무리함에도 불구하고 보다 많은 성과나 공약된 성과를 빨리 국민에게 보여 주려는 정치적 계산으로 대상자 숫자를 확대하거나 부적합한 대상자를 포함시켜 성과를 부풀려서는 안 된다. 그렇게 되면 그 정권에서 필요한 정치적 목적은 달성되지만 그 정책은 결국 실패하게 된다.

현실 타당성이 높지 않고 진정성 있는 참여자가 적으면 그런 정책은 비록 공약된 것이라 하더라도 수정 또는 폐기되는 수순을 밟아야 하며, 그런 정책을 무리하게 추진해서는 안 된다. 참여 대상 집단이 아직 이해가 부족하여 참여가 적다면 홍보와 이해 기간을 늘려 자발적 참여를 유도하고 사업 시기를 늦추어야 한다. 정치적 공약이라는 이유로 현장 타당성이 부족하거나 준비가 안 된 정책을 무조건 추진해서는 안 된다. 이는 국고 낭비 및 정책 실패로 연결되기 쉽기 때문이다.

정치적 공약의 목표 달성을 위해 과도한 재정 투자와 유인책을 제공하여 합당하지 않은 대상을 포함시키는 일도 해서는 안 된다. 정권이 교체되고 담당자가 교체되어 유인책이 과도하거나 부당하다고 판단하여 중단하면 사업은 지속되기 어렵다. 스스로의 절실한 필요성이 없기 때문이다. 적합한 대상 집단을 선정하고 그들의 요구에 합당한 정책을 추진해야 한다. 이런 점에서 NCS 정책도 사업마다 가장 합당한 대상 집단을 선정하고, 그들의 진정한 요구에 합당한 정책을 과부족 없는 합당한 지원하에 추진하고 있는지 점검해 볼 것을 제안한다.

(5) 비용 대비 효과 분석에 의한 사업 추진

모든 사업을 추진함에 있어서는 여러 가지 대안이 존재하기 마런이며, 대안마다 장단점이 있기 마련이다. 따라서 비용 효과 분석(cost-effective analysis)을 통하여 최선의 대안을 선택해야 한다. 정치적인 선입견에 의해 사전에 목표나 방법이 정해져서는 안 된다. NCS 정책은 범부처 국가 정책 사업이라고 인식된다. 이 점에서 NCS 정책 사업들의 비용 효과를 분석한다면 특정 부처의 입장이 아니라 국가 전체의 차원에서 물적·인적 자원의 효율적 활용을 전제로 해야 마땅하다. 그러나 일부 사업은 특정 부처의 입장을 넘지 못했다고 판단된다. 그리고 각 사업의 비용 효과 분석에 의하여 여러 가지 대안과 방법을 비교·분석하여 선정했다는 증거와 자료도 발견되지 않는다. 이 점에서 NCS 정책 각 사업의 추진 방법으로 비용 효과 분석의 관점에서 가정되는 여러 가지 대안적 방법을 찾아보고 비교·분석해 볼 것을 제안한다. 분석 결과 모든 방법이 최선이었다면 그보다 다행스러운 일은 없겠지만, 지금이라도 최선이 아니라고 판단되는 방법들은 대치하고 수정하는 것이 바람직할 것이다.

5. 맺는말

NCS 정책은 정치적 이유나 추진 과정의 오류로 중단돼서는 안 된다. 오히려 관련된 정책들을 확대·통합해서 범부처적 대형 장기 국가 과제로 추진해야 한다. 그렇게 하기 위해서는 이 발표에서 분석적 탐색을 통하여 제시된 발전적 과제들이 추가적으로 검토되고 기존의 NCS 정책과 연계되거나 통합하여 추진돼야 한다.

그렇게 하여야 우리나라 직업교육훈련을 효율화하고, 능력중심 사회를 실현하며, 나아가 산업 · 경제 발전 및 국가 발전의 실현이 가능하기 때문이다.

NCS 정책을 성공적으로 추진하기 위해 참고할 몇 가지 고려사항을 필자의 과거 정책 추진 경험에 비추어 제시하는 것으로 맺는 말로 대신한다.

1) 현장 필요성과 타당성 제고를 위한 부단한 노력

정책 추진 담당자들은 정책을 정해진 대로, 상부의 명령대로 추진하는 것보다 본래의 취지와 필요성에 맞게 추진해야 한다는 인식을 강화해야 한다. 그리고 현장 여건에 맞게 추진해 나가야 한다. 현장을 계속 살펴보면서 현장과 소통하고 타협하며 현장의 필요성과 요구에 맞춰 정책을 유연하게 조절해 나가는 지혜가 필요하다.

2) 정책 추진 체계의 전문성 및 준비도 제고

정책에 따라서는 일반 행정 체계에서 무난히 추진될 수도 있다. 그러나 NCS 정책과 같이 전문성이 요구되는 분야는 공무원의 중앙 조직에서부터 말단 조직 및 관련 부처 조직까지 그리고 전문 지원 조직, 협력 조직 등 정책 추진 체계를 사전에 정비하고 전문성 제고를 포함하여 제반 준비를 잘해야 한다. 공무원 조직이라고 언제 어디서나 모든 것을 잘하는 만능일 수는 없다. 이제 공무원이나 국가 조직도 무조건 해야 한다는 생각에 앞서 전문화·효율화 시대 의식을 가지고 준비하는 자세가 필요한 것이다.

3) 정책 추진의 현장 평가 및 피드백

사전에 모든 계획을 완벽하게 수립하고 추진할 수는 없다. 그리고 현장 사정과 여론도 수시로 변동될 수 있다. 이 점에서 현장 점검 및 평가는 필수이며 피드백 또한 필수다. 그러나 현장 점검 및 평가가 형식적으로 이루어지는 경우도 적지 않고, 피드백 조치는 여러 가지 숨겨진 이유로 잘 안 되는 경우가 적지 않다. 정책이 정권의 공로와 업적을 보여 주기 위해 추진되거나 공무원들의 일거리 제공을 위해 추진되기보다는 국민의 편익을 위한 것이라면 국민 편에서 소통하고 그들의 요구대로 추진되는 것이 마땅하다. 이점에서 현장 평가와 피드백은 중요하며 반드시 현장의 진실한 반응이 드러나도록 실시되어야 한다.

4) 상승효과를 위한 관련 정책의 통합적 추진

균형을 맞춰 추진되어야 할 정책들이 부처별로 별개의 정책으로 추진되다 보면 효과가 반감되거나 유명무실해지는 경우가 많다. NCS 정책도 교육부와 고용노동부뿐만 아니라 관련 정책을 망라하여 범부처적으로 장기적 국가 종합 정책으로 수립하여 통합적으로 추진하는 것이 정책의 상승효과(synergy effects)를 위해 바람직하다. 부처별 소관 업무가 구획되어 있으니 여러 부처가 공동으로 종합 대책을 수립하고 통합적으로 추진하는 것이 쉬운 일은 아니다. 그러나 NCS 정책이 내세운 능력중심사회 실현 등은 NCS 정책을 포함하여 사회구조 근본 개혁 정책이 종합적으로 범정부적으로 수립되고 통합적으로 추진되지 않으면 실현되기 어렵다. 이 점에서 각 부처 위주의 단편적 편의위주 정책 추진은 재고될 필요가 있다.

5) 국가 정책의 일관성 유지 및 책무성 제고

정권이 교체될 때마다 대부분의 정책은 폐지되거나 변경되어 왔다. 이로 인해 정책의 일관성이 결여되고 정책들이 뿌리내려 효과를 거두기 전에 시행착오만 하다가 사라지고 새로 시작하는 우를 범해 왔다. 정권이 바뀌어도 국가는 하나이기 때문에 국가 정책은 일관성이 유지되고 책무성 있게 추진되어야 한다. 그렇게 되려면 전 정권의 정책을 국가 차원에서 책임지고 이어받는 관행이 새로 수립되어야 한다. 앞선 정부의 정책을 일정한 평가와 국민의 동의 없이 정치적 편의로 중단하거나 폐기할 수 없도록 국민이 감시하는 역할을 강화해야 한다.

이 장에서 제시된 발전 과제들을 숙고하여 NCS 정책을 보다 종합적으로, 통합적으로 실효성 있게 추진할 수 있기를 기대한다. 그리고 앞에서 기술한 참고 사항도 유념하여 정책 추진 과정이 보다 합리화되고 슬기롭게 될 수 있기를 기대한다.

역량개발 전략으로서 NCS의 적용

주인중
한국직업능력개발원 선임연구위원

1. 국가직무능력표준 제도 운영 현황

1) 도입 배경 및 개념

(1) 도입 배경

1990년 중반 이후, 무한경쟁의 글로벌 시대를 맞이하면서 국가 경쟁력 향상과 유지를 위해 우수한 인재 육성 및 확보의 필요성이 꾸준히 제기되어 왔다. 따라서 기업과 산업현장에서 필요로 하는 역량을 갖춘 인재에 대한 정보를 체계화할 필요가 있으며, 국가적 차원에서도 현재 다양한 형태로 시행되고 있는 인재개발 제도를 체계화 및 일원화할 수 있는 다양한 방안이 제시되었다. 이러한 일환 중 하나로 국가직무능력표준(National Competency Standards: NCS)을 통해 산업현장에서 요구하는 인재를 육성하는 방안이 제시되었다. 특히 산업현장과 교육과정–훈련과정–자격검정 기준의 불일치로 교육훈련 수요자(기업·학생)의 불만이 높아지고 자격의 통용성이 저하되면서, 현장에서 요구하는 인재의 역량을 습득하는 교육·훈련과 그 습득 정도를 가늠할 수 있는 자격 운영 방안 모색의 시급함에 대해 공감대가 확산되었다.

2008년 IMD(International Institute for Management Development)의 '기업-대학 간 지식 이전 정도'와 '수준급 엔지니어 공급 정도'에 대해 국가 간 비교에서 한국은 55개 국가 중 41위로 나타났으며, 한국직업능력개발원의 연구조사(한국작업능력개발원, 2006)에서는 사내자격 취득자가 국가자격의 취득자보다 직무효과가 더 높은 것으로 나타나는 등 현장에서 요구하는 역량을 갖춘 인재 육성 시스템 도입 필요성이 더욱 커졌다. 아울러 '교육훈련 따로, 자격 따로'로 인한 역량개발의 중복투자 문제와 다양한 학습경험(경력 등)을 역량으로 인정하는 시스템적 요구가 커짐에 따라 선진국에서 시행되고 있는 NCS와 자격체제에 기반한 인력양성 체계의 구축에 대한 관심이 높아지기 시작했다.

이에 2000년 초반에 NCS와 자격체제에 기반한 인력양성 체계와 관련한 해외 사례 연구 등 기초연구가 시작되었으며, 이를 우리나라 교육·훈련·자격제도 등에 활용하기 위한 다양한 연구와 시범사업이 추진되었다. 이러한 NCS는 일-학습 연계를 위해 현장에서 필요한 직무수행능력을 기준으로 NCS를 개발하여 교육·훈련 과정과 자격기준으로 활용함으로써 산업계(인력 수요자) 및 사회가 요구하는 인재 양성을 목적으로 추진되고 있다. 궁극적으로 NCS 제도는 '공급자 위주'의 교육·훈련·자격제도를 '수요자 중심'으로, '투입 중심'의 교육·훈련·자격제도를 '결과 중심'으로 개편하여 자격과 교육의 선진화를 도모하고자 추진되고 있다.

(2) 개념

① 국가직무능력표준(NCS)

NCS는 산업현장에서 직무를 수행하기 위하여 요구되는 지식, 기술, 소양 등의 내용을 국가가 산업부문별, 수준별로 체계화한 것(「자격기본법」 제2조 2항)을 말한다. 이를 적용 및 활용하여 자격제도와 교육·훈련을 선진화하고, 사회와 산업현장에서 필요로 하는 인재를 개발하는 것을 목표로 하고 있다. 이를 도식화하면 다음 [그림 1]과 같다.

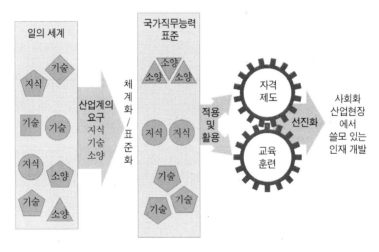

[그림 1] NCS의 개념

출처: 나현미, 정향진(2009).

특히 NCS의 활용에 대하여 「자격기본법 시행령」 제8조에서 구체화하고 있으며, 교육훈련, 자격 분야뿐만 아니라 채용 및 경력개발 등에 활용할 수 있도록 다음과 같이 규정하고 있다.

「자격기본법 시행령」 제8조
(국가직무능력표준의 활용)

제8조(국가직무능력표준의 활용) ① 관계 중앙행정기관의 장이 「산업교육진흥 및 산학연협력촉진에 관한 법률」이나 「근로자직업능력 개발법」 등 관계 법령에 따라 교육훈련과정을 운영하는 경우에는 그 교육훈련과정이 국가직무능력표준에 부합되도록 하여야 한다.

② 관계 중앙행정기관의 장은 국가직무능력표준에 의한 교육훈련과정을 운영하는 교육훈련기관을 지도·점검 또는 평가함으로써 교육훈련의 질을 확보하도록 노력하여야 한다.

③ 관계 중앙행정기관의 장은 국가자격의 신설·변경 및 폐지 기준, 국가자격의 검정, 자격시험의 출제 기준 및 민간자격 공인 기준 등이 국가직무능력표준에 따라 마련되도록 하여야 한다.

④ 관계 중앙행정기관의 장은 기업 등이 근로자의 채용 기준, 직무 기준, 경력개발 기준 등 근로자의 인사관리에 국가직무능력표준이 적극 활용되도록 노력하여야 한다.

⑤ 교육부장관은 개발된 국가직무능력표준이 「산업교육진흥 및 산학연협력촉진에 관한 법률」 제2조제2호에 따른 산업교육기

관 및 「근로자직업능력 개발법」 제2조제3호에 따른 직업능력
개발훈련시설에서 활용될 수 있도록 제4조에 따른 국가직무능
력표준 개발에 맞추어 관련 학습교재를 개발하여야 한다.

⑥ 교육부장관은 교육기관 또는 관계 전문기관 등에 의뢰하여 제
5항에 따른 학습교재를 개발할 수 있다.

② 자격체제(NQF)

자격체제는 산업현장에서 요구하는 역량의 관점에서 다양한
자격 간(교육자격, 직업자격 등) 연계가 가능한 통합적인 수준체계
로, 「자격기본법」에서는 NCS를 바탕으로 학교 교육·직업훈련
및 자격이 상호 연계될 수 있도록 한 자격의 수준체계로 정의되
고 있다.

자격체제 관련 「자격기본법」 규정

「자격기본법」 제2조(정의) 제3호

"자격체제"란 국가직무능력표준을 바탕으로 학교 교육·직업
훈련(이하 "교육훈련"이라 한다) 및 자격이 상호 연계될 수 있도
록 한 자격의 수준체계를 말한다.

「자격기본법」 제6조(자격체제)

① 정부는 국가직무능력표준을 바탕으로 자격체제를 구축하고

이를 활용한다.

② 자격체제의 구축에 필요한 사항은 대통령령으로 정한다.

「자격기본법 시행령」 제9조(자격체제의 구축 등)

① 교육부장관이 법 제6조제1항에 따라 자격체제를 구축하는 경우에는 국가직무능력표준을 기준으로 교육훈련과 자격이 상호 연계될 수 있도록 하여야 한다.

② 자격체제는 자격의 등급을 구분하기 위한 수준과 각 수준별로 요구되는 지식 및 기술 등에 대한 기준으로 구성한다.

③ 교육부장관은 제1항에 따라 자격체제를 구축하는 때에는 관계 중앙행정기관의 장의 의견을 반영한 후 공청회 등을 통하여 교육훈련계·산업계 및 노동계의 의견을 수렴하여야 한다.

④ 교육부장관은 제3항에 따라 의견을 수렴한 후 심의회의 심의를 거쳐 자격체제를 확정하고 이를 관보에 게재하여야 한다.

⑤ 중앙행정기관의 장이 국가자격을 신설하거나 민간자격을 공인하는 경우에는 자격체제를 고려하여야 하고, 자격체제를 기준으로 교육훈련 및 자격 간의 호환이 이루어지도록 노력하여야 한다.

자격체제의 도입 및 활용 목적으로 보아 자격체제는 개인이 보유하고 있는 지식 및 기술 등의 달성 정도를 국가차원에서 인정하는 도구라 할 수 있으며, 이러한 능력 인정 결과 간의 호환성 구축을 위해 여러 자격을 포괄하고 연계시키는 국가적인 틀이라고 할 수 있다. 나아가 자격체제는 평생학습시대 학습자들의 학습경험과 자격을 상호 연계하여 평생학습을 받을 수 있도록 자격 취득 후 능력 인정을 통한 학습경로(pathway)로서의 기능도 수행할 수 있을 것이다(김미숙, 이동임, 주인중, 박종성, 최영렬, 2011). 이러한 자격체제의 능력, 역량의 인정 및 상호 연계의 기준 또는 핵심 콘텐츠로서 NCS의 중요성은 더욱 크다고 할 수 있다.

(3) 그간의 추진 경과

NCS는 '5.31 교육개혁방안'을 통해 도입의 근거가 마련되었으며, 2012년 능력중심사회 구축을 위한 새 정부의 공약 및 국정과제로 제시되면서 NCS의 개발 및 활용 관련 정책 및 사업이 활발히 추진되고 있다. 이러한 NCS의 도입과 관련한 그간의 주요 추진 현황은 다음과 같다.

NCS의 도입과 관련한 그간의 주요 추진 현황

- '96. 2., '5.31 교육개혁방안'에서 교육과 노동시장의 연계기능 강화를 위해 자격제도 개편 추진(직업교육과 자격의 연계 강화)
- '1. 12., 국가직무능력표준 및 국가자격체제 도입, 부처 합의 (국조실)
- '4. 8., 국조실 조정 결과를 토대로 「자격기본법」 개정안 국회

제출

- '7. 4., 「자격기본법」 개정으로 국가직무능력표준 개발의 법적 근거 마련

  ※ 이를 근거로 '교육부·한국직업능력개발원'과 '고용부·한국산업인력공단'이 각각 표준을 개발함

- '9. 6., 표준개발 일원화를 위한 관계 부처(교과부, 고용부, 국토부, 지식경제부) 및 전문가 TF 운영을 통해 표준 개발영역(대분류) 설정, 개발 양식 및 관련 용어 통일

- '10. 5., 총리실, 국가정책조정회의를 통한 표준 사업 효율화 방안 마련, 관계 부처 및 기관의 수행 사업 역할 구분

- '12. 12., 능력중심사회 구축을 위해 '국가직무능력표준 구축'을 새 정부 공약으로 제시

- '13. 2., '국정과제 75. 능력중심사회를 위한 여건 조성'을 목표로 국가직무능력표준 개발에 착수

- '13. 6., 교육부·고용노동부는 '국가직무능력표준 개발 및 활용계획'을 수립하여 추진(제11차 자격 정책심의회 심의·확정)

2) 개발 및 활용 현황

(1) 개발 현황

NCS는 현장성 담보와 관련 분야 활용성을 고려하여 산업계, 교

육·훈련계, 자격 전문가 등이 NCS 개발에 참여하였다. 2013년에는 새 정부의 국정과제로 확정되면서 2016년까지 9,000여 명의 관계자가 참여한 것으로 나타난다. 또한 현장성 및 활용성 제고를 위하여 관계 부처 등으로부터 산업현장, 교육, 훈련 전문가 등을 추천받아 NCS의 현장 적합성 검증을 수행하였다(WG심의위원회).

특히 2013년 이후 NCS의 개발은 'NCS 개발 및 활용 계획(자격정책심의회 심의·확정)'을 마련하면서 기존의 개발 과정에서 다소 미흡하였던 검증 및 보완 단계를 강화하여 아래의 [그림 2]처럼 개발 프로세스를 사전에 마련하여 적용하였다.

이와 같은 개발 체계에 따라 NCS 개발 대상 분야(분류)를 확정하고 830여 개의 개발을 목표로, 2013년부터 본격적으로 표준 개발을 추진하였다. 2013년에는 산업계, 교육·훈련계, 자격

[그림 2] NCS 개발 프로세스
출처: 교육부, 고용부(2013).

전문가 3,300여 명이 개발에 참여하여 240개의 표준을 개발하였다. 2014년에는 557개로 가장 많은 물량의 표준을 개발하였고, 2015년에는 50개의 표준을 신규로 개발하였으며, 추가로 기개발된 표준의 보완도 병행하였다. 아울러 2013년부터 개발된 표준은 「자격기본법」에 따라 자격정책심의회를 통해 총 847개가 NCS로 심의 및 고시되었다.

〈표 1〉 연도별 NCS 개발 현황 　　　　　　　　　　　　　　　(단위: 개)

2013년	2014년	2015년	계
240	557	50	847

출처: 교육부, 고용노동부(2013~2016)의 내용을 연구자가 취합 및 재정리.

NCS 개발은 한국고용직업분류(KECO)를 기초로 개발 대상 분류체계를 마련하여 개발하였으며, 분류는 대분류, 중분류, 세분류로 구분하고, NCS 개발은 세분류를 개발 대상 단위로 설정하여

〈표 2〉 NCS 개발 분류 예시(기계안전관리)

대분류	중분류	소분류	세분류	능력단위
23. 환경·에너지·안전	1. 산업안전	3. 산업안전관리	1. 기계안전관리	기계안전관리 계획 수립
				기계안전 관련 법령 업무실행
				기계 공정 특성 분석
				기계 관련 산업안전보건 교육
				기계안전장치·시설관리
				(생략)

출처: 교육부, 고용노동부(2016).

<표 3> NCS의 능력단위요소 개발 내용 예시

능력단위 요소	수행 준거
안전 시설물 설치하기	3.1 「산업안전보건법령」에 기준한 성능검정에 합격한 제품을 확인할 수 있다. 3.2 「산업안전보건법령」에서 정한 안전시설물 설치기준을 준수하여 설치할 수 있다. 3.3 「산업안전보건법령」에서 정한 안전보건표지를 설치기준을 준수하여 설치할 수 있다. (생략) 【지식】 • 「산업안전보건법령」에 대한 지식 • P&ID(Piping & Instrumentation Diagram) 등 설비 계장도에 대한 지식 • 기계 방호장치에 대한 지식 (생략) 【기술】 • 공정도를 활용한 공정분석 기술 • 기계 종류별 안전장치 설치기준 제시 능력 • 기계의 일반적인 안전사항 분석 기술 (생략) 【태도】 • 법적 범위와 회사의 규정을 분석하고 사업장에 맞게 적용하려는 합리적인 태도 • 위험점에 대한 안전조치를 적극적으로 제시하고 반영할 수 있도록 추진하는 의지 • 해당 업무를 안전하고 법 위반 없이 처리하려는 책임감 있는 자세

출처: 교육부, 고용노동부(2016).

개발하였다.

이러한 세분류(표준 개발 단위)는 하위에 능력단위와 능력단위를 구성하는 능력단위요소로 구분되며, 능력단위요소는 현장에서 요구되는 직무수행능력(수행준거, 지식, 기술, 태도), 즉 역량을 구체적으로 제시하고 있다.

NCS는 상기와 같이 해당 직무 분야에서 필요한 전문적인 역량뿐만 아니라, 해당 직무를 수행하기 위해 기본적으로 갖추어야 할 직업기초능력도 함께 제시하고 있다. 직업기초능력은 총 10개의 직업기초능력 주요 영역과 하위 영역으로 구분되며, 능력단위별로 요구되는 주요 영역 및 하위 영역을 선별하여 제시된다. 직업기초능력의 주요 영역 및 하위 영역과 각 영역의 세부 내용은 다음의 〈표 4〉와 같다.

〈표 4〉 직업기초능력 영역 및 정의

주요 영역	하위 영역
① 의사소통능력	문서이해능력, 문서작성능력, 경청능력, 의사표현능력, 기초외국어능력
② 수리능력	기초연산능력, 기초통계능력, 도표분석능력, 도표작성능력
③ 문제해결능력	사고력, 문제처리능력
④ 자기개발능력	자아인식능력, 자기관리능력, 경력개발능력
⑤ 자원관리능력	시간자원관리능력, 예산자원관리능력, 물적자원관리능력, 인적자원관리능력
⑥ 대인관계능력	팀워크능력, 리더십능력, 갈등관리능력, 협상능력, 고객서비스능력
⑦ 정보능력	컴퓨터활용능력, 정보처리능력

⑧ 기술능력	기술이해능력, 기술선택능력, 기술적용능력
⑨ 조직이해능력	국제감각, 조직체제이해능력, 경영이해능력, 업무이해능력
⑩ 직업윤리	근로윤리, 공동체윤리

출처: 한국산업인력공단(2016).

(2) 활용 현황

① 직업교육 분야

산업현장의 직무단위를 기본으로 NCS를 활용하여 교육기관의 교육과목과 학과를 재구성하고, 요구되는 직무능력을 기준으로 학습목표를 설정 및 평가하도록 교육의 체계를 개편해 나가고 있다. 즉, 기존의 학과에서 필요한 학문적 과목을 우선하여 편성하였던 것에서, NCS를 기반으로 산업현장에서 요구되는 능력 및 인력 유형에 적합한 학과 또는 과목을 우선 편성하는 방향으로 교육체계가 개편되고 있다.

이와 같이 교육분야에 NCS가 활용되고 있는 주요 현황을 살펴보면, 2015년에 특성화고와 마이스터고 3개교의 시범 적용으로 시작하여, 2016년 6월 547개교로 확대 적용되고 있다. 전문대학의 경우에는 2015년에 79개교에서 2016년에 84개교로 확대하여 NCS를 교육과정에 반영하고 있다.

한편, 산업현장의 직무 수요를 반영한 NCS를 교육·훈련 기관에서 가르칠 수 있도록 학습교재 보급 목적으로 NCS학습모듈을 개발하였다. 학습모듈은 NCS와 연동하여 2015년까지 총 547개가 개발되었으며, 7,400여 명의 전문가(집필 및 검토)가 참여하였다.

〈표 5〉 2013~2015년 NCS학습모듈 개발 현황

구분	학습모듈 수	개발교재 수	참여 전문가 현황(명)		
			집필진	검토진	계
2013년	51개	468권	483	291	774
2014년	175개	1,801권	1,472	901	2,373
2015년	321개	3,259권	2,683	1,556	4,272
계	547개	5,528권	4,638	2,748	7,419

출처: 한국직업능력개발원(2016b)에서 연구자가 일부 내용 발췌 및 재정리.

② 직업훈련 분야

직업훈련 분야의 경우에도 직업교육 분야와 마찬가지로 NCS
를 활용하여 산업현장 직무 단위로 교육과목, 학과를 재구성하였
으며, 직무능력을 기준으로 학습목표 설정 및 평가를 진행하고 있
다. NCS에 기반한 훈련 분야 추진 현황은 대표적으로 폴리텍의
훈련과정과 민간훈련과정으로, 2015년까지의 훈련과정 개편 등
추진 현황은 다음 〈표 6〉 및 〈표 7〉과 같다.

또한 명장기업, 이노비즈기업 등 우수 기술기업 중심으로 일학
습병행제 모범사례를 확대하는 등 NCS에 기초한 도제훈련 기반 구
축을 추진하고 있다. 이러한 일학습병행 기업은 2015년 5,764개에
서 2016년 6월 7,055개로 확대되었다. 교육기관의 현황을 살펴보
면, 특성화고의 경우 학생이 학교와 기업을 오가며 직무에 필요한
기술을 배우는 '산학일체형 도제학교'는 2015년 9개교에서 2016년

〈표 6〉 폴리텍 훈련과정의 NCS 적용(개편) 현황

년도	훈련	캠퍼스 수	과정 수(학과)
2013년	향상과정	33	47
2014년	향상과정	34	1,578
	기능사과정	8	(11)
2015년	다기능과정(1학년)	25	(144)
	기능사과정 (1년 과정)	32	(129)
	기능장과정(1학년)	5	(11)
	전공심화(1학년)	3	(10)
	향상과정	35	1,698

출처: 교육부, 고용노동부(2016)에서 중 일부를 발췌하여 제시.

〈표 7〉 민간훈련과정 NCS 적용(개편) 현황

훈련사업	기관 수	과정 수	직종 수
국가기간 · 전략산업직종훈련	290	829	78
내일배움카드제훈련	988	3,748	222
사업주 위탁 훈련	171	535	52
핵심직무향상훈련	21	77	27
컨소시엄훈련(확인)	35	284	92
지역산업맞춤형(확인)	108	800	111
취업사관학교(확인)	6	6	6
계	1,619	6,279	588
계(중복 제외)	1,324	6,279	463

출처: 교육부, 고용노동부(2016)에서 일부를 발췌하여 제시.

60개교로 확대 적용하고 있으며, 전문대학의 경우 '특성화고-전문대 통합 교육과정(Uni-Tech, 2년+1.5년)'을 도입, 조기 취업경로를 제시하고 중·고급 기술인력의 양성을 도모하고 있다. 2016년 6월 4년제 대학 24개교에서 3~4학년이 전공 분야 기업에서 도제식 현장교육을 받고 학점도 인정받는 '장기현장실습형(IPP) 일학습병행제'를 운영하고 있다.

③ 자격 분야

자격의 현장성 및 통용성 제고를 위하여 현장의 요구가 반영된 NCS를 기반으로 국가기술자격의 개편이 추진되고 있다. 고용노동부는 2014년부터 NCS에 기반한 자격 종목을 설계 및 보완하

〈표 8〉 NCS 기반의 과정평가형 국가기술자격 현황

구분	등급	자격 종목
2015년	산업기사 (7종목)	컴퓨터응용가공, 기계가공조립, 기계설계, 치공구설계, 정밀측정, 사출금형, 프레스금형
	기능사 (8종목)	컴퓨터응용선반, 컴퓨터응용밀링, 기계가공조립, 연삭, 공유압, 전산응용기계제도, 정밀측정, 금형
2015년	산업기사 (3종목)	용접산업기사, 생산자동화산업기사, 귀금속가공산업기사
	기능사 (11종목)	미용사(일반), 이용사, 화학분석기능사, 용접기능사, 특수용접기능사, 전자기기기능사, 전자캐드기능사, 생산자동화기능사, 귀금속가공기능사, 천장크레인운전기능사, 타워크레인운전기능사
	서비스(1종목)	컨벤션기획사2급

출처: 교육부, 고용노동부(2013~2016)의 내용을 연구자가 취합 및 재정리.

【참고】 우리나라 자격 현황(2016년 8월 기준)

□ 자격법의 구조

```
          ┌─────────────────────────┐
          │ 「자격기본법」('97년 제정) │──────────┐
          └─────────────────────────┘          │
                     │                          │
┌──────────────────────────┐  ┌─────────────────────────────┐
│ 「변호사법」등 개별 자격법/사업법 │  │ 「국가기술자격법」('73년 제정) │
└──────────────────────────┘  └─────────────────────────────┘
                                            │
                            ┌─────────────────────────────┐
                            │ 「기술사법」등 개별 자격법/사업법 │
                            └─────────────────────────────┘
```

□ 자격 현황

구분		자격 수	관련 법	자격 종류(예)
국가 자격	개별법상 국가자격	881 (162*)	「정부부처별 개별법령」	변호사(「변호사법」), 의사(「의료법」), 공인 중개사 등
국가 자격	개별법상 국가자격	881 (162*)	「정부부처별 개별법령」	변호사(「변호사법」), 의사(「의료법」), 공인 중개사 등
	국가 기술자격	527	「국가기술자격법」 (고용노동부)	기술사 · 기능장 · 기 사 · 산업기사 · 기능 사 등
	소계	1,408	–	–
민간 자격	공인 민간자격	100	「자격기본법」 (교육부 외 14개 부처)	인터넷 정보검색사, TEPS 등
	등록 민간자격	21,718	「자격기본법」 (주무부장관)	학교폭력상담사, 동화 구연지도사, 심리상담 사, 독서지도사 등
	사업내 자격	127	「고용보험법」 (고용노동부)	자동차차체제조, 설비 점검전문가 등

	소계	21,718**	–	–

* 개별법상 국가자격의 수는 162개이며, 등급을 고려하면 881개 종목임.
** 「자격기본법」에 따라 등록민간자격 수는 공인민간자격 수를 포함.

□ 국가기술자격 등급: 기술·기능 분야 5등급, 서비스 분야 3등급

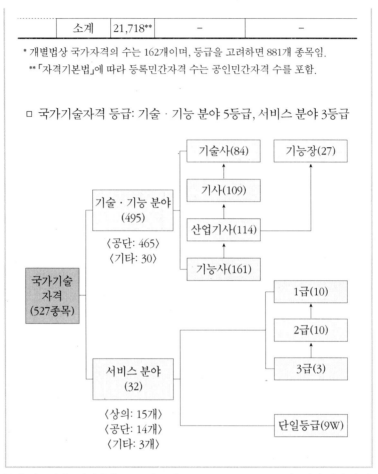

출처: 한국직업능력개발원(2016a)과 교육부, 고용노동부(2016)를 연구자가 취합 및 재
정리.

고, 산업계에서 최종 검증·보완을 추진하고 있으며, 2016년 하
반기 국가기술자격을 개편할 예정이다.

한편, NCS에 기반한 교육·훈련과정의 이수·평가를 거쳐 자

역량개발 전략으로서 NCS의 적용

격을 취득하는 과정평가형 자격의 도입 분야를 확대하고 있다. 2015년부터 2016년까지 이·미용, 용접, 귀금속 분야 등 총 30개 자격종목을 과정평가형으로 운영하고 있으며, 2015년에는 이에 상응하는 52개 교육·훈련 과정을 지정·운영하여 174명에 대하여 외부평가를 실시, 51명의 합격자를 배출하였으며, 2016년에는 129개 과정을 지정·운영 중이다.

④ 채용분야

우선적으로 공공기관에서 NCS에 기반한 인력 채용을 실시하였다. 채용대상 직무를 NCS 기반으로 분석, 그 결과를 해당 직무의 상세내용·직무능력 평가 기준으로 선정하고 사전에 공지하여 그 기준으로 인재를 선발하는 방식으로 전기안전공사, 국립공원관리공단 등 130여 개 기관에서 도입하였다.

2015년과 2016년에는 다음 〈표 9〉와 같이 114개 기관이 총 8,935명에 대해 NCS에 기반한 채용 공고를 실시하였다.

	기존 채용	직무능력중심 채용
채용공고	• 행정직 ○○명, 기술직 ○○명 • 단순 정보 제공	• 채용 분야별 필요한 직무능력 사전 공개 (모집 직무별 '직무 설명자료' 첨부)
서류전형	• 직무와 무관한 항목 (가족사항, 학력, 본적, 취미·특기 등) • 직무와 무관한 스펙 (해외봉사, 토익 등)	• 직무와 무관한 자전적인 기재 사항은 최소화 • 직무 관련 항목 요구 (직무 관련 교육·자격·경험 및 경력 등) • 직무 관련 경험·경력 기술서, 자기소개서
필기시험	• 인성·적성 평가, 단순 지식 중심 전공 필기시험 등	• 직무능력 측정 중심의 필기평가 (직무 관련 상황 및 문항 설정)
면접시험	• 비구조화 면접 (취미, 성장배경 등 직무와 무관한 일상적 질문)	• 직무능력 평가 중심의 구조화된 면접 (직무 관련 질문 및 유형으로 구성)

[그림 3] NCS에 기반한 능력중심 채용 주요 내용

출처: 교육부, 고용노동부(2016).

⟨표 9⟩ 2015~2016년 공공기관의 NCS 기반 채용 공고 현황

채용 공고에 따른 모집 인원			기관 수
2015년	2016년	계	
5,877	3,058	8,935	114

출처: 교육부, 고용노동부(2016)의 내용 중 일부를 연구자가 발췌 및 재정리.

3) 성과 및 한계

교육·훈련 분야에 NCS를 적용, 특성화고 및 전문대학의 교육과정을 현장 중심으로 개편·촉진이 활발히 일어난 것으로 판단된다. 특히 2015년 이후 교육기관뿐만 아니라, 공공·민간 훈련기관 등에서 NCS의 전면 적용이 비교적 빠르게 확산되고 있다. 반면, NCS에 기반한 교육훈련이 원활히 수행될 수 있도록 실습기자재 및 시설 마련과 특성화고의 전문교과 교원 확충 등 현장성있는 교육·훈련을 위한 여건이 열악하여 이에 대한 개선 등의 지원이 절실한 것으로 나타났다.

자격 분야의 경우, NCS에 의한 국가기술자격의 개편 착수와 국가기술자격 중 일부가 과정평가형 자격으로 운영되는 등 일부 성과가 있었다. 그러나 847개의 국가직무능력이 확정·고시된 점을 고려, NCS에 기반한 자격으로 개편의 점진적인 확대뿐만 아니라, 나아가 전체 국가기술자격의 개편, 과정평가형 자격으로의 전환을 구상할 필요가 있다.

또한 공공부문에서 NCS를 활용한 채용을 추진하는 등 능력중심사회 구축을 위한 기반 마련과 실제 공공기관의 채용비용 감소 등 성과가 나타났으나, NCS에 기반한 채용에 대하여 취업준비생은 정보 부족을 호소하는 바, 이를 해결할 수 있는 방안 마련이 필요하다.

【참고】 NCS 활용 확산을 위한 향후 계획

동 항의 내용은 '제5차 NCS 운영위원회(2016)'에서 교육부와 고용노동부가 향후 계획으로 제시한 사항을 연구자가 주요 사항을 중심으로 재정리한 것임

□ 교육 분야

• 특성화고 및 마이스터고 NCS 기반 교육과정 본격 적용
  - 2015 개정 교육과정 적용('18~)에 앞서 '16년 3월부터 NCS 기반 교육과정(실무과목)을 신입생부터 적용하고,
  - 2·3학년은 학교 여건(기자재, 교원 등)이 허용되는 범위에서 최대한 적용

• NCS 기반 교육과정 질 제고를 위한 교원역량 강화
  - 실무과목 담당교원에 대한 교수·학습 심화연수('16~'18, 매년 1,200명 이상)를 실시하고, NCS 사이버교육을 통해 연수 상시화
  - 단위학교에서 NCS 기반 교육과정을 원활하게 편성·운영할 수 있도록 시·도 단위 컨설팅 실시

• 현장 친화적 교육여건 조성
  - 보유기자재와 필요기자재 간의 차이를 파악하여 시·도교육청별로 실습기자재 확충 계획을 수립, 연차적으로 구입할 수 있는 지원방안 마련('16)
  - 전문교과 실습수업의 적정 인원을 도출하고, 이에 따른 전문교과 교원 증원 방안 마련('16)

- 특성화 전문대학 육성사업*과 연계하여 NCS 기반 교육과정 운영을 확대하고 전문대학 교육 단계에 정착

  ※ ('14) 78개교 → ('15) 79개교 → ('16) 90개교 → ('17) 100개교

□ 훈련 분야

- '15년 폴리텍 전면도입에 이어 정부지원 민간훈련에 전면 적용('15년 6,279개 → '16년 2만여 개 과정)
- 훈련 교 · 강사 NCS 연수 확대, NCS 기반 훈련과정 훈련비 우대지원(30%) 및 훈련기관 시설 · 장비 대부 지원 등 활용 여건 조성

□ 자격 분야

- 과정평가형 자격* 분야 및 등급(산업기사→기사)을 확대

  * '15년 15종목/52과정 → '16년 30종목/129과정

- 과정평가형 자격과 대학 공학인증 과정 정합성 검토, 대학에 과정평가형 자격 도입을 추진
- 국가기술자격체계 및 종목 개편방안 발표('16. 6.), 법령 개정 추진('16. 下)

□ 채용 분야

- 230개 공공기관 도입 추진('15년 130개), 서류 · 면접 중심에서 전공 필기시험 단계까지 확대('16. 下)
- 지자체 소속 '지방공기업'으로 대상을 확대('16년 1월 수요조사 결과 17개소 희망)하여, 지역단위 확산 토대 마련

- 민간기업 단계적 확산 : 1천여 중소기업 컨설팅 등을 통한 능력중심채용 모범사례 도출 · 확산
- 취업준비생 대상 '상설 설명회' 개최 및 모바일 사이트 개설

2. 역량의 개념과 종류

1) 서론

지금과 같은 글로벌 경제에서 한 국가의 경제력은 기업의 제품과 성과에 기반한 경쟁력에 크게 좌우되고, 기업의 경쟁력은 효율적 인재개발에 의한 고성과 창출에 있을 것이다. 그러므로 기업의 경쟁력 강화를 위하여 우수한 인재가 선결되어야 하며, 기업 활동의 가장 중요한 요소는 조직 목표 달성에 적합한 인재를 육성하여 활용하는 것이 될 것이다. 각 기업체에서는 조직의 비전과 가치를 정하고 이에 따라 사업 및 조직 전략을 구축하여 목표한 성과를 달성하고, 조직 전략의 핵심인 조직 구성원이 능력을 최대한 발휘하도록 하여 조직의 성과와 연계하여야 한다.

1990년대 말 IMF 외환위기 이후 국내 기업들은 업적 중심의 평가제도를 운영하여 주로 측정 가능성을 고려한 성과지표나 목표관리제를 실시하였으나, 과거의 업적 중심적 평가의 한계를 인식하면서 미래를 대비한 역량평가 제도를 도입하고 있는 추세다. 이

는 업적이 단기적인 속성을 지니고 있기 때문에 장기적이며, 안정적인 속성을 가지고 있는 역량을 함께 고려할 경우 인적자원 관리에 유용하기 때문이다. 또 역량은 조직 구성원의 채용과 이동 및 승진과 같은 장기적인 경력 관리 활용에 적합하고, 조직 구성원의 능력개발 동기를 자극하며, 기업의 교육훈련 설계와 밀접하게 연관이 되기 때문에 기업의 인재육성 관리를 효율적으로 운영할 수 있는 도구로 인식되고 있다.

최근에는 규모가 있는 선진화된 기업을 중심으로 기업의 비전과 전략에 기반하여 구성원의 역량과 성과를 분석하고 역량모델을 개발하여 기업 내 인적자원 개발과 관리에 적극 도입하고 있는 추세다. 이에 정부는 산업현장에서 직무를 수행하기 위한 지식, 기술, 소양 등의 역량을 산업별로 체계화하여, 이를 고교 및 대학 단계의 직업교육과 훈련, 자격제도, 그리고 기업에서의 인력채용 등 인적자원 개발·관리에 활용하여 사회와 산업현장에서 필요로 하는 인재를 육성하고자 국가직무능력표준 사업을 추진하고 있다.

지금 세계적으로 화두가 되고 있는 제4차 산업혁명은 서서히 진전되어 우리에게 다가오고 있으며, 이러한 시대를 대비해 우리 모두가 시급하게 준비하여야 할 일들이 많다. 특히 교육 분야의 유연성, 문제해결력, 비판적 사고, 능동적 학습의 필요성은 누구나 짐작할 수 있다. 그리고 기존 근로자들을 위한 일상적인 직업훈련과 재훈련을 위한 제도도 마련되어야 하며, 노동시장 유연성 확보와 함께 적절한 사회안전망도 구축되어야 한다는 것을 Klaus Schwab는 지적하고 있다. 이에 우리는 새로운 시대의 일자리에 맞는 역량을 지닌 인재 육성을 위한 교육 제도와 방법을 심층적으로 고민하여야 할 때다.

따라서 이 장에서는 역량의 개념과 종류 및 활용 범위를 정리하고, 이미 앞 장에서 알아본 국가직무능력표준 사업에서의 직업교육·훈련 과정, 자격제도, 국가자격체제(NQF)에 대한 적용 방안을 제시하고자 한다.

2) 역량의 개념

조직의 성과는 조직 구성원의 지식(knowledge)과 기술(skill) 그리고 직무와 관련된 구성원의 소양 등의 조합인 역량(competency)에 의해 결정되며, 역량은 최근의 치열한 경쟁 상황에서 조직의 성과를 창출하는 데 중요한 견인차 역할을 한다. 즉, 기업을 둘러싼 경영환경이 급격하게 변화하면서 기존의 역할과 책임의 개념을 바탕으로 구성원의 행동을 제약하기보다, 특정 상황에서 조직 구성원들의 지식과 스킬 등을 조화롭게 활용하게 하는 것이 조직의 성과 창출에 중요한 요인으로 인식되고 있는 것이다.

이런 관점에서의 역량중심 접근은 주어진 환경에서 구성원의 역할과 행동범위를 일정한 틀에 맞추는 과거 직무중심 관점의 한계 중 하나인 유연성 부족에서 탈피할 수 있다. 이 점에 대해 Hagan 등(2006)은 "현대의 글로벌화와 빠른 변화 속도에 직면하고 있는 기업에 필요한 것은 환경 변화에 따른 신속하고 민감한 대응이며, 이런 상황에서 전통적인 직무중심의 관리 시스템(traditional job-based management system)은 부적합하다."고 주장하였다. 결국 역량에 대한 관심이 증대되면서 역량에 기초한 시스템(competency-based system)은 고객의 가치 창출에 필요한 기업의 능력(capabilities)을 구체화하고 있다(Prahalad & Hamel, 1990).

조직이나 조직구성원의 기본적인 요건(foundation building block)으로서의 역량에 대한 연구는 지속적으로 이루어지고 있으며 기업에서의 활용도도 높아지고 있다(Becker & Huselid, 1999; Becker, Huselid & Ulrich, 2001; Lievens, Sanchez, & De Corte, 2004; Lucia & Lepsinger, 1999). Schippmann 등(2000)은 "역량모델의 활용은 과거 수년 동안 HR(Human Resource) 분야에서 이루어져 왔으며, 조사 대상 기업 중 75~80%가 역량에 기초한 인적자원 관리 프로그램을 활용하고 있었다."라고 밝혔다.

그러나 역량에 대한 다양한 논의에도 불구하고, '역량'의 개념 그 자체를 밝히고자 하는 시도들은 제한적으로 이루어지고 있다. 이런 논의들은 역량의 개념에 대해 서로 공유하고 있는 부분이 있는가 하면, 서로 다르게 생각하는 부분도 있다.

역량의 개념 정의는 행동역량 모형에 기초한 사람중심 정의와 직무성과 모형에 기초한 직무중심 정의로 구분할 수 있으며, 이를 개인의 행동특성 또는 내적 특성, 직무수행가능 능력에 각각 초점을 두고 정의하고 있다. 대체로 역량이 성공적인 직무 수행과 관련되어 있다는 점은 공유하고 있지만, 그것의 구체적인 특징을 설명하는 데 있어서는 다소간 차이를 보이고 있다. 대표적인 역량 연구가 중 한 명인 McLagan(1997)은 역량연구의 접근방식을 여섯 가지로 구분하여 제시하였는데, 그 내용을 살펴보면 [그림 4]와 같다.

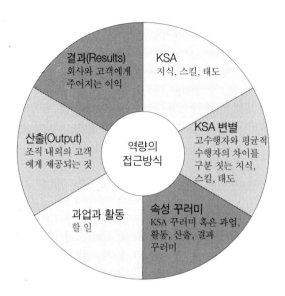

[그림 4] 역량의 접근방식

출처: McLagan(1997).

McLagan(1997)에 의하면, 역량은 크게 일과 관련된 정의(tasks, output, results), 인간의 특성과 관련된 정의(지식, 스킬, 태도), 그리고 이들의 속성 꾸러미(KSA와 tasks, output, results)로 나누어 볼 수 있다.

3) 역량 관련 용어

역량연구의 변천을 살펴보면 White는 1959년 '역량'이라고 부르는 인간 특징을 정의했으며, 역량모델에 대한 미국식 접근의 아버지라는 평가를 받는다. 그의 영향을 받아 하버드 대학교의 심리학자 McClelland는 1973년 「Testing for Competency rather than for Intelligence」를 통해 지능검사의 신뢰도에 대한 의구심을 제기하면서, 역량은 성공적인 직무 수행을 예언하는 것으로 '지능검사 점수와 성공적인 직무 수행 사이의 상관관계는 인위적인 것에 불과하며, 사회적 지위와 관련된 산물'이라고 이야기하였다. 그는 지능검사 대신에 역량을 예측하기 위한 접근을 대안으로 제시함으로써 미국에서의 역량 연구의 움직임을 선도하였다.

Spencer와 Spencer(1993)의 저서 『Competency at work: Models for Superior Performance』는 역량모델의 이론적 배경을 제시한 연구 중 가장 연구 지향적이며 종합적인 책이라 할 수 있다. Flanagan, McClelland, Boyatzis 그리고 McBer와 AMA의 연구와 달리, 이 책은 조직 내 목표를 성취하기 위한 집단의 역량모델을 어떻게 발달시킬 수 있는지에 대한 가이드라인을 제공한다.

역량과 관련된 언어들을 살펴보면 유사한 맥락을 지닌 단어들이 다수 존재하며, 실제 혼용되어 사용되는 경우가 흔하다는 것을 알 수 있다. 예를 들어, McClelland(1973)의 「Testing for Competency rather than Intelligence」라는 논문 제목에서 알 수 있듯이 역량의 개념을 밝히는 데 있어 비슷한 의미를 지닌 단어들을 개념적으로 구분하는 것은 매우 시급한 것으로, 역량 연구에 있어서 용어 정의는 그만큼 중요한 것이다. 우리 언어 중 역량 및 역량과 혼용되고 있는 단어들을 살펴보면 〈표 10〉과 같다.

〈표 10〉 역량, 유사한 용어

용어	의미
능력 (ability, capability)[1]	• '~을 할 수 있음' • 육체적 · 정신적으로 수행할 수 있는 힘 • 타고난 기질로 생각하는 경향이 있음(Mirable, 1997)
지식(knowledge)	• 교육이나 경험을 통한 객관적 사실에 대한 인식 • 직무 수행에 필요한 방법, 절차 등을 앎
스킬(skill)[2]	• '~을 잘할 수 있는 특정한 능력' • 직무 수행 과정에서 발생한 컴퓨터 프로그램의 문제를 해결
재능(talent)	• '~을 잘할 수 있는 특별한 선천적 능력' • 잠재해 있을 수도 있고, 드러나 발현될 수도 있음
역량(competency)	• 지식과 스킬, 자기개념(self-concept) 등의 조합 • 조직의 성과를 효율적으로 높이는 데 필요한 구성원의 능력

가령 역량의 개념을 조직의 성과를 효율적으로 높이는 데 필요한 조직원의 지식, 기술, 태도, 내적 특성 등의 조합이라 하게 되면, 현재 혼용되고 있는 단어들과는 차이를 분명하게 드러낼 수

---

1) ability(The power or capacity to do something)와 capability(The power or ability to do something)
2) skill의 우리말 단어를 기술, 기능, 숙련으로 표현할 경우 technology, technique, craft, function, expertness의 번역 용어와 혼란의 소지가 있어 '스킬'로 제시함.

있을 것이다. 예컨대, 능력, 성향, 재능은 다소간 선천적인 부분이 존재한다는 점에서 역량의 개념과 구분되며, 지식은 직무와 관련된 단편적 정보의 인식 여부와 관련되어 있다는 점에서, 스킬은 구체적인 맥락에서의 문제 해결이라는 점에서 역량의 개념과 구분된다. 특징과 태도는 우수성과자에게만 적용되는 것이 아니라 성과가 저조한 자에게도 적용된다는 점에서 역량과 구분된다. 이상의 논의를 바탕으로 이 연구에서는 역량을 '조직의 성과를 효율적으로 높이는 데 필요한 구성원의 지식, 스킬, 자기개념 등의 조

〈표 11〉 Spencer의 역량의 내재적 특성

역량 유형	내용
동기 (motive)	• 개인이 일관되게 마음에 품고 있거나 원하는 어떤 것으로의 행동 원인 • 특정한 행위나 목표를 향해 행동을 촉발하고, 방향을 지시하며, 선택하도록 작용
특질 (traits)	• 신체적인 특성, 상황 또는 정보에 대한 일관적 반응성을 의미 • 감정적인 자기통제와 주도성은 다소 복잡한 형태의 일관적 반응성
자기개념 (self-concept)	• 태도, 가치관 또는 자아상(self-image)을 의미. 가치관은 주어진 상황에서 단기적으로 나타내는 반응적 행동에 영향을 주는 요소
지식 (knowledge)	• 특정 분야에 대해 가지고 있는 정보. 실제 업무 상황에서 지식이 활용되는 방식을 반영할 수 없기 때문에 지식을 측정하는 시험 점수는 흔히 업무 수행을 예측하지 못함
스킬 (skill)	• 특정한 신체적 또는 정신적 과제를 수행할 수 있는 능력 • 정신적 또는 인지적 기술은 분석적 사고와 개념적 사고를 포함

합'이라고 정의한다.

이상의 다섯 가지 특징은 [그림 5]와 같은 빙산 모형으로도 설명할 수 있다. 수면 위의 부분은 과업이나 업무와 관련된 전문적이고 기술적인(technological) 훈련으로, 학습할 수 있는 관찰 가능한 지식이나 스킬과 관련된 것이다. 이 부분은 전문적이고 기술적인 교육훈련을 제공함으로써 비교적 쉽게 개발할 수 있다.

빙산의 감추어진 부분은 기준, 도덕성, 조직의 사회적 · 정치적 기대와 관련되는 가치들, 그리고 행동을 통해서 직접적으로 평가하기에 어려운 개인 특성들을 포함하고 있다. 즉, 역량 유형 중 자기개념, 특질, 동기 등이 여기에 속한다. 이 부분은 직접적 관찰이 어려우므로 평가하고 개발하기 어렵다.

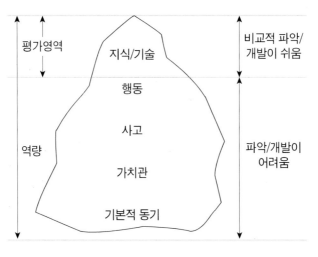

[그림 5] 역량 빙산 모형

출처: Spencer & Spencer(1993).

역량개발 전략으로서 NCS의 적용

이런 관점에 따르면, 역량의 문제는 HRD 종사자들 사이에서 논의되는 '어떻게 하면 역량모델의 정립을 통해 잠재해 있는 특징들을 훈련시킬 수 있는지'에 대한 것이다. 이 밖에도 역량의 개념과 관련된 용어들을 살펴보면 〈표 12〉와 같다.

〈표 12〉 역량 관련 용어

단어	의미
속성(attribute)	• 선천적 특징이나 특질 • 본성의 일부분(예: 친절함, 수다스러움 등)
기질 (disposition)	• 인간이 가진 특징 중 다소간 선천적인 것을 의미 • 친절하다, 친근하다, 상냥하다 등
적성(aptitude)	• 대상에 대한 경향이나 습성. • 적성검사, 학습능력적성시험(SAT)
특질(trait)	• 다른 것과 구분되는 질 또는 특징(characteristic) • 비교를 통해 드러나는 것으로, 가치의 문제 배제
태도(attitude)	• 경험을 통해 형성된 사고나 감정의 방식 • 신체적 자세로, 외형적으로 드러남
행동(behavior)	• 관찰 가능한 인간의 행위 • 개인이 지닌 특성(능력, 기술 등)의 외적 표현
가치관(value)	• 주관 및 자기의 욕구 • 감정이나 의지의 욕구를 충족하는 성질
자기상 (self-image)	• 자기 자신에 대하여 생각하고 느끼는 내용
동기(motive)	• 개인의 행위를 특정 방향으로 작동시키는 내적 심리상태 • 어떤 방향으로 행동하도록 원인을 제공하는 동력의 집합
사명(mission)	• 주어진 임무를 책임 있게 수행하려는 의지나 마음가짐
자기개념 (self-concept)	• 자기 자신에게 가지고 있는 생각과 믿음 • 가치관, 태도, 자기상을 포함

연구자들에 의하면, 이런 '관찰이 어려운' 역량을 증명하도록 훈련받은 사람들이야말로 가장 큰 도전을 하고자 하는 의지를 갖고 있다고 한다. 훈련에 있어서 경력직 또는 모범적인 직무 수행을 위한 모든 역량이 적절한 도구는 아닐 것이다. 그러나 훈련이 무엇인가에 대한 설명은 학습의 세 영역(인지적 · 정서적 · 정신적 운동)을 포함해야 한다(Dubois, 1993). 역량 기반 훈련 프로그램을 설계할 때, 세 영역의 역량에 대한 논의는 훈련과의 협동 관계 속에서 논의되어야 하며, 그럴 때 비로소 역량모델이 가지고 있는 모든 장점이 현실화될 수 있을 것이다(Dubois, 1993).

4) 역량의 종류

(1) 일 중심과 작업자 중심 역량

일과 작업자라는 이분법적 역량 개념은 1990년대에 활발하게 논의되었다.

Bergenhenegouwen, ten Hom 그리고 Moorjman(1996)은 효과적 수행을 위해서 관리자는 작업자 역량과 일 역량을 모두 갖추어야 한다는 경영적 차원의 주장을 제시했다. 이에 따르면 관리자들은 또한 부하직원들의 일 역량과 작업자 역량의 개발을 종용할 수 있는 비전을 갖추어야 한다. 즉, 조직원들에게 조직의 공통된 비전을 공유하게 하고, 조직에 필요한 자원을 비즈니스 전략과 이어 주어야 하는 것이다.

〈표 13〉 일(work-oriented)과 작업자(worker-oriented) 중심 역량

구분	일 중심(work-oriented)	작업자 중심(worker-oriented)
목적	직원들에 대한 평가와 인증	성과를 높이기 위한 역량 개발
개발 절차	직무역할과 직업에 필요한 성과 기준을 산출	우수한 행동과 특성 기준을 서술
일, 개인에 대한 개념	일의 특성이 모든 것의 출발점 (역할의 최소 기능 표준)	세부적인 일보다 개인 특성이 더 중요(수행자의 고성과 특성)
모형	직무성과 모형	행동역량 모형
범위	직업과 직무 역할에 대한 역량	조직에 대한 역량
비고	영국 경향(competence)	미국 경향(competency)

출처: Garavan & McGuire(2001)를 중심으로 정리함.

(2) 한계역량과 차이역량

한계역량(threshold competencies)은 보통의 업무수행자가 갖추어야 하는 최소한의 필수적인 능력이며, 차이역량(differentiating competencies)은 보통의 업무수행자와 비교하여 탁월한 업무수행자가 지니고 있는 능력의 차이를 말한다. 한계역량은 업무수행자가 보통 갖추고 있는 업무 관련 지식과 일반적인 스킬이며, 차이역량은 탁월한 업무수행자만이 가지고 있는 스킬(know-how)과 업무를 대하는 적극적 태도 등이 있을 수 있다.

(3) 포괄적과 직무 세부적 역량

Kakabadse(1991)는 근면한 환경(hard working)과 협동적인 환경에서 고수행이 나타난다는 사실을 바탕으로, 직업학습의 맥락

에서 해야 할 중요한 질문은 '역량 꾸러미(개인으로 하여금 한 조직 내에서 고수행의 수준을 성취하게끔 하는 것)가 다른 조직으로 옮겼을 때도 나타날 것인가?'라고 지적하였다. 이 질문에 대한 해답은 그 사람의 역량이 특정 조직에 한해서 나타난다고 믿는 것인지, 아니면 습득한 지식, 스킬, 태도로부터 발현된다고 믿는 것인지에 달려 있다. 결국 조직의 문화와 외적 환경이 역량의 발달에 어느 정도 개입할 것인가가 관건인 것이다(Townley, 1994).

직무 세부적 역량에 크게 의존하게 되면 관리업무가 지나치게 세분화된 과업으로 축소되는 상황으로 갈 수 있다. 반대로 공통적 역량에 초점을 두면 모든 관리자는 효율성을 위해 여러 가지 유사한 역량을 요구할 것이라는 가정이 가능하다.

DeFillippi와 Arthur(1994)는 회사중심 역량과 과업중심 역량이 빠르게 변하고 있으며, 이로 인해 많은 역량의 수명이 급격히 단축되고 있음을 밝혔다. 과거에 중요하게 여겨졌던 역량들이 기술 변화, 시장 변화로 낡은 것이 됨으로써, 조직원들은 현재의 비즈니스와 기술적 경향에 맞는 역량에 투자해야 한다는 사실을 인식해야 하는 것이다. 결론적으로 Baker와 Aldrich(1996)는 그와 같은 역량의 전이성을 통해 기존의 역량으로는 이동하기 어렵던 지위로 이동할 수 있으며, 역량의 전이성을 추구하는 사람들은 이전에 습득한 모든 역량을 잃게 되는 위험에 대한 반대급부로 높은 전이성에 따라 발생할 수 있는 것으로 균형을 이루려는 노력을 해야 한다는 것을 제기하였다.

<표 14> 포괄적 역량과 직무 세부적 역량

	포괄적 역량	직무 세부적 역량
논의	• 한 조직에서 고수행을 가져오는 역량이 다른 조직으로 전이되는가? • 한 조직의 문화와 외적 환경이 역량 개발과 어떤 관련을 갖는가?	
이점	• 모든 경영자는 유사한 역량을 가지고 있다고 가정 • 높은 고용 가능성, 높은 전이성 • 직무 로테이션 전략에 유용	• 개인과 맥락에 따라 역량의 차이 존재 • 높은 전문성, 높은 안전성 • 전문가 양성 전략에 유용
문제점	• 해당 직무의 전문성 부족, 고용의 불안	• 전직, 이직의 제한, 낮은 전이 가능성

출처: Garavan & McGuire(2001).

(4) 최소기준 모델, 서술적 모델, 차별화된 모델

Ennis(1998)는 역량의 모델을 최소기준 모델, 서술적 모델, 차별화된 모델로 구별하고 있으며, 모델별로 측정 방법 및 활용 방안에 대하여 보여 주고 있다. 각 모델의 기준, 사용 방법, 활용에 대한 구체적인 내용은 〈표 15〉와 같다.

여기서 미국의 연방차원에서 개발한 역량모델 사례를 살펴보고자 한다. ETA(미국고용훈련청)에서는 잠재적인 산업인력 및 현직 산업인력의 능력개발 및 인증을 위한 직무능력표준으로서의 역량모델(competency model)을 개발하여 보급하였다. ETA는 기존 여러 기관 및 단체의 표준, 자격, 교육과정 등과 산업수요 및 인력 양성·배분 시스템에 근거하여 역량모델링을 개발하였다. ETA 역량모델링은 총 9군의 역량군으로 구성되어 있고, 1~3군까지는 기본 역량, 4~6군까지는 산업부문별 역량, 7~9군까지는 특정직무 역량으로 나뉜다. 이 중 기본 역량은 대부분의 직무 영역에서 공통으로 필요로 하는 역량이고, 나머지 산업부문별 역량과 특정 직무 역량은 산업부문 공통 역량과 특정직무 영역에서 필요로 하는 역량군이다.

〈표 15〉 Ennis(1998)의 역량 관점

구분	기준	사용한 방법	활용
최소기준 모델 (Minimum Standard Competency Model)	• 관찰 가능하고 쉽게 검증할 수 있는 지식, 스킬 • 연산능력, 기계조작능력 • 채용, 교육훈련의 지침 • 단순 과업에만 적용	• 직무분석 • 설문조사, 면접조사	• 과업배분 • 업무규정
서술적 모델 (Descriptive Competency Model)	• 직무분석에 기초하여 업무나 과업 수행에 있어서 개인에게 요구되는 지식, 스킬, 행동에 관한 것을 서술. 개인의 특성, 동기, 적성을 고려하지 않음 • 역량은 표준적인 것	• 역할분석 • 성과요건 분석 • 설문조사, 면접조사	• 성과목표 • 교육훈련 설계 • 직무 재설계 • 인력수급 계획
차별화된 모델 (Differentiating Competency Model)	• 우수한 업무 수행자의 자질과 능력에 초점을 맞춤으로써 조직과 개인의 경쟁력을 높이는 준거자료 • 역량을 작업 동기, 대인관계 스킬, 적극적인 사고의 결과로 인식	• 360도 측정 • 조작적 측정 (Operant-Measures)	• 채용 • 핵심직무 수행자의 개발

출처: Ennis(1998).

<표 16> ETA 역량모델링 역량군

구분	역량군(tier)
관리 역량 (management competency)	9군: 관리 역량(management competencies)
직무 관련 역량 (occupational related competency)	8군: 특정직무 요구 요소 (occupation-specific requirements)
	7군: 특정직무 기술 역량 (occupation-specific technical.competencies)
	6군: 특정직무 지식영역 (occupation-specific knowledge areas)
산업부문별 역량 (industry related competency)	5군: 산업영역 기술 역량 (industry-sector technical competencies)
	4군: 산업공통 기술 역량 (industry-wide technical competencies)
기본 역량 (foundational competency)	3군: 일터 역량(workplace competencies)
	2군: 학업 역량(academic competencies)
	1군: 개인효과성 역량 (personal effectiveness competencies)

출처: http://www.careeronestop.org/competencymodel

여기서 NCS 직업기초능력에 해당하는 것은 기본 역량이며, 이
는 다음 〈표 17〉과 같이 하위 역량을 각각 포함하고 있다.

기본 역량	하위 역량
개인효과성 역량 (personal effectiveness competencies)	대인관계 능력(interpersonal skills)
	성실성(integrity)
	전문성(professionalism)
	주도성(initiatives)
	의존성 및 신뢰성(dependability & reliability)
	학습의지(willingness to learn)
학업 역량 (academic competencies)	읽기(reading)
	쓰기(writing)
	수학(mathematics)
	과학 및 기술(science & technology)
	의사소통–듣기 및 말하기(communication-listening & speaking)
	비판적 및 분석적 사고력(critical & analytic thinking)
	능동적 학습(active learning
	기본 컴퓨터 능력(basic computer skills)
일터 역량 (workplace competencies)	팀워크(teamwork)
	적응성, 유동성(adaptability, flexibility)
	고객중심(customer focus)
	계획 및 조직(planning & organizing)
	창의적 사고(creative thinking)
	문제해결 및 의사결정(problem solving & decision making)
	도구 및 기술능력(working with tools & technology)
	업무에 컴퓨터 활용(workplace computer applications)
	스케줄링 및 조정(scheduling & coordination)
	확인, 시험, 기록(checking, examining, recording)
	비즈니스 기초(business fundamentals)

ETA의 특징은 역량모델에 대한 기초 지침만을 제공하고, 각 능력의 내용 영역에 대한 성취기준(performance indicators or standards) 또는 평가준거(measurement criteria or assessments)가 포함되어 있지 않다는 점이다(이종범, 2008). 수행지표와 평가를 위한 도구는 지역 특성 및 산업현장의 요구에 따라 산업체 등 민간단체가 주도적으로 기초 자료를 바탕으로 개발하도록 되어 있다.

5) 역량의 활용

역량모델의 목적에 따라서 개발과 활용 범위는 다양하게 정의될 수 있다. Lucia와 Lepsigner(1999)에 따르면 역량모델은 조직에서 하나의 역할을 효과적으로 수행하기 위해 필요한 지식과 스킬 그리고 특정한 조합(combination)을 의미하며, 선발, 교육훈련과 개발, 평가, 승계 계획을 위한 인적자원 도구로 사용되는 것을 의미하는 것으로 정의하고 있다(정재창, 민병모, 2001). 즉, 역량모델은 조직에서 인적자원개발과 관리에 활용하기 위하여 전사적 비전과 가치 달성을 목적으로 역량 분석을 통해 개발된 표준화된 결과물이다.

역량군은 여러 가지로 분류되는데, Sparrow(1996)는 역량군을 다음의 세 가지 유형, 즉 조직 역량(핵심 역량), 관리 역량, 개인 역량(직무 역량)으로 분류하여 구체화하고 있다. Schippmann 등(2000)은 전략적 직무모델링을 강조하면서 직무분석과 역량모델을 개념적으로 구분하였으며, 역량모델을 업무지식 역량(can-do competency)과 업무의지 역량(will-do competency)으로 구분하고 있다.

이와 달리 역량모델을 개발하기 위한 역량군은 기초 역량군과 고수행 역량군으로 분류될 수도 있다. 이때 기초 역량군에는 ① 전문성과 경험, ② 지식[선언적, 절차적, 기능적(functional), 상위인지적], ③ 기억, 연역적 추론[기초적 인지 역량(basic cognitive competencies)]이 속하며, 고수행 역량군에는 ① 인지 역량(시스템적 사고, 형상인식), ② 정서지능 역량(정서적 자기인식과 정서적 자기컨트롤과 같은 자기인식, 자기경영 역량), ③ 사회지능 역량(감정이입, 팀워크 같은 사회인식, 관계경영)이 속한다.

Dubois(1993)는 역량모델을 채용, 고용, 이동, 성과평가 및 보상 등 다양한 인사관리 시스템을 하나로 묶을 수 있는 인사관리의 핵심이라고 평가하였다. 최근 많은 조직이 직무분석에 있어서 직무별 직무기술서와 같은 과거의 전통적인 방식에서 벗어나고 있다. 이는 변화를 거듭하고 있는 새로운 전략, 다양한 팀에 속해 있는 구성원과 고객의 요구 등을 신속하게 다루어야 하기 때문이다. 역량이 관심을 끄는 이유는 다음과 같다(MacLagan, 1997). ① 체계적 기준이 없었던 과거의 선발, 개발, 평가, 수당지급 체계를 역량을 통해 통합하고, 조직원들 사이에 공통언어를 생성하게 만든다. ② 실제(practice)를 비즈니스 전략과 연계해 성취할 수 있는 능력을 넘어서게 만든다. ③ 일상에서도 자기관리를 하게 만든다. ④ 위계적·관료적이며 잡다한 행정적 업무에 치중되었던 HRD 프로세스 방식의 변화를 촉진한다. ⑤ 일을 기획할 때 보다 적응을 빠르게 하고 유연하게 대처할 수 있게 한다. ⑥ 새로운 가치와 새로운 테크놀로지에 빠르게 적응시킬 수 있다.

역량의 활용 분야는 학습(개인적 발전·경력개발을 위한 것이며, 교육과 트레이닝, 코칭과 멘토링을 통해 발전), 멤버십(인력기획, 선발과 배치, 지도, 친조직화), 전략과 목표 관리(전략과 메뉴의 병합, 팀워크 설계와 목표 설정, 개인별 일의 설계와 개인별 목표), 평가와 측정(수행에 대한 피드백, 조직 평가, 팀 평가, 개인 평가), 보상(일에 대한 평가, 보수지급 체계 고안, 인증과 승인 절차)으로 구분될 수 있다.

이처럼 역량에 대한 연구는 인적자원 관리의 전 영역에 걸쳐 이루어질 수 있으며, 역량모델은 조직의 장기적 경쟁우위 확보를 위해 요구되는 역량을 직무별로 체계화하여 인력의 선발, 육성 및 교육훈련, 평가 및 보상의 전 영역에 걸쳐 활용될 수 있을 것이다.

3. 국가직무능력표준의 적용 방안

1) NCS의 구성체제

(1) 능력단위의 구성 부문에서 능력단위와 능력단위요소의 정의를 명확하게 하고 일관성 있게 도출한다

능력단위 설정 기준은 '한 사람이 수행 가능하며, 수행하는 직무가 독립적이어야 하고, 교육훈련이 가능하고 명확한 성과를 도출하여야 함'이라고 정의되어 있으며, 이 정의에 따르면 현재의 능력단위는 적어도 세 개 이상으로 분리되어야 한다. 모든 능력단위는 세 개 이상의 수준이 다른 담당자(Associate-professional-expert-manager)가 있기 때문이다. 따라서 하나의 능력단위 내에 수준이 다른 둘 이상의 업무가 있을 경우 추가로 능력단위를 도출할 것인지, 아니면 '모든 인지(cognitive-meta-cognitive)과정을 포함하는 것'으로 능력단위 정의를 수정하고 능력단위요소에서 수준이 다른 업무를 각각 도출할 것인지를 결정하여야 한다. 이를 바탕으로 수준을 고려한 자격종목(예: 선반가공 수준1, 수준2, 수준3)에 기반하여 학교급별 교육과정(고등학교, 전문대학, 대학)이 개발되기 때문이다. 제3의 방법은 '모든 인지(cognitive-meta-cognitive)과정을 포함하는 것'으로 능력단위를 정의하고 자격종목 및 교육과정 개발 시 수준을 고려하여 활용하도록 하는 것이다.

(2) 능력단위별 제시된 '최소 교육훈련시간' 을 삭제하고, 교육
훈련 및 자격개발 등 적용과정에서 인력육성 목표와 주어진
환경에 따라 결정하도록 한다

현재의 NCS는 모든 학교급 및 산업체의 HR 분야에서 두루 활용
할 목적으로 설계되었기에 단일 활용목적으로 설계된 것처럼 교
육훈련시간을 배정하는 것은 논리와 현실상 적당하지 않다. 또 하
나의 능력단위에는 2개 이상 수준의 능력단위요소가 도출된 것이
다수이며, 동일한 능력단위라도 두 개 이상의 NQF 수준에서 활용
할 수 있고, NQF 수준별 활용시간은 각각 적용 환경에 따라 달라
질 수 있다. 그러므로 능력단위별 활용시간은 NQF에서 제시하는
학교급 및 자격등급 정의에 따르되, 인력육성 목표와 지역사회의
요구, 그리고 주어진 환경에 따라 유연하게 결정되어야 한다.

(3) 기본 역량모델에 기초한 산업별 역량모델을 구안하여, 직업
교육, 직업훈련, 자격체제, 산업체, 학생 및 근로자가 실무적
으로 활용할 수 있도록 한다

앞서 미국 ETA의 역량모델에서 기본 역량－산업부문별 역량－
－직무 관련 역량-관리 역량 체계를 살펴보았다. 이 자료는 20개
산업군 및 직업군에 대한 역량모델을 제시하고 직무별 필요 지식,
기술, 소양 등 핵심적인 내용을 제시하여 HR 부문에서 활용하도
록 제시하고 있다. 현재까지 개발된 NCS의 구성 내용과 활용 방
법을 제시할 때 이를 참고할 필요가 있다.

(4) NCS 내용에 능숙한 직무 수행에 필요한 직업기초능력 요소 별 사례를 제시하도록 한다

앞에서 살펴본 바와 같이, 역량은 기본 역량, 산업부문별 역량 그리고 직무 역량으로 구성되어 있으며, 기본 역량은 NCS에서 직업기초능력에 해당한다. 직업기초능력 요소별 수준 체크나 공통적인 내용만을 다룬다면 실제 직무에 어떻게 관련이 있는지를 알 수가 없거나 응용하는 데 한계가 있을 것이다. 직업기초능력 요소별 공통적인 내용만을 다룰 경우 문제은행식 출제가 되어 암기위주의 학습이 될 것이며 실제 업무에의 활용에는 한계가 있을 것이다. 그러므로 NCS 내용에 직업기초능력 요소별 사례를 제시하든가, 지식과 기술에 포함하고 적용범위 등에 제시하는 방법을 사용할 수 있을 것이다.

이렇게 하면 NCS 기반 교육과정 개발 시 교과별 필요한 직업기초능력 요소별 필요 내용이 포함되어 교수학습방법이 개발될 것이고, 학습과정에서 기본 역량이 개발될 수 있을 것이다.

2) NCS의 적용

(1) 직업교육 · 훈련과정

① NCS 수행준거의 정의를 일터에서의 직무내용 분석방법을 고려하여 명확하게 한다

수행준거의 정의는 '일터에서 가장 뛰어난 작업 내용(평균이 아님)을 수행하는 절차와 방법을 순서에 따라 구체적으로 기술'하는

것으로 매뉴얼에 제시되어 있다. 현실적으로 가장 뛰어난 작업 내용을 도출하는 것은 매우 어려운 일이며, 이는 여러 산업체의 여러 가지 일터 상황을 고려하여야 할 사안으로 '가장 뛰어난 작업' 내용을 선정하는 것 자체가 어려운 일이다. 그러므로 수행준거의 정의를 '능숙한 수행을 위한 표준적인 절차와 방법' 정도로 수정하여야 할 것이다.

② NCS 기반 교육과정개발에서 교과목표 설정은 학교급별 인력 육성 목표에 따르고, NCS 수행준거는 교육과정 이수 후 현장 경험 시 도달할 수 있는 목표로 하도록 한다

NCS 기반 교육과정개발 지침에 따르면, 교과별 학습목표는 NCS 수행준거를 그대로 따르도록 제시되어 있는데 이는 현재의 학교급별 여러 가지 환경을 고려할 때 불가능한 설정이다. NCS 수행준거는 일터에서 경험하여야 도달할 수 있는 내용으로 학교에서 도달할 수 있는 내용이 아니다. 학교에서 NCS 수행준거를 도달하고자 한다면 교과 내용을 일터와 동일하게 편성하고 일터 수행 내용을 반복하면 가능할 것이다. 또한 이에 선행하여 일터와 동일한 시설·장비와 동일한 생산품으로 실습을 하여야 하며, 일터와 동일한 경험을 가진 교수자가 배치되어야 할 것이다.

③ 교육과정 개발 시 NCS를 하나의 수준이 아닌 몇 개 수준의 지식, 스킬, 태도, 도구에 기반하여 교과 내용을 편성하여야 한다

NCS 기반 교육과정 개발 시 학교급과 동일한 수준(예: 고등학교=NCS 수준2)에 해당하는 것을 중심으로 교과 내용을 구성하도록

되어 있으나, 고등학교급에서 습득하는 지식과 전문대학급에서 습득하여야 하는 지식의 차이는 큰 차이가 없으며, 고등학교 이수 후 일터에서 경험을 쌓으면 NCS 수준3 이상의 일을 수행하여야 하므로 고등학교급에서보다 상위 수준의 지식을 습득하여야 할 것이다. 다만, 전문대학급에서 습득하는 지식은 고등학교급에서 배우는 지식의 너비와 깊이, 논리적 요소가 추가될 것이다.

④ 재직자 직무능력개발 프로그램의 구성은 개별 산업체 업무공 정과 내용에 대응하여 개발하도록 한다

NCS 기반 근로자 OJT 프로그램은 업무에 필요한 내용을 적기에 운영하면 프로그램 운영 효과를 극대화할 수 있으므로 해당 업무공정별 필요한 NCS 내용을 분산(decluster)-취합(cluster)하여 구성하도록 한다. 산업체 업무공정 단계와 NCS 능력단위요소 또는 지식·기술·도구·태도 내용이 업무공정과 동일할 경우 프로그램 운영효과를 높일 수 있으나, 달리 운영될 경우 그 효과는 낮아질 것이다.

(2) 자격제도

① 자격의 유형을 한계 역량 평가인정형과 차이 역량 평가인정형 으로 구분하여 운영한다

앞에서 역량의 종류에는 한계 역량(기초공통 역량)과 차이 역량 (회사별 직무특수역량)이 있고, Ennis의 역량 관점에서 보면 최소 기준 모델과 차별화된 모델로 구분할 수 있음을 살펴보았다. NCS

는 전체 산업체의 공통적인 직무 내용을 표준적으로 제시한 내용이므로 한계 역량 부문은 이것으로도 충분히 활용할 수 있으나, 차이 역량(회사별 직무특수역량) 부문은 충분하지 못하다고 판단된다.

각 학교급 교육과정과 이들 기관에서 운영하는 과정평가형 자격제도는 한계 역량만을 적용하여야 할 것이고, 각각의 산업체에서 적용하는 자격은 차이 역량에 중점을 두어야 할 것이다. 이를 위하여 산업체 근로자에게 적용하는 자격은 동일 산업체에서 공동으로 필요로 하는 공통 역량을 필수로 하고 회사별 특수 역량을 선택하여 구성할 수 있도록 한다. 선택 역량 요소가 NCS에 없을 경우 회사별로 추가할 수 있도록 유연성을 부여하도록 한다.

② 각급 교육훈련기관에서 프로그램 참여자의 이수 후 직무 내용에 따라 자격 유형을 선택하여 교과과정을 운영할 수 있도록 한다

자격의 유형을 평가시기 및 평가방식에 따라 구분하면, 검정형 자격과 과정평가형 자격으로 나눌 수 있다. 검정 관리와 비용 관점에서 검정형 자격은 비용이 적게 들고 단시간에 평가하므로 효율적이며, 과정평가형 자격은 프로그램 과정을 인정하고 프로그램 참여자의 능력을 평가하므로 검정 관리가 복잡하고 비용이 많이 소모된다. 검정형 자격은 역량의 최소기준 모델로 단순한 과업에 적합하며 공정이 복잡하고 복잡한 과업에는 적용에 한계가 있다. 과정평가형 자격은 역량의 차별화된 모델로 작업 동기나 적극적인 사고 등 참여자의 자질 육성을 비교적 높이 기대할 수 있을 것이다.

과정평가형 자격은 NCS에 기반하여 교육과정을 편성하므로 프로그램 구성에 유연성 및 최신성을 부여하지 않을 경우 주어진 대로 인력을 육성하여야 하나, 검정형 자격은 교육과정 편성이 비교적 자유로워 교수자의 의지에 따라 산업사회에서 요구하는 인력을 적기에 육성하도록 프로그램을 운영할 수도 있을 것이다.

이는 프로그램의 직무 특성, 시설·장비, 교수자 특질, 인력육성 환경 그리고 검정비용을 고려하여 프로그램을 운영하는 기관에서 판단하여 운영하도록 하고, 각각의 방식에 따른 인력육성 결과를 공개하여 운영방식을 선택할 수 있도록 하는 것이다.

③ 산업체 근로자에게 적용하는 자격은 현장 실무를 중심으로 검정 내용을 구성하도록 한다

NCS 기반 자격은 과정이수형 자격을 고려하여 NCS 능력단위를 조합하여 일정 학습시간[L3의 경우 600시간(필수 300h+선택 300h), L4의 경우 800시간(필수 400h+선택 400h)]을 요하도록 설계되었다. 그러다 보니 일정 수(예: 600h= 20개 능력단위×30h) 이상의 능력단위로 구성되어야 하므로 업무와 밀접하지 않은 능력단위가 포함되었을 가능성도 있을 것이다. 또 NCS 세분류(직무)가 동일하더라도 산업체마다 대상물 특성, 생산공정, 적용 분야가 다르면 기업 특화기술이 다를 것이므로 공통되는 NCS 능력단위 또는 능력단위요소 비중이 낮아질 것이다. 이 경우 NCS를 기반으로 자격 내용을 구성하였을 경우 특정 산업체 직무에 필요 없는 내용이 많아져 활용률은 낮아질 것이므로 산업체 근로자에게 적용하는 자격은 NCS 공통부문과 기업 특화업무를 반영하여 구성하도록 하여야 산업체에 필요한 인력육성 관점에서 자격의 효용가치가 높아질 것이다. 이럴 경우 산업체 근로자에게 적용하는 자격은 「국가기술자격법」에 의한 국가기술자격이라기 보다는 「고용보험법」에 의한 사내자격과 유사한 성격이 될 것이므로 자격의 인정 범위에 대한 검토가 필수적이다. 특히 도제 제도와 관련이 있는 자격은 이를 적극 검토하여야 할 것이다.

④ 과정평가형 자격제도는 점진적으로 과정이수형 자격제도로 운영하도록 시스템을 구축한다

현재의 과정평가형 자격제도는 프로그램 운영자의 자체평가와 더불어 프로그램 종료 시 외부자 평가를 실시함으로써 평가의 객관적 공정성은 높일 수 있지만, 프로그램의 사전 인증을 받고 프로그램 운영 중 개인별 포트폴리오 자료를 축적하여야 하기에 프로그램 운영이 복잡할 수 있다. 프로그램 이수자는 프로그램 이수 결과에 대하여 외부자의 평가를 받아야 하는 이중적인 검정방식으로 비용이 많이 소모되고, 외부평가 운영방식에 따라 프로그램 교수자의 자긍심과 책무성을 낮출 수 있다.

외국의 과정이수형 자격제도를 한국에 도입하면서 '한국식 자격이수형 자격', 즉 과정평가형 자격으로 명하였다. 과정이수형 자격제도는 프로그램 내용과 자격제도를 일원화하여 이중 평가비용을 피할 수 있고, 프로그램 운영의 질 관리를 교수자가 스스로 하고 그 운영 시스템을 중심으로 외부자가 확인하여 검증하는 제도다. 이 관점에서 보면, 과정평가형 자격제도는 프로그램 운영과정을 외부자가 신뢰하지 못하기에 생긴 제도일 것이다. 향후 점진

적으로 프로그램 개발과 운영은 교수자에게 권한을 부여하되, 국가는 그 결과(예를 들면, 취업률, 직무적응력, 산업체 기여도)를 분석하고 공개하여 교수자가 스스로 프로그램 운영의 질 관리를 할 수 있도록 시스템을 구축하여야 할 것이다.

(3) 국가역량체제

① 국가역량체계(National Qualification Framework: NQF) 용어를 일관성 있게 사용한다.

'[국정과제 75] 능력중심사회를 위한 여건조성 - 2. 국가직무능력표준 구축 - 5. 국가역량체계 구축'에서 사용하고 있는 '국가역량체계' 용어를 일관성 있게 사용한다. 이 용어는 「자격기본법」 제2조(정의)에서 '자격체제'로 제시하고 있다. 「자격기본법」에서 정의는 "국가직무능력표준을 바탕으로 학교교육 · 직업훈련 및 자격이 상호 연계될 수 있도록 한 자격의 수준체계"이며 이는 '국가역량체계'와 동일한 의미로 NQF(National Qualification Framework) 구축 추진단에서 사용하고 있다. 「자격기본법」에서는 이 '자격체계' 용어를 동일한 의미로 2007년부터 사용하고 있으며, 그 의미는 학교자격, 직업자격, 경험자격 등의 상호 연계할 수 있는 자격의 수준체계로 '국가역량체계'와 동일하다.

앞에서 알아본 바와 같이 학자들이 제시한 역량을 종합하면 '조직의 성과를 효율적으로 높이는 데 필요한 구성원의 지식, 스킬, 자기개념 등의 조합'으로 정의하고 있고, 미국 고용훈련부(ETA)는 국가적인 역량모델을 기본 역량-산업부문별 역량-직무 관련 역량으로 구분하여 제시하고 있다.

② NQF에서의 수준은 우리나라의 직업교육, 직업훈련, 자격의
    유형을 고려하여 적용한다

국가직무능력표준에서 수준은 산업현장 일터에서의 직무 수준
이며, NQF에서의 수준은 학교자격, 직업자격, 경험자격이므로,
NCS 수준과 NQF 수준을 단순히 일대일로 매핑하는 것은 논리적
으로 어려움이 있다. 일터에서의 직업훈련과 일터 기반 직업자
격 수준은 NCS 수준과 일대일 매핑이 가능하나, 직업교육과 양성
과정 직업훈련의 경우 교과편성과 운영을 고려할 때 매우 어려울
것이다.

예를 들어, NQF 수준4는 전문대학 수준으로 NCS 직무 수준4와
일대일로 매핑하는 것이 논의되고 있는데, 전문대학의 교과내용
을 NCS에 기반하여 구성하였다 하더라도 이를 운영할 수 있는 넓
은 범위의 직무 내용으로 구성되어 있는 학과별 교육내용 범위와
특정 직무만을 담당하는 일터에서의 직무범위가 다른 것이 일반
적이며, 전문대학 교과내용이 일터에서의 직무 범위와 동일하다
하더라도 시설 · 장비 및 교원의 일터능력이 다르므로 전문대학에
서 2~3년간 교과내용을 학습하였다 하더라도 NCS 수준4 능력을
함양하였다고 할 수 없을 것이다. NQF 수준4와 NCS 수준4가 일
대일로 매핑되려면, 시설 · 장비 및 교원의 일터능력이 동일하다
하더라도 학교에서 교과내용 이수방법이 일터 직무 추진 내용과
동일하여야 한다. 일정 규모 투자(지원)를 통하여 학교의 시설 ·
장비와 교원의 능력을 일터와 동일하게 하더라도, 2~3년간 교과

내용으로 특정 직무만을 반복적으로 학습하는 것이 학교의 인력 육성 목표와 일치된다고 할 수 없을 것이다. 또한 양성기관에서 NCS 수준4 내용을 기반으로 교과과정(NQF 수준4 학교자격)을 운영하였더라도 이 과정 이수자는 일터 경험을 일정 기간 하게 되면 NCS 수준4가 될 것이다. 이는 양성과정 교과운영 여건 및 환경이 일터와는 다르므로 NQF 수준4를 장기간 이수하더라도 NCS 수준4를 도달할 수 없음을 의미한다.

그러나 직업교육과 양성과정 직업훈련에서 '양성기관에서 집체식 교과를 이수하고 일터에서 현장실무를 담당'하는 제도를 운영한다면 가능할 것이다. 양성기관에서 이론 및 기초공통실습을 중심으로 교과를 단기간 운영하고 일터에서 장기간 현장실무를 담당하게 하는 것이다. 이와 같은 도제학습제도에서는 NCS와 NQF 수준을 일대일로 매핑하는 것이 가능하다.

③ NQF 수준 분류는 UNESCO에서 제시한 국제적 학교수준 분류(ISCED)에 따른다

지금까지 오랫동안 많은 연구자가 의견을 제시하고 관계자 간의 논의를 거쳤음에도 불구하고 NQF 수준 정의 및 NQF 수준과 NCS 수준의 매핑은 아직 확정되지 못하고 있다. NQF 수준에 기반하여 자격종목(학교자격, 직업자격 등)과 학교급별 교육과정이 결정되어야 함에도, NQF의 기본적인 틀 없이 NCS 기반 자격, NCS 기반 직업 고등학교 및 전문대학 교육과정이 개발되어 운영되고 있는 실정이다.

NQF 수준 분류는 관련 제도의 국가 간 호환을 고려하여 UNESCO

에서 제시한 학교수준 분류(International Standard Classification of Education: ISCED)를 따르면 우리나라 학교급과 비학위과정을 모두 반영할 수 있을 것이다.

④ NQF 학교자격은 학교급별 인력육성 목표에 기반하여 설정한다

NCS는 일터에서의 직무수준이며, NQF 학교자격은 학교급별 인력양성 목표에 따라 편성된 교육과정을 이수한 학생의 능력 정도로 학교급별 과정이수 결과를 증명하는 교과별 성적증명서와 졸업장이다. 여기서 학교급은 고등학교, 전문대학, 대학 학사 · 석사 · 박사 과정이며, 각급 학교의 교육과정(문서)은 총론과 각론으로 나뉘고, 총론에는 ① 교육과정 구성의 기본방침, ② 학교급별 교육목표, ③ 교과 배열과 시간 배당 등의 내용을 싣고, 각론 부분은 교과별 · 학년별로 ① 교과목표, ② 교과내용, ③ 지도방법 등으로 구성되어 있다. NQF 학교자격은 각급 학교 교육과정에 해당하거나 밀접하게 관련이 있으므로 당연히 학교급별 인력육성 목표와 내용에 기반하여 설정되어야 할 것이다.

직업교육과 국가직무능력표준

이병욱
충남대학교 사범대학 교수

1. 들어가며

정부는 다양한 산업 부문의 경쟁력을 제고하고, 일 기반의 능력이 중심이 되는 사회를 주도할 인적자원을 양성하고자 다양한 교육적·사회적 측면에서의 변화를 모색하고 있다. 이를 위한 정책의 일환으로 국민의 전 생애에 걸친 직업능력개발과 관리 체계 구축을 도모하기 위하여 '학벌이 아닌 능력중심사회 구현'을 주요 정책 목표로 추진하고 있다. 이 정책의 주요 수단으로 국가직무능력표준(National Competency Standards: NCS)을 구축(국정과제111-2)하고 활용·확산을 하기 위한 노력도 기울이고 있다. 특히 직업교육을 중심으로 한 학교기관에서는 NCS를 중심으로 교육과정을 편성·운영하여 고교 이후 직업교육을 NCS를 활용한 일(직무)중심으로 전환하고 있고, 자격체계 또한 NCS를 기반으로 재구조화하고 있다. 아울러 공공기관 및 공기업을 필두로 산업체에서도

NCS를 활용한 채용, 배치, 인사 등과 관련한 정책적 시도와 실천이 이루어지고 있다. 이처럼 다양한 부문의 산업 현장에서 요구되는 직무능력을 산업부문별·수준별로 체계화한 NCS를 기반으로 직업교육 체제를 구축하면 교육·훈련 및 자격의 현장 적합성 제고, 고용 가능성 향상, 교육·훈련-자격의 연계를 통한 중복 투자 문제 해소, 일 중심의 평생학습 촉진, 자격의 국제화 촉진 등이 가능하다(주인중, 조정윤, 임경범, 2010). 또한 학교 교육내용과 산업 현장에서 요구하는 직무능력 간의 미스매치를 해소하여 '알기만 하는 교육'에서 '할 줄 아는 교육'으로 교육의 패러다임으로 개선되기를 기대하고 있다(교육부, 한국직업능력개발원, 2014).

직업교육과 NCS 관련 주무 부처인 교육부와 고용노동부는 NCS 도입을 통한 직업교육의 긍정적 변화를 견인하기 위하여 국정과제(72. 전문인재양성을 위한 직업교육 강화) 추진 일정에 따라 2016년부터는 부분적으로, 2018년부터는 전면적으로 고교 직업 교육과정을 NCS 기반으로 편성·운영할 계획이다. 고등교육 단계에서도 다수의 전문대학에서 이미 특성화 사업의 일환으로 NCS에 기반한 교육과정 및 교수·학습·평가가 이루어지고 있으며, 직업교육에 중점을 두고 있는 4년제 대학에서도 NCS 기반의 교육과정을 편성·운영하고 있다. 이를 체계적으로 지원하기 위하여 정부는 NCS학습모듈의 우선 활용, 교원 연수, 학교 컨설팅, 환경구축 방안 연구, 법·제도 정비, 능력단위 성취 평가를 위한 교육행정정보시스템(NEIS) 기능 개선 등 NCS 기반 교육과정의 적용과 운영 역량 강화 및 여건 마련을 추진하면서 직업교육을 중심으로 하는 취업 중점 학교와 기관의 교육과정을 NCS 기반으로 개편·적용할 계획이다(교육부, 2015b).

그러나 아직은 NCS의 도입을 위한 초기 단계인지라 NCS 적용을 통한 직업교육의 개선에 대한 관심만 상승되어 있을 뿐 실질적인 교육과정 개선이나 질 제고를 위한 방안, 그리고 질 관리를 하기 위한 체제가 미흡하다. 직업교육이 NCS와 연계되어 적용되면 산업사회의 변화 및 지역사회의 특성, 학습자들의 다양한 요구를 충분히 반영할 가능성이 있는지, NCS를 기반으로 한 직업교육과정이 지역이나 학교 수준에서 제대로 편성·운영되고 있는지 또는 그 가능성은 얼마나 있는지, 개발된 직업교육과정의 내용이 산업체의 경쟁력 강화에 얼마나 도움을 줄 수 있는지, 교육의 수행 결과가 국가나 지역 수준에서 설정한 기준과 학습자 및 산업체의 요구를 충족해 줄 수 있는지, 학생들의 산업체 현장 적응력 및 직무 수행 능력 향상에 효과적인지에 대한 판단을 하기에는 아직 이르다. 그리고 이를 체계적으로 모니터링할 수 있는 방안 마련도 미흡한 실정이다.

OECD 국가들이 글로벌 경제 위기 극복, 청년실업률 감소, 고기술 및 고숙련 산업 인력 양성을 위한 주효한 정책적 수단으로 강조하고 있는 직업교육은 인간의 생계 유지 수단 확보, 사회적 역할 분담, 그리고 자아실현을 목적으로 하는 직업의 탐색, 선택, 준비, 소유를 가능하게 한다. 이러한 직업교육이 지속적으로 개선·발전하기 위해서는 직업교육을 희망하는 교육 수요자의 요구를 학교에서 정합성 있게 구현할 수 있는 정선된 내용과 수준의 체계가 필요하다. 그리고 학습 성과의 인정 및 인증과 그 결과에 의한 인력의 배치와 이동성 및 통용성이 보장되어야 한다. 이를 위해서는 해당 직무별 국가표준이라고 할 수 있는 NCS의 의미와 가치, 그리고 직업교육에서의 역할 등을 구체화하고, 직업교육과 NCS 가 상호 연계하여 활성화할 수 있는 방안을 고민해 보아야 한다. 이 글에서는 직업교육에 NCS를 적용함으로써 기대할 수 있는 가치와 역할을 검토하고, 직업교육에서의 NCS 연계 활성화 방안을 제안하고자 한다.

2. 직업교육에서 NCS의 가치와 역할

1) 직업교육의 목적과 유형

직업교육은 직업을 탐색하고 준비시키는 교육과 전문성을 고양하는 전문교육을 의미한다. 개인 측면에서 직업교육의 목적은 직업에 관한 기초 능력과 소양을 개발하게 하여 바람직한 민주시민으로서의 자질을 함양하는 것이다. 또한 직업을 준비하는 학습자의 직무능력을 개발하여 유능한 직업인이 되게 하며, 개인이 선택한 직업을 통해 자아실현이 가능하게 하는 데 있다. 국가와 사회의 측면에서 직업교육의 목적은 사회가 필요로 하는 인력을 양성하여 국가 발전에 기여하게 하는 데 있으며, 나아가 경제·산업 발전에 필요한 인력을 산업계에 공급하는 데 있다(이무근, 2006). 특히 우리나라와 같이 자연자원과 자본이 제한된 국가는 인력자원에 대한 의존도가 매우 높기 때문에 해당 분야에 전문성을 갖춘 인재를 양성하는 직업교육의 역할이 대단히 중요하다.

따라서 직업교육은 직업을 탐색하고, 선택하며, 준비하는 과정을 통하여 직업을 가지기를 희망하는 학습자들에게 삶의 목적적·수단적 기회를 제공하고 확대하기 위한 노력을 기울여야 한다. 그리고 직업교육은 직업에 대한 올바른 의식과 직업관의 확립에도 중점을 두어야 한다. 직업이란 생계를 유지하기 위한 최소한의 수단임과 동시에 사회적 역할을 분담하고 수행하는 기능을 담당해야 하기 때문이다. 그리고 훌륭한 직업관은 개인의 삶과 행복의 질과 연관이 있다. 결국 직업교육은 개인이 일의 세계를 탐색하고 자기의 적성, 흥미, 가치관 등에 알맞은 일을 선택하여 그 일에 필요한 지식·기술·태도 등을 개발, 유지할 수 있도록 학교 교육, 사회교육, 일의 현장교육을 통해 능력을 개발하는 삶의 교육이라고 할 수 있다. 기대수명 100세 시대를 목전에 두고 있는 오늘날 직업교육과 삶의 상관관계는 더욱 높아지고 있다.

직업교육은 전통적으로 광의와 협의의 의미로 나뉜다. 광의적 의미로는 어떤 직업에 취업하기 위하여 준비하거나 현재의 직무를 유지하기 위한 교육을 의미하고, 협의적 의미로는 특정 교육 수준, 특정 분야, 특정 수준에 관련된 직업교육을 지원하기 위하여 그 정의와 범위를 법적으로 규명한 것을 의미한다. 협의적 개념의 직업교육을 운영하는 대표적인 예는 중등 단계에서의 특성화고등학교와 산업수요맞춤형고등학교(일명 마이스터고등학교), 고등 단계에서의 전문대학과 폴리텍대학 등이 있다. 그러나 오늘날은 직업교육의 개념이 과거 특정 대상과 내용에 국한되었던 협의적 개념에서 벗어나 광의적 개념으로 확대되고 있다(정철영, 2015). 과거에는 직업교육이 교양교육과 분리되어 별개의 것으로 취급되어 왔으나 오늘날 대부분의 교육이 궁극적으로 직업을 갖기 위해서 행해지고 있으므로 그 논의와 실행의 범위가 확대되고 있다. 특히 대학 진학률이 높은 우리나라의 특성상 대학 역시 학생 취업에 대한 책무성을 강요받고 있으며, 직업교육을 위한 역할 또한 대학교육의 중요한 교육 목표로 인식되고 있다.

한편, 우리나라에서의 대표적인 직업교육기관으로는 중등 단계 직업교육기관인 특성화고등학교와 산업수요맞춤형고등학교(마이스터고)가 있다. 이 학교 유형들은 「초・중등교육법」상에 구체적으로 명시되어 있으나 고등교육 단계의 직업교육기관의 개념과 범주에 대한 설정은 미흡한 상태다. 이러한 상황을 고려하면 '고등직업교육기관'을 '입직예정자의 취업 지원과 재직근로자의 직무 능력 향상을 지원하기 위해 고등교육 단계에서 직업교육기능을 수행하는 기관'으로 조작적으로 정의하고, 그 대상 기관을 설정할 수 있다. 이러한 고등교육기관 중에서 직업교육기관은 「고등교육법」상의 기관(전문대학, 산업대학, 기술대학)과 「평생교육법」상의 기관(사내대학, 전공대학), 그리고 개별 법령에 따른 직업교육기관이 있을 수 있다.[1] 개별법령에 따른 직업교육 기관을 제외한 일반적

---

[1] 학부과정을 운영하는 기관들(대학원만을 운영하는 대학원 대학 등은 제외): 한국예술종합학교(「한국예술종합학교 설치령」, 문화체육관광부), 한국전통문화대학교(「한국전통문화대학교 설치법」, 문화재청), 경찰대학(「경찰대학 설치법」, 경찰청), 육・해・공군사관학교(「사관학교 설치법」, 국방부), 국군간호사관학교(「국군간호사관학교 설치법」, 국방부), 육군제3사관학교(「육군3사관학교 설치법」, 국방부〈육군〉), 한국과학기술원(「한국과학기술원법」, 미래창조과학부), 광주과학기술원(「광주과학기술원법」, 미래창조과학부), 대구경북과학기술원(「대구경북과학기술원법」, 미래창조과학부), 한국폴리텍대학(「근로자직업능력개발법」, 고용노동부), 한국기술교육대학교(고용노동부 산하 기타 공공기관,

인 고등직업교육기관의 개황을 살펴보면 〈표 1〉과 같다(정태화, 윤형한, 홍용기, 2015, pp. 54-55).

〈표 1〉 고등직업교육기관 개황(2013년)   (개/명)

법령	유형		학교 수	학과 수	학생 수	교원 수	입학자	졸업자
「고등교육법」	전문대학		140	6,489	757,721	13,015	227,707	184,817
	산업대학		2	937	76,377	316	2,944	19,075
	기술대학	대학과정	1	3	128	-	59	68
		전문대학과정	-	1	42	-	21	22
「평생교육법」	사내대학	대학과정	3	4	211	16	134	38
		전문대학과정	4	5	251	3	189	64
	전공대학		3	36	11,581	213	4,364	2,901

출처: 교육부, 한국교육개발원(2013).

고등교육의 대중화와 사회문화적 변화, 그리고 졸업 후 취업을 희망하는 고등교육 졸업자의 요구 증대에 맞춰 대학생의 취업역량 제고를 위한 4년제 대학의 적극적인 역할이 요구되고 있는 상황이다.

백정하 등(2016, pp. 129-130)의 연구에서는 [그림 1]과 같이 대학 교육 목표를 두 개의 축으로 구성된 스펙트럼으로 나타내었다. 이에 기반하여 4년제 대학이 지향해야 할 교육 목표에 대한 대학

고용노동부), 국립한국농수산대학(「한국농수산대학설치법」, 농림축산식품부), 한국방송통신대학교(「한국방송통신대학교 설치령」, 교육부)

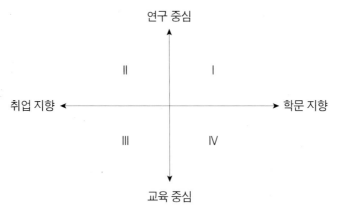

[그림 1] 대학 교육 목표의 스펙트럼

교직원의 인식을 분석한 결과, 교육 중심의 (일반)취업 지향 대학 (62.2%), 교육 중심의 학문 지향 대학(19.4%), 연구 중심의 (전문) 취업 지향 대학(9.7%), 연구 중심의 학문 지향 대학(8.7%)의 순으로 응답한 것으로 나타났다. 그리고 연구 중심 지향 대학을 희망하는 비율은 18.4%, 교육 중심을 희망하는 비율은 81.6%로 나타났다. 또한 학문 지향 대학을 희망하는 비율은 28.1%, 취업 지향 대학을 희망하는 비율은 71.9%인 것으로 나타났다. 이러한 결과는 그간 학문 중심을 지향하였던 종래의 4년제 대학의 성격과 목표에 대한 인식의 변화라는 측면에서 한국의 4년제 대학이 나아가야 할 방향에 많은 시사점을 준다. 내실 있는 교육을 통하여 취업을 지향하고자 하는 대학들에는 NCS 기반 채용 및 활용에 부합하는 취업 진로 체계를 구축하여 지원할 수 있는 조직과 시스템 마련을 위한 심도 있는 논의와 대책이 요구된다.

이와 관련하여 최근 대학에서는 졸업생의 취업률 제고를 위해 대학의 인재 양성을 중요한 과제로 인식하고 있으며, 많은 투자와 지원 프로그램을 제공하고 있다. 특히 산업 구조가 급변함에 따라 지식이나 정보의 양에 대한 강조와 교육을 통한 단순한 지식보다는 '무엇을 할 수 있는지'와 관련한 개인의 역량을 강조하고 있으며, 지식과 기술이 융합된 고숙련 수준의 역량까지 요구하고 있다(박동열, 2013). 4년제 대학 진학자의 취업 희망 비율이 평균 70%를 넘고 있으나 실제 2015년 기준 취업률이 약 48% 정도임을 감안해 볼 때, 한국에서 직업교육을 실시하고 있는 학교급을 종래의 중등 단계와 전문대학 및 산업대학에서 나아가 취업 중심의 학교 및 학과 운영을 목표로 하는 4년제 대학들까지도 직업교육의 범주에 포함시켜 논의를 할 필요가 있다.

2) 직업교육에서의 NCS의 가치와 역할

(1) NCS의 의미와 개발 현황

정부가 국정과제로 추진하고 있는 능력중심사회 구현을 위한 정책 방안은 크게 두 가지 형태로 언급할 수 있다. 일과 학습 병행 등 현장 중심의 직업교육 및 훈련의 확산과 능력중심의 채용·보상·거버넌스 구축이 바로 그것이다. 이러한 두 개의 축을 중심으로 정부는 [그림 2]와 같은 로드맵을 설정하여, 직업교육훈련 분야에서 현장중심의 교육·훈련 체제를 구축하고, 이를 통해 배출된 인력을 기업이 능력중심으로 채용하고, 지역·산업계가 인력양성을 주도하는 생태계 구축을 통한 능력중심사회를 구현하고자 한다(교육부, 고용노동부, 2014. 12. 18.). 이러한 정책 추진에 있어 중요한 기준이자 동력으로서의 역할을 하는 것이 바로 NCS와 NQF다. 이를 기반으로 한 현장중심 직업교육과정의 개발과 운영, 능력중심의 인사 개혁 패러다임 시도, 관련된 거버넌스를 구축하고자 할 때 국가 차원에서 권고할 수 있는 직무의 표준화된 내용 체계와 수준이 존재한다면 공신력과 효율성을 담보할 수 있기 때문이다.

국가가 개발한 공공재인 국가직무능력표준(NCS)이란, 산업현장에서 직무를 수행하기 위하여 요구되는 지식·기술·소양 등의 내용을 국가가 산업부문별·수준별로 체계화한 것을 말한다(「자격기본법」 제2조제1항). 이러한 NCS는 산업별 협의체(SC) 또는 대표 기구가 개발하고, 국가가 인증·고시하며, 직업교육을 담당하는 학교 및 훈련 기관에서 적용하고, 산업체에서 활용하는 형태로 그 역할이 분담되어 있다.

NCS는 우리나라 모든 직종(11,655)에 요구되는 핵심능력을 제시하기 위해 한국고용직업분류(Korean Employment Classification of Occupations: KECO) 형태로 2015년을 기준으로 대분류 24개, 중분류 77개, 소분류 227개, 세분류 857개로 구성하였다. 분류체계 중 세분류는 직무를 지칭하고, 세분류 단위에서 NCS가 개발된다. 세분류는 NCS의 기본 구성요소인 능력단위로 구성되어 있는데 능력단위는 능력단위 분류번호, 능력단위 정의, 능력단위요소(수행준거, 지식·기술·태도), 적용 범위 및 직장생활, 평가지침, 직업기초능력으로 구성되어 있다(NCS 홈페이지, http://www.ncs.go.kr).

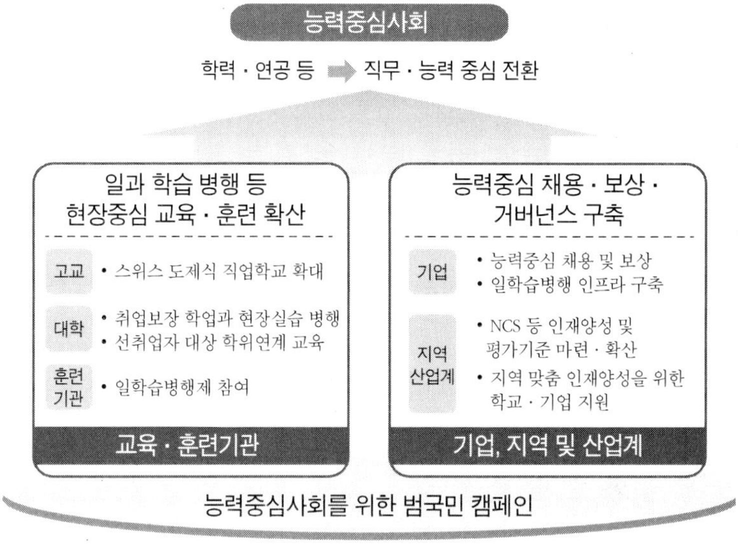

[그림 2] 능력중심사회 조성 로드맵

출처: 교육부, 고용노동부(2014).

　이러한 능력중심사회 구축을 위한 NCS의 도입은 산업현장의 직무를 파악하고 산업현장 중심의 직업교육을 가능하게 하여 산업체에서 요구하는 인재 양성에 기여할 수 있다는 데 그 가치가 있다. 또한 산업체에서는 인재 채용에 대한 비용을 절감하고, 적절한 인재를 선발할 수 있으며, 나아가 직무능력중심의 업무 배치 및 승진 등의 능력중심 인사 관리를 할 수 있게 될 것으로 기대된다. 따라서 직업교육을 담당하고 있는 학교 교육 현장에서의 NCS 도입은 산업체가 요구하는 인재 양성이 핵심 키워드라고 할 수 있다. 이러한 NCS는 나라마다 차이는 있으나 산업계의 요구에 부응하는 직업교육훈련체제의 마련, 자격과의 연계를 위해 개발되었고, 교육훈련과정과 자격기준 개발에 NCS가 활용되고 있다(장명희, 전승환, 전동열, 2014b).

(2) NCS 관련 정책 및 제도 구축 현황

NCS 관련 정책 및 제도 구축과 관련하여 교육부(2015b)는 일-교육-자격의 연계 강화를 위해 중등 단계 직업교육을 담당하고 있는 학교의 국가수준 교육과정을 NCS 기반으로 개정하여 2015년 9월에 '2015 개정 교육과정'을 고시하였다. 새 교육과정에는 종전 교육과정의 5개 계열 구분을 NCS의 대분류를 중심의 17개 교과군으로 개편하였다. 고등직업교육단계에서는 교육부가 2014년 전문대학 특성화재정지원사업의 기본 요건으로 NCS 기반 특성화 교육과정 개편을 제시하였다. 특성화대학으로 선정된 73개 전문대학은 대학별로 NCS 센터를 설치하고 해당 학과의 교육과정으로 NCS 기반 교육과정을 개발·운영하고 있다. 이를 위해 교육부는 2015년에 전문대학의 NCS 기반 교육과정 개발을 지원하기 위한 매뉴얼을 개발·보급하였다.

한편, NCS의 개발 책임을 담당하고 있는 고용노동부(2015)는 직업능력개발사업 대상 기관에 적용되는 훈련 기준을 2013년에 NCS 기반으로 개선하였고, 훈련 기준의 적용을 받는 모든 직업훈련기관과 폴리텍의 교육훈련과정을 NCS 기반으로 진행하는 것을 전제로 예산을 지원하고 있다. 특히 2013년에 한국형 '도제식 교육훈련제도'로 도입된 일학습병행제의 경우, 현장교사가 기업 현장에서 NCS 기반의 교육훈련 프로그램과 현장훈련교재에 따라 가르치고, 보완적으로 학교 등에서 이론교육을 한 후 산업계가 평가해서 자격을 주는 NCS 기반의 교육훈련제도를 도입하도록 되어 있다. 이 제도는 재직자뿐만 아니라 2015년부터 특성화고, 전문대학, 그리고 4년제 대학 재학생 대상의 제도로 확대 운영하고 있다. 특성화고는 산학일체형도제학교 제도로, 전문대학에서는 특성화고와 전문대학이 연계된 유니테크 사업으로, 그리고 4년제 대학의 경우에는 3~4학년을 대상으로 학사체계와 연계한 기업 도제식 장기현장실습(IPP)형 일학습병행제의 이름으로 각각의 학교급의 특성에 맞추어 일학습병행제를 추진 중이다.

NCS에 기반한 학습모듈(learning module) 개발을 담당하고 있는 교육부는 NCS를 개발하여 교육과정에 적용하기 위한 노력의 하나로 한국직업능력개발원과 함께 학습모듈 개발 사업을 추진해 왔다. 학습모듈은 NCS를 교육훈련과정으로 전환하기 위한 매개체 역할을 하는 것으로, 학습을 위한 이론과 현장 중심의 실습 내용으로 구성된다. 구체적으로는 교육훈련과정에 활용하기 위한 수행준거, 이론 및 실습, 선행학습, 이수 시간, 교육훈련 대상 및 평가 등으로 구성되어 있다. NCS학습모듈은 특성화고등학교, 전문대학 등의 교육훈련기관에서 기본적인 교수 · 학습 교재로서의 역할과 교육과정 개편 시 활용을 목적으로 하고 있다[「자격기본법 시행령」 제8조(국가직무능력표준의 활용) 제5항; 김성남, 김지영, 이민욱, 정향진, 현지훈, 2015]. 이러한 NCS학습모듈은 '해당 분야 NCS를 기반으로 구체적인 직무를 학습할 수 있는 이론 · 지식 및 실습과 관련한 내용을 상세하게 풀어낸 것'으로, 기본적으로 특성화고, 전문대학을 포함한 직업교육 훈련기관에서 학습교재로서의 역할을 수행할 것으로 기대된다(김성남 외, 2015). 특히 중등 단계 직업교육기관에서는 NCS학습모듈을 NCS 기반 교육과정에서 편성하고 있는 실무교과의 교과서로 활용하도록 하고 있다. NCS학습모듈 개발은 NCS 개발 일정과 연계하여 추진되고 있는데, 2013년에는 51개 세분류의 개발이 완료되었고, 2014년에는 175개, 2015년에는 321개 등 개발 규모가 점차 확대되어 왔다. 또한 NCS가 개발 완료된 세분류에 대해 최종적으로 2016년까지 281개의 학습모듈을 개발하는 것을 목표로 하고 있다(김성남 외, 2015; 교육부, 충남대학교, 2015).

고용노동부는 개인 능력의 신호기제라고 할 수 있는 자격의 현장성과 통용성, 그리고 일-자격-교육훈련의 연계성 확보를 위해 NCS를 기반으로 하는 자격제도의 개편을 추진하고 있다. 구체적인 정책의 내용은 다음과 같다. 첫째, 현행 국가기술자격의 출제 기준과 평가방법에 NCS를 적용하여 2015년까지 국가기술자격 총 526종목 중에 431종목에 대해 NCS를 반영하여 출제 기준을 개정 완료하였다. 그리고 출제 기준이 개정된 자격종목의 실기시험 평가방법을 NCS 및 산업 현장에 부합하도록 다양한 형태(예: 작업형→작품 제작, 도면 설계, 시뮬레이션)로 개선하였다. 둘째, 과정평가형 자격제도 도입을 통한 자격 취득 방식의 개편을 추진하였다. 즉, 학습을 통해 NCS 기반 자격을 취득하게 하는 과정평가형 제도를 도입하고 적용을 확대하고자 하였다. 과정평가형 자격제도는 NCS 기반의 지정받은 교육훈련과정을 체계적으로 이수하고 내·외부 평가를 통해 국가기술자격을 취득하는 제도다. 이를 위해 2014년 5월 「국가기술자격법」을 개정하고, 11월에 시행령·시행규칙을 개정하였으며, 2015년부터 NCS 기반 과정평가형 자격을 시행하였다. 그리고 2015년 기계·금형 분야 15종목을 우선 적용하고 점진적 확대('16년 30개 종목, '17년 60개 종목)를 추진 중이다. 셋째, NCS를 기반으로 한 신직업자격으로 자격종목을 재설계하였다. 이 자격은 산업현장에서 필요로 하는 자격종목(원형)을 NCS 기반으로 설계하여 향후 국가기술자격 종목의 신설, 폐지, 전환, 통합, 분할 등 개편에 활용하도록 자격종목을 재설계한 것이다. 신직업자격은 SC 등 NCS를 개발한 산업계가 주도적으로 추진하였으며, 총 24개 분야 600종목의 자격('14년 7대 분야 269종목, '15년 17대 분야 331종목) 설계를 완료하였다.

교육부와 고용노동부는 학교 교육, 직업훈련, 자격, 현장경력 등이 NCS를 기반으로 체계적으로 인정받도록 하기 위한 국가 차원의 인정 프레임인 국가역량체계(National Qualification Framework: NQF, 이하 NQF)를 구축하고 있다. 국가역량체계란 교육과 일자리가 연계될 수 있도록 NCS를 기반으로 학교 교육, 직업훈련·평생학습제도, 자격제도 등을 현장 중심으로 개편하고, 상호 연계하여 노동시장에서 스펙을 초월한 채용 시스템과 직무능력평가제를 구축함으로써 능력중심사회를 구현해 나갈 수 있도록 지원하는 핵심 기제를 의미한다(장명희, 이용순, 김선태, 옥준필, 박동열, 2014a). NQF는 NCS와 신직업자격 개발 역량이 있는 산업별 인적자원개발위원회(Industrial Sector Council: ISC)의 분야별 역량체계(Sectoral Qualification Framework: SQF)에 대한 모범 사례를 구축하여 확산을 추진 중이며, 교육부와 고용노동부의 협력과제로 2017년 구축 완료를 목표로 진행하고 있다.

(3) 직업교육에서 NCS의 가치와 역할

직업교육에 NCS를 적용하였을 경우 예상할 수 있는 가치와 역할을 구체적으로 제시하면 다음과 같다.

첫째, NCS는 직업교육의 인력 양성 목표와 역할에 대한 방향성을 제시해 준다. NCS 내에 직무별 인력 양성 유형, 내용 체계, 수준 체계가 제시되어 있고, 이러한 내용은 NQF와 연계되어 있어 직업교육을 담당하고 있는 학교급별, 학과별, 학생 수준별 직업교육훈련이 가능하도록 내용별·수준별 인력 양성 목표와 유형을 고용분류상의 직무별로 명확하게 구분하여 제시해 준다는 데 그 가치가 있다.

둘째, NCS는 직업교육과정 개발의 측면에서 효율성을 제공해 준다. 직업교육을 담당하고 있는 단위 학교가 산업 수요에 기반한 교육과정을 개발하기에는 수요 분석에 기반한 교육과정 개발과, 이를 구현할 수 있는 전문성과 비용적인 측면에서 한계가 있어 왔다. NCS는 이러한 직업교육과정 개발에 필요한 전문성과 비용 면에서 실행하기 어려운 사항들을 해결해 준다는 점에서 그 가치가 있다. 예를 들어, 직업교육과정을 개발하기 위해서는 일반적으로 다음과 같은 단계와 절차를 거친다.

[그림 3]에 제시된 직업교육과정 개발 단계와 절차는 단위 학교에 적합한 전공 및 학과 선정, 그리고 이에 기반한 교육과정을 개발하는 데 매우 중요한 구성 요소이자 단계다. 그러나 이 중에서 '산업사회의 직업군별 인력 수요의 현황과 전망' 단계와 '직무분석' 단계는 높은 수준의 전문성과 분석 비용을 필요로 하기 때문에 단위 학교에서 감당하기에는 한계가 있어 왔다. 통상적으로 직

업교육기관들은 학교수준의 교육과정 개발 시 [그림 3]과 유사한 절차에 의해 개발된 상위 학교급이나 지역 내 다른 학교의 교육과 정을 모방하여 왔다. 또한 불확실한 기업 정보 및 인력 수요와 부 정확한 직무분석에 기반하여 교육과정을 개발하여 왔다. 그러나 산업별 고용 분류와 직무분석에 기반하여 개발된 NCS를 교육과 정 개발단계에서 활용하면 국가수준에서 표준화된 직무분석의 내 용과 관련 직무에 대한 현황 자료를 손쉽게 활용할 수 있어 직업 교육 분야의 학교수준 교육과정을 개발할 때 많은 비용과 노력을 줄일 수 있는 장점이 있다.

셋째, NCS는 직업교육이 직무습득과 관련된 교육훈련을 수행 할 때 해당 직무와 관련된 인지적 · 정의적 · 심동적 영역의 학습 내용과 기술을 균형적으로 함양할 기회를 제공해 준다는 측면에

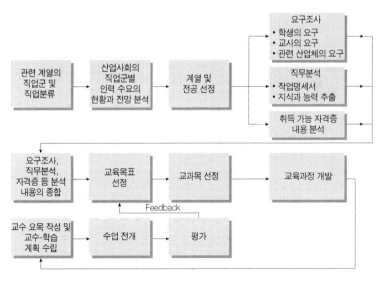

[그림 3] 직업교육과정 개발 단계와 절차

서 가치가 있다. NCS는 능력단위별로 해당 직무 내용과 관련된 지식, 기술, 태도, 그리고 이러한 직무가 구현되는 산업현장의 환경적 조건으로 구성된 체계를 가지고 있다. 그러므로 NCS기반 교육과정은 이를 이수한 학생들의 숙련의 균형성, 태도, 그리고 산업현장 적응 능력을 향상시킬 가능성을 높여 주는 역할을 하게 될 것이다.

넷째, NCS를 활용한 학습모듈은 기술적 내용의 전달 위주로 운영되었던 기존 직업교육의 교수·학습 방법에 대한 개선과 변화에 기여할 것이다. 학습모듈은 기본적으로 완전학습을 지향하고 있으며, 학습자의 개인차에 따른 수준별 자기주도적 학습이 가능한 교육방식을 기본으로 하고 있다. 이러한 특성을 참고해 본다면 학업성취도 측면에서 과거와 달리 다양한 스펙트럼을 가지고 있는 직업교육 참여 학생들에게 적합한 교수·학습 환경을 제공해 줄 수 있을 것이다. NCS는 1~8수준까지 직무의 내용을 능력단위 또는 능력단위요소에 따라 수준별로 구조화한 내용 체계이기 때문에 학습자의 개인차를 NCS에 포함되어 있는 능력단위와 능력단위요소별 내용 수준과 연계하여 수준별 학습을 가능하게 할 수 있다. 따라서 학습자 간 학업성취도 차가 있는 상황에서 NCS 수준에 따른 표준화된 내용체계를 활용하여 학습자 수준에 맞는 수준별 학습을 진행한다면, 대상자들의 학업성취도 및 기술 숙련도를 향상시킬 수 있다.

다섯째, NCS는 일-학습-자격 간의 연계뿐만 아니라 중등 단계-고등 단계-평생학습 단계를 비롯한 교육의 과정과 훈련의 과정을 연계해 개인 학습자의 능력을 필요 시간, 내용, 공간에 따라

연속적으로 개발할 수 있는 체계 구축이 가능하다는 측면에서 가치가 있다. 능력중심사회 조성과 역량 중심의 NCS 기반 인재 채용 확대 등 사회·문화적 변화에 따라 특성화고나 전문대학에 한정된 것으로 인식되던 직업교육의 범위가 4년제 대학 이상으로 확대되고 있는 상황에서, NCS는 이들 학교급 간을 비롯한 평생교육 차원에서 지속적인 직업능력개발을 할 기회와 이정표를 제공해 주는 역할을 하게 될 것이다. 특히 현재 4년제 대학의 학부교육이 전통적인 학문중심 교육에서 벗어나 다양한 실무중심 교육과정이나 프로그램을 편성·운영하고 있고, 일정 수의 4년제 대학이 NCS와 직업기초능력을 적용하여 일부 교육과정을 개편하거나 취업지원을 위한 프로그램을 개발·운영하고 있다는 점은 NCS를 기반으로 한 평생직업능력 개발체계와 다양한 접근 기회의 확장성에 기여할 수 있을 것이다.

여섯째, NCS는 직업교육을 통해 달성한 개인 학습자의 능력을 인정하는 기준과 체계를 제공해 준다는 측면에서 가치가 있다. NCS와 학습모듈에 제시된 수행준거를 비롯하여 이와 연계된 각종 NCS 기반 자격 제도를 통하여 개인이 함양한 능력의 내용과 수준을 기록 또는 인정받게 됨으로써 직업교육을 통해 체득한 능력에 대한 신호기제의 기준과 입직 및 직무 배치를 위한 수단적 기제로서의 역할을 담당하게 될 것이다.

일곱째, NCS를 기반으로 국내에서 공인받은 기술과 숙련이 글로벌화되어 가는 노동시장에서 인정받을 기회를 마련하고, 인력 이동성과 통용성을 확대할 수 있는 토대를 제공해 준다는 측면에서 가치가 있다. 따라서 NCS는 국가 간 인력 수준의 상대적인 위치를 판단할 수 있는 기준으로서의 역할을 할 것이다.

3. 직업교육에서 NCS 적용상의 문제점과 활성화 방안

1) 직업교육에 NCS 적용상의 문제점

NCS를 중심으로 한 교육과정의 편성 및 운영의 필요성에 따라 정부는 다음 [그림 4]와 같은 비전을 가지고 NCS 기반 교육과정의 편성 및 운영을 추진하였다(장명희 외, 2013).

이러한 기본 정책 모형에 맞추어 교육부는 '2015 개정 교육과 정'을 통하여 NCS를 기반으로 일-학습-자격이 일체화된 중등 단계 직업교육과정을 고시하였다. 또한 NCS 기반 교육과정이 학교 현장에서 안정적으로 적용되도록 학습모듈 개발, 공통과목과 NCS 기초과목을 위한 교과서 개발, 교육과정 운영역량 강화, 교육과정 운영 환경 및 여건 개선 등 교육과정의 적용을 지원하기 위해 다양한 정책을 마련하여 추진하고 있다. 구체적으로는 NCS 기반 교육과정 총론 및 각론을 개발하여 고시를 완료하였으며, NCS 기반 교육과정 운영역량을 강화하기 위하여 기초·심화·핵심 과정으로 이루어진 단계별 교원 연수와 직급별 교원 연수를 실시하고 있고, NCS학습모듈 수업 연구회, NCS 기반 교육과정의 조기 정착을 위한 학교별 컨설팅 등을 지원하고 있다. 교원의 역량 강화뿐만 아니라 NCS 기반 교육과정 운영 여건 마련을 위해 「지

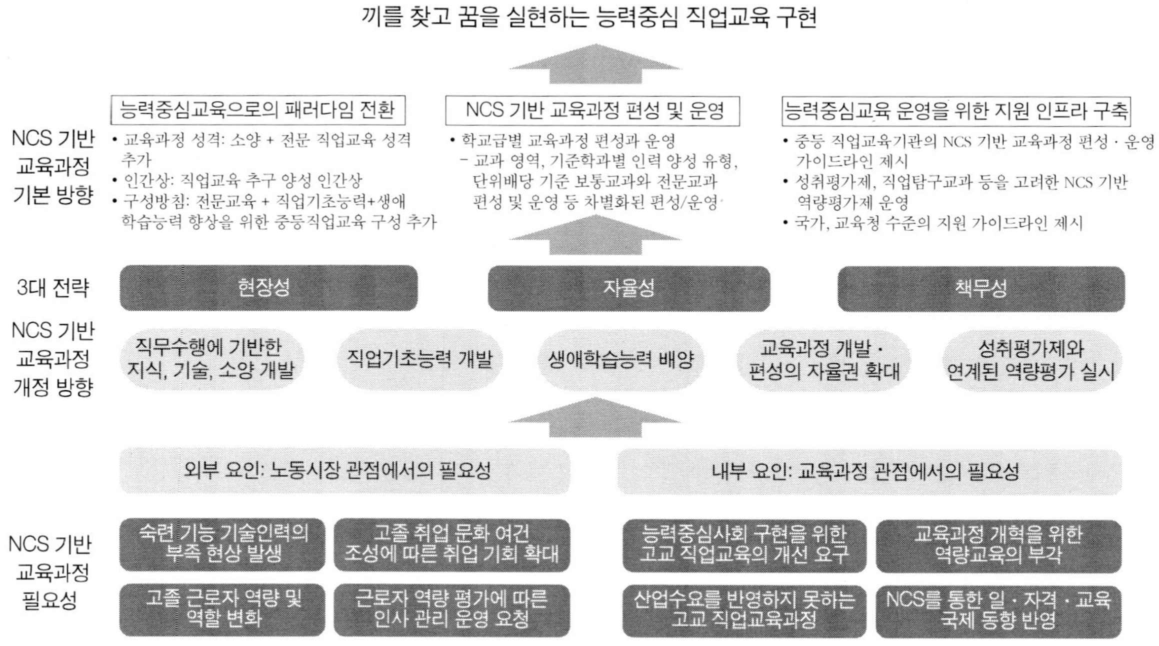

끼를 찾고 꿈을 실현하는 능력중심 직업교육 구현

NCS 기반 교육과정 기본 방향

능력중심교육으로의 패러다임 전환
- 교육과정 성격: 소양 + 전문 직업교육 성격 추가
- 이원성: 직업교육 추구 양성 인간상
- 구성방향: 전문교육 = 직업기초능력+생애학습능력 향상을 위한 중등 직업교육 구성 추가

NCS 기반 교육과정 편성 및 운영
- 학교급별 교육과정 편성과 운영
  - 교과 영역, 기준(과목)별 인력 양성 유형, 단위배당 기준 보통교과와 전문교과 편성 및 운영 등 차별화된 편성·운영

능력중심교육 운영을 위한 지원 인프라 구축
- 중등 직업교육기관의 NCS 기반 교육과정 편성·운영 가이드라인 제시
- 성취평가제, 직업탐구교과 등을 고려한 역량평가제 운영
- 국가, 교육청 수준의 지원 가이드라인 제시

3대 전략

현장성
- 직업기초능력 개발
- 직무수행에 기반한 지식, 기술, 기능, 소양 개발

자율성
- 생애학습능력 배양
- 교육과정 개발·편성의 자율권 확대

책무성
- 성취평가제와 연계된 역량평가 실시

NCS 기반 교육과정 개정 방향

외부 요인: 노동시장 관점에서의 필요성
- 숙련 기능/기술인력의 부족 현상 발생
- 고졸 취업 문화 여건 조성에 따른 취업 기회 확대
- 고졸 근로자 역량 및 역할 변화
- 근로자 역량 평가에 따른 인사 관리 운영 요청

내부 요인: 교육과정 관점에서의 필요성
- 능력중심사회 구현을 위한 고교 직업교육의 개선 요구
- 산업수요를 반영하지 못하는 고교 직업교육과정
- 교육과정 개편을 위한 역량교육의 부각
- NCS를 통한 일·자격·교육 국제 동향 반영

NCS 기반 교육과정 필요성

[그림 4] NSC 기반 고교 직업교육과정 개정 배경 및 비전

출처: 장명희 외(2013), p. 144.

방교육재정교부금법」시행령·시행규칙을 개정하여 NCS 교육과정 운영비를 신설하였고, 교과용 도서에 관한 규정을 개정하여 NCS학습모듈에 교과서 지위를 부여하는 등 다양한 법과 제도를 정비하였다(이민수, 2016, p. 12).

이렇게 추진되고 있는 NCS 기반 교육과정에 관한 인식에 대하여 이병욱 등(2016, pp. 51-62)은 특성화고·마이스터고 교원 431명을 대상으로 설문조사를 실시하였다. 조사 대상 교원들은 NCS 기반 교육과정이 적용된다면, 산업현장이 요구하는 인재를 양성할 수 있고, 산업현장과 연계된 교육이 가능하며, 산업현장 직무를 수행할 수 있는 '능력중심 교육'을 실시할 수 있다는 등의 기대에 대체로 동의하고 있었다. 그러나 2016학년도부터 실무과목 우선 편성 및 운영의 가능성에 대해서는 부정적인 것으로 나타났다. 그 이유로는 아직 학교 현장의 준비도가 높지 않고, NCS 기반 교육과정 운영에 필요한 NCS학습모듈이 불완전하고 중등 단계 교육용으로서의 내용 적합성 문제가 있으며, NCS 기반 교육과정을 운영하기에는 실험·실습 기자재가 부족하고, NCS와 NCS 기반 교육과정에 대한 교원의 이해 및 공감대가 낮으며, NCS를 기반으로 학교 교육과정을 개발하여 운영하기에는 NCS 자체가 여전히 문제가 있는 것으로 인식하고 있기 때문이었다.

특히 NCS 기반 교육과정에 편성된 실무과목 운영에 필요한 NCS학습모듈을 어떻게 활용해야 하는지에 대한 방법 미숙 등으로 NCS 기반 교육과정의 실행 가능성과 그 효과에 대한 불신이 큰 것으로 나타났다. NCS학습모듈이 교과서로서의 지위는 얻었지만, 그동안의 교수·학습 과정에서 구체적 학습 내용과 정보를 제공하였던 기존의 교과서가 아닌 기본적인 관련 지식과 산업 현장에서의 활용성 중심으로 구성된 학습모듈에 적응하지 못하고 있는 실정인 것이다. 따라서 NCS학습모듈과 단위학교와 연계된 산업체의 요구에 기반한 학습 내용을 상호 블렌딩하여 활용해야 하는 방법론의 변화에 익숙하지 않은 교원들은 새로운 교수·학습 패러다임 변화에 적응을 하는 데 많은 시간과 노력이 필요할 것이다. 아울러 학습 모듈에 의한 수업, 특히 실험·실습이 가능한 학습환경 구축 및 개선에 대한 요구도도 높은 실정이었다.

NCS 기반 교육과정으로 정규 교육을 이수한 학생들이 장차 산업계가 요구하는 숙련된 기술 인재로 성장할 가능성에 대해서도 교원들은 다소 부정적인 반응을 보였다. 그 이유는 NCS 기반 교육과정이 주로 단일 직무에 대한 집중훈련 위주의 교육을 실시하도록 구성되어 있어 학생이 다른 직종과 직무로 전이할 수 있는 다양한 능력을 갖추기 어렵고, 정해진 수준에 한하여 교육을 실시하기 때문에 숙련도를 높일 수 있는 교수·학습 과정을 운영하기에는 한계가 있다고 인식하고 있기 때문이었다.

이처럼 NCS를 중심으로 한 교육과정의 효과적인 편성 및 운영에는 많은 개선이 필요하다. 이미 정향진(2013)은 NCS 기반 교육과정 편성 및 운영에 NCS 및 NCS 기반 학습모듈 개발과의 연계, 현장성 및 활용성 확보, NCS학습모듈에 기반한 교육과정 편성의 용이성 확보 및 보급 방안 마련, NCS 네트워크 및 전달체계의 구축과 운용, 교육과 일자리의 연계를 위한 직무능력평가제 개발 등이 필요하다고 강조하였다. 장명희 등(2013)은 기획-개발-운영 단계별로 체계적인 지원체제 마련, 산·학 연계 체제가 전제된 관련 법령 정비를 통한 산업체 인사 참여 명시, 실무능력의 제고를 위한 실습환경 구축(환경 개선 및 지역사회의 유관기관 자원 활용), 직업교육 교원의 교사상 수립, NCS 기반 직업교육과정에서 효과적인 활용을 위한 관련 행정적·제도적 개선이 필요하다고 강조하였다. 실제로 NCS 기반 교육과정을 개발·운영한 경험이 있는 고용노동부의 실전·창의인재 양성사업 참여 학교들의 사례에 따르면, 실험·실습 장비 및 공간 부족을 해결하기 위한 행정적·재정적 지원, 적절한 학급 인원 수 조정, 전문교과 시수 및 실험 실습 시간 증가에 따른 전문교과 교원의 확충, 학교별·학과별 산업 연계 인프라 확충 등의 개선이 필요한 것으로 나타났다(최동선, 허영준, 정향진, 이병욱, 이자현, 2013).

4년제 대학들도 NCS 또는 직업기초능력을 교육과정에 적용함에 있어 어려움을 겪고 있다. 그 이유는 다음과 같다. 첫째, 4년제 종합대학의 교육목적과 가치에 NCS 기반의 특정 직무중심 교육이 과연 적합한가 하는 의문이 내부적으로 내재해 있다. 학문주의와 실무중심인 NCS 사이의 균형점을 찾을 수 있을 것인가, NCS 기반의 직무중심 교육으로 학술적인 연구를 위한 기초 교육이 미흡해지는 결과를 초래하지는 않을 것인가와 같은 우려의 목소리가 있다. 둘째는, NCS 기반 교육과정을 운영하기 위한 현장교육 연계 등의 인프라 구축과 학사지원을 비롯한 제반 사항들을 어떻게 해결해야 하는지 등 대학교육의 통합적 관점에서 제시되는 성공적인 롤모델이 없다는 것이다. 셋째는, 과연 능력중심사회 구현이라는 슬로건 아래, NCS 기반 교육과 사회 요구가 일치하는 공조체계가 이루어질 것인가에 대한 보다 근본적인 의문이 있다(백정하 외, 2016).

이러한 내용과 NCS 기반 교육과정 적용 시 기대되는 효과를 종합해 보면, NCS 기반의 중등 단계 직업교육과정뿐만 아니라 고등 단계 직업교육과정을 효과적으로 개발·운영을 하기 위해서는 우선 학교수준에서도 NCS 기반 교육과정의 개발과 운영의 용이성 확보 방안 마련, 실험·실습 기자재 재정비 및 확충, 교원의 현장 기반 교육역량 강화, 실습 수업 시 학생 수 감축 등이 요구된다. 그리고 명장 및 숙련 근로자 등을 학교 교육에 투입하는 현장 교수 지원, 산업체 직무능력평가제 도입과 운영, NCS 기반 취업 지원 등의 유관기관의 지원이 필요하다.

2) 직업교육의 NCS 적용 활성화 방안

직업교육(특히 직업교육과정)과 NCS라는 두 가지 핵심어를 효과적으로 연계하여 활성화할 방안을 제시하면 다음과 같다. 직업교육과 NCS의 연계 활성화를 위한 핵심 사항은 직업교육기관이 양성하게 될 인적자원에 대한 산업체의 요구를 반영하고, 현재 개발되었거나 향후 개발될 NCS에서 해당 대상별 직업교육기관의 학생 수준과 요구에 적합한 교육내용을 선정, 재구조화 그리고 체계화하는 것이라 할 수 있다. 교육내용의 선정 및 재구조화는 ① NCS 능력단위별 학습모듈을 선정하여 조직하는 방안, ② 유사 NCS 능력단위로 교과목을 구성하는 방안, ③ NCS를 참고하여 산업체의 요구와 기존 교육과정의 간극 분석(gap analysis)을 통한 내용의 재구조화 방안, ④ 현재 NCS가 개발되어 있지 않거나 재조정이 필요한 경우에는 신규개발 또는 기존의 유사한 NCS 또는 직무분석 내용을 전용하여 교육과정을 업그레이드하거나, 직접 부분적인 직무분석을 실시하여 교육과정을 개발하는 방법을 활용할 수 있다.

그러나 직무분석은 과거에 존재하였던, 그리고 현재에 존재하고 있는 직무만을 분석할 수밖에 없는 한계를 가지고 있다. 따라서 이를 기반으로 개발한 교육과정 또는 프로그램은 미래지향적이지 못할 가능성이 크다. 그리고 NCS 기반 교육과정을 이수한 학생들에게 이를 기초로 다양한 방면으로 진출할 가능성을 높여 주어야 함에도 불구하고, NCS 기반 체제로는 진로경로 선택을 특정 분야로 국한할 수가 있다. 특히 중등 단계 직업교육기관인 특성화고 등에서 조기에 구체적이고 특정한 직무 중심의 교육훈련을 제공할 경우 학생 진로가 제한될 수 있는 한계를 가지고 있다. 아울러 직무분석에 기반한 교육과정 개발 방법들은 변화가 극심한 산업기술 분야의 특성을 반영하지 못할 수도 있다. 직무분석에도 많은 비용과 시간이 요구되고, 이를 체계화하고 표준화하는 데에도 전문성과 경험을 겸비한 인력의 투입이 요구되기 때문이다.

따라서 직업교육기관의 교육과정과 NCS의 연계 활성화를 통해 양성된 인력에 대한 신뢰도를 노동시장에서 높여 줄 수 있는 시스템을 구축하면서 앞서 언급된 한계를 극복할 방안을 마련하는 것이 필요하다.

(1) NCS와 이에 기반한 교육과정의 개발 및 개정 방식 개선

NCS의 필요성은 직업교육 담당 학교와 산업체에서 점차 인정받고 있는 추세이나 대상 직종과 직무의 내용 범위와 체계 그리고 수준 설정이 명확하지 않고, 많은 재정적 비용 투입 대비 그 효과에 대한 검증도 이루어지지 않고 있다. NCS에 기반한 직업교육과정 개발과 관련한 방향성과 그 방법론의 중요성을 많은 연구에서 지적하고 있음에도 불구하고 '학교수준에서의 인력양성 유형과 목표 설정은 무엇을 근거로 어떻게 해야 하는가?', '교육과정은 어떻게 설계할 것인가', '교육과정 개발 및 운영은 어떻게 해야 하는가' 그리고 '학교 교육과정과 개인 능력 평가, 인증, 인정은 어떻게 할 것인가'에 대한 논의는 부족한 실정이다. 단순히 직업교육과 훈련에서의 NCS의 필요성과 개발 수준 및 범위, 직업교육과정과의 연계 가능성, 그리고 다양한 측면에서의 기대 효과에 주안점을 두고 있다. NCS와 이를 기반한 교육과정의 개발 및 개선을 위한 투입 비용 대비 그 활용 가능성과 효과성을 증가시키기 위해서는 소위 '좋은 사례'의 개발과 지원을 위한 노력이 필요하겠지만, NCS와 이에 기반한 교육과정의 개발 및 개정 방식의 개선을 통하여서도 효율성과 효과성 제고라는 목표를 달성할 수 있다. 구체적인 내용을 제안하면 다음과 같다.

첫째, NCS를 현재보다 대강화·요강화하고, 개발 대상 직무의 수준과 범위 결정에 관련하여 충분한 전문가의 논의 시간 보장 및 검증 시스템을 구축하여야 한다. 현재와 같은 NCS 개발 방식에 있어 고용분류(KECO)상의 전 직종의 직무 내용을 매우 구체적이고도 세부적으로 개발하여 제공하기보다는 산업기술 변화와 현장 기술 수준의 변화 등을 반영하고 개정이 요구될 상황에서의 수용성을 증대시키기 위해 대표 직종의 NCS를 기준으로 표준 내용의 기준과 수준, 그리고 범위를 대강화하고 요강화할 필요가 있다. 너무 세부적인 내용을 표준화하고 이를 중앙정부차원에서 그 적용을 강제하다 보면 직업교육기관에서의 교육과정 개발, 적용, 운영상의 어려움을 초래할 가능성이 크고, 직종 간의 통합과 융합이 요구되는 분야의 교육훈련과정 개발 시 오히려 장애물이 될 수 있다. 또한 해당 직무와의 관련성이 높은 산업 분야에서도 그 활용 및 적용 가능성에 경직성을 부여할 수 있기 때문에 NCS 개발 내용을 핵심 작업의 능력단위를 중심으로 대강화 · 요강화하여 제시할 필요가 있다. 대강화와 요강화의 수준과 범위는 해당 업종의 특성 및 활용의 수준과 범위를 기준으로 직종별로 정하여야 한다. 개발 초기 단계에는 중앙정부의 관여가 필요할 수도 있으나 기본적인 체계가 구축되고 여건이 마련되면 그 역할을 관련 산업 분야 및 산업부문별 협의체(sector council)로 과감하게 이관하여 운영하여야 한다.

둘째, NCS와 이에 기반한 교육과정의 부분 수시 개정 체제를 현재보다 훨씬 용이하게, 그리고 유연하게 하여야 한다. 지금까지 우리나라에서 수행되어 온 국가 수준의 중등 단계 직업교육과정 개정의 특성은 개별적인 산업기술과 직무의 진보 및 변화의 질적 · 양적 · 시간적 차이가 존재함에도 불구하고 모든 대상 직종과 관련한 교과 교육과정을 일시에 개정한다는 의미에서 일시적 개정 방식을, 그리고 모든 교과 교육과정을 전면적으로 개정하는 의미에서 전면적 개정이었으며, 몇 년의 간격을 두어 주기적으로 개정이 이루어졌다는 점에서 주기적 개정으로 요약할 수 있다.[2] 이

2) 주기적 개정은 일정 기간(5~7년)을 주기로 하여 개정 작업을 추진하는 것을

와 같은 '주기적 전면 일시' 개정 방식은 제7차 국가 수준 교육과정 이후로 부분 수시 개정 방식으로 변경되었음에도 불구하고, 여전히 주기적 전면 일시 방식에 준해서 교육과정 개정이 이루어지고 있다. 교육과정 개정 시 보통교과 교육과정에 비해 정책적 관심과 투입 비용의 측면에서 소외되는 경향성이 있는 우리나라 직업교육과정의 개정 과정에서 주기적 전면 일시 개정 방식은 직업교육에 요구되는 새로운 변화를 광범위한 영역에 걸쳐 신속하게 파급시키는 효율성의 측면에서 상당히 이상적이었으나, 그 본래 의도와는 다른 모습을 띠는 경향이 있어 왔다. 그 이유는 그것을 운용해 온 방식과 개정 여건의 제약으로 만족스러운 결과를 얻지 못하였기 때문이다. 특히 산업 및 기술 변화는 그 수준과 범위가 커지고 가속성을 띠는 경향이 있기 때문에 이러한 요구를 반영하기 위해서는 NCS 및 이에 기반한 교육과정의 개발과 개정 방식의 변화가 필요하다.

NCS의 개발 및 개정과 이를 기반으로 한 직업교육을 위한 교육과정 개선 논의의 또 한 가지 방향은 '전면 개정이냐, 부분 개정이냐'라는 측면이 될 수 있다. 이러한 논의는 주로 해당 직종과 관련한 산업 및 기술 변화와 직업교육과정 변화의 규모, 즉 개정 작업의 양과 범위를 어떻게 할 것인가에 중점을 두는 것을 의미한다.

의미하는 반면, 수시 개정은 기간을 설정하지 않고 문제가 있을 때마다 국가기관(예: 교육과정은 한국교육과정평가원, NCS는 한국산업인력공단)이나 민간의 업종별 협의체가 산업체 및 직업교육기간의 요구를 받아들여 수시로 개정하는 것을 말한다. 주기적 개정 방식의 장점은 NCS 및 직업교육의 교육과정 관리가 용이하다는 데 있다.

전면 개정은 NCS 및 이를 기반으로 한 국가수준의 교육과정 총론을 비롯한 모든 영역의 전체 수준이나 특정 교과 교육과정의 전체를 의미하기도 하며, 학교급 또는 직업교육 기관에 따른 모든 교과의 교육과정을 바꾸는 것을 의미한다. 이에 비해 부분 개정은 NCS 및 이를 기반으로 한 교육과정 일부의 변화를 추구하는 것을 의미한다.

일시와 분할에 대한 논의는 개정 작업을 추진하는 방식, 특히 시간 차원에 관련된 것이다. 일시 개정은 직종별 NCS와 직업교육의 교육과정 변화가 시급하여 주어진 기간 내에 한꺼번에 변화를 시도하는 경우인 데 반하여 분할 개정은 변화의 우선순위를 설정하여 개정 과업의 추진 시점이나 기간을 직종별, 교과별, 학교급별, 학년별, 대상별 등 어떤 방식으로든 달리하여 순차적으로 추진하는 것을 의미한다. 이것은 직종별 변화 정도 또는 이와 관련한 교육과정 변화가 비교적 덜 시급하거나, 또는 NCS 및 이를 기반으로 한 교육과정의 문제가 심각하고 손질되어야 할 규모가 커서 오히려 단계적으로 다루어야 하는 상황에서 유리할 수 있다.

(2) 직업교육과정 평가에 의한 교육훈련의 질 관리 및 자격과의 연계 활성화 방안 구축

직업교육과 NCS의 연계를 활성화하기 위한 목표이자 선결 조건은 직업교육의 신뢰 체제를 구축하는 것이다. 이를 위한 구체적인 활동으로는 NCS를 기반으로 한 교육과정을 운영하는 직업교육기관의 자율성 보장과 책무성의 강조, 그리고 교육의 질 제고 및 질 관리 방안 구축으로 요약할 수 있다. 특히 질 제고 및 관리

방안의 필요성은 우리나라 직업교육기관과 산업체의 신뢰관계를 구축하는 데 중요한 매개체 역할을 하게 될 것이다.

교육훈련의 질, 구체적으로 교육과정의 질을 관리하기 위한 최적의 대안은 교육과정 평가다(배호순, 2000). 직업교육도 마찬가지로 이러한 교육과정의 평가를 통한 질 관리가 전제되어야 이 과정을 통해 인정받게 된 능력에 대한 시장에서의 신뢰와 질을 관리할 수 있다. 교육과정에 대한 평가가 질 관리에 최적의 방법으로 인정받는 이유는 교육과정 개선에 대한 의사결정을 내리기 위하여 정보를 수집하고 이용하는 과정이 교육과정 평가의 가장 주된 목적이기 때문이다(Cronbach, 1963; Stufflebeam, 1972). 즉, 이 과정을 통한 배출 인력의 능력 인정과의 연계가 결국 해당 인력의 숙련에 대한 능력과 수준을 인정하는 것이다. 이러한 직업교육과정의 질 관리와 그 효과성을 자격으로 전이하는 데 교육과정 평가의 궁극적인 목적이 있으며, 이러한 활동이 NCS를 기반으로 한 과정 평가형 자격 제도와 연계되어 운영되어야 한다.

직업교육과정에 대한 평가는 NCS라는 기준과 표준에 근거하여 추진될 필요가 있고, 직업교육기관 교육의 질 관리라는 거시적 차원뿐만 아니라, 합리적이고 지속적으로 교육과정을 개선하여 양질의 능력을 갖춘 인적자원을 산업체에 제공하게 하고 학습자들을 산업사회에 잘 적응시킬 방안이 될 수 있다는 점에서 중요한 의미를 가진다. 직업교육기관 수준의 교육과정 성과가 교육의 목적 및 산업체의 목적을 달성하는 데 얼마나 유효한 기여를 하였으며 긍정적인 영향력을 미쳤는가를 체계적으로 분석하고 평가하는 일은 매우 의미 있는 활동이다.

한편, NCS를 기반으로 한 직업교육과정에 대한 평가가 뿌리를 내리기 위해서는 일반적 수준의 교육과정 평가도구보다는 세밀하게 발전시킨 평가도구가 필요하다. 이 도구는 교과별, 학과별, 계열별, 기관별 교육과정의 특수성과 운영 실태를 여실히 반영한 평가척도여야 한다. 직업교육과정에 대한 평가도 그 필요성이 강조되었으나, 실제 적용할 수 있는 평가 모형과 도구는 찾아보기 어렵다. 따라서 직업교육기관이라는 기능별 특성을 반영하여 개발된 평가준거로 그 적용에서부터 평가결과 활용에 이르기까지 일반학교와 차별화하기 위한 노력이 있어야 한다.

직업교육과정을 평가하려면 우선적으로 고려해야 할 몇 가지 문제가 있다. NCS와 이를 기반으로 한 자격과의 연계를 염두에 둔 교육과정이면 특히 그러하다. 예컨대, 무엇을 평가하여야 하는가의 문제를 비롯하여 도구 개발의 문제, 평가 방법상의 문제, 누가 평가해야 하는가 하는 문제, 그리고 교육과정 평가 결과의 활용 방안에 대한 문제 등이다. 자격연계 인정 과정으로서의 직업교육과정을 염두에 둔다면 이 중에서 무엇보다도 중요한 것은 평가의 대상, 즉 무엇을 평가해야 하는가와 그에 따른 신뢰할 수 있고 타당한 평가 도구와 절차라고 할 수 있다. 그리고 무엇을 핵심적으로 평가하여 이를 자격과 연계할 것인가와 관련한 사항이라 할 수 있다. 따라서 과정평가형 자격제도를 포함한 다양한 형태의 자격 연계에 의한 직업교육과정의 질을 제고하여 관련 직종의 노동시장으로부터 신뢰를 구축하기 위해서는 교육과정 평가 또는 프로그램 평가 도구와 절차를 마련할 필요가 있다. 이러한 교육과정 평가 및 프로그램 평가 도구와 절차는 직종의 특성과 NCS의 표준 특성, 그리고 직업교육기관의 교육과정 및 프로그램 특성에 기반하여 개발되어야 할 것이다.

(3) 직업교육과정의 정상적 운영에 초점을 둔 NCS 기반 자격 제도 운영

기능 · 기술 인력 양성을 목적으로 하는 직업교육기관의 경우 산업과 기술의 변화를 반영할 수 있는 교육과정의 다양화, 특성화, 자율화, 그리고 탄력적인 교육과정의 설계, 개발, 운영, 평가가 필수적이다. 그 이유는 기술 변화와 가속화에 의해 산업 현장에서는 직무와 직종의 변화가 빠른 속도로 나타나고, 이에 부합하는 예비 산업인력을 양성하기 위해서는 직업교육기관 교육과정의 개선이 필요하기 때문이다. 아울러 교육과정의 변화에 따른 자격과의 연계를 염두에 둔 인정 기준과 방식, 절차, 활용 등에 관한 개선도 필요하다. 직업교육에서 NCS에 기반한 교육과정은 산업 수요를 교육 내용에 반영하는 합리적인 접근 방법으로 강조되고 있다. 그러나 왜 합리적인 접근 방법인지에 대한 논리와 증거는 아직 시행 초기라 다소 미흡한 실정이다. 다만, NCS 기반 교육과정이 과정보다는 성과 중심의 교육 운영으로 직업교육의 질 제고에 기여할 뿐 아니라 인력 양성 및 평가에 산업별 협의체 등이 참여함으로써 현장중심 교육과정 운영이 가능하다는 점은 설득력을 얻이 가고 있는 상황이다.

직업교육에서 NCS가 의미를 가지는 것은 노동시장이 요구하는 일-교육-자격이 연계된 현장중심, 능력중심의 직업교육이 설계되고 실행될 수 있는 조건이 충족될 때 가능하다. 이러한 조건을 충족하기 위해서는 NCS 기반 교육과정과 NCS 기반 자격제도의 연계가 선행되어야 한다. 이처럼 NCS 기반 자격제도와 직업교육의 연계를 시도할 때 교육과정을 기준으로 자격과의 연계를 논의할 것인지, 그렇지 않으면 자격의 기준과 관련된 사항을 중심으로 교육과정을 논의할 것인지에 대해서는 관점이나 정책 수립의 무게 중심에 따라 달라질 수 있다. 다시 말해, 교육과정의 정상화와 질 제고를 통하여 노동시장이 요구하는 고품질의 숙련 인력 양성에 초점을 맞춘다면 교육과정을 기준으로 해야 하고, 어느 직업교육과 관련한 교육과정을 이수하거나 자격 체계를 통한 검증에 의해 노동시장에 진입하고자 하는 인력의 능력을 검증하고 확인해 주는 역할 체계를 중시한다고 한다면 자격체제 구축에 주안점을 두고 연계 활성화 방안을 논의해야 할 것이다. 현재의 NCS 기반 신 자격제도를 비롯한 과정평가형 자격 제도에 대한 국가 정책은 후자를 강조하는 형태이나, 직업교육의 목적과 의미를 살린 NCS의 적용을 위해서는 후자에서 전자로 관련 정책의 방향성이 이동될 필요가 있다.

(4) NCS 기반 각종 제도 활용의 자율성 보장

직업교육 분야에서 NCS가 본래의 도입 취지에 부합하게 활용되기 위해서는 직업교육을 담당하는 기관들에 NCS 선택 및 활용 상의 자율성과 책무성을 과감히 부여하여야 한다. 이러한 측면에서 다음과 같은 세 가지 사항을 고려하여야 한다. 첫째, NCS 활용은 모든 직업교육기관, 모든 학과의 일괄 적용보다는 각 직업교육기관의 여건을 고려한 개별성을 인정함으로써, 기관별·학과별로 도입의 필요성 판단 여부에 따라 개별적으로 적용하도록 해야 한다. 둘째, 직업교육에서의 NCS 활용은 각 기관의 특성을 반영한 다양성을 추구해야 한다. 셋째, 직업교육에서의 NCS 활용은 활용의 연계 및 확장을 위해 유연성을 확보해야 한다. 모든 직업교육기관에 NCS 또는 NCS 기반 교육과정의 전면적 적용을 강요하는 것은 각 기관이 가지는 독특성에 기반한 차별화된 교육 설계 및 실행 기회를 축소하게 할 것이며, 교육력 제고를 위한 자율성을 왜곡하는 결과로 연결될 가능성이 크다.

4. 나가며

사회와 기술 변화의 가속화가 이루어지고 있는 맥락적 상황 속에서 과거의 직업교육이 현재를 거쳐 미래 사회가 요구하는 직업교육으로 자리매김할 수 있기 위해서는 직업교육의 사회적·경제적·교육적 역할과 기능이 어떠해야 하는가에 대한 논의가 매우 중요하다. 이러한 논의 속에서 인적자원에 대한 요구를 바탕으로 인력의 양성, 선발, 배치, 활용과 관련한 국가수준의 표준을 설정하고 이를 참고(reference)할 수 있는 내용 체계와 수준을 담은 공공재를 개발하여 활용하는 것은 유의미한 시도다. 이러한 관점에서 국가 및 산업의 발달 단계에서 변화되고 있는, 어쩌면 당연히 변화해야 하는 직업교육에서의 NCS의 가치와 역할을 논의해 보고, 그 적용과 활용성을 탐색해 보는 것은 필요하다. 이러한 과정을 거쳐 도출된 시사점에 더하여 직업교육에서의 NCS 적

용이 더욱 활성화되기 위해 필요한 정책적 제언을 제시하면 다음
과 같다.

첫째, 직업교육에서의 NCS의 활용성을 제고하고, 우수한 사례
를 확산하기 위해서는 정부 부처 간의 보다 밀착된 협업과 필수
업무의 통합을 위한 노력을 기울여야 한다. NCS 개발과 적용을
위한 정책적 역할 분담을 하고 있는 교육부와 고용노동부는 직업
교육과 직업훈련의 통합이라는 관점에서 상호 정보를 교류하고
활용할 수 있어야 한다. 그리고 정책 수단의 통합적 공유 및 활용
을 위해 상호 유기적 협력 체제를 구축하고, 필요에 따라서는 정
책 담당관의 상호 파견을 통해 업무의 상생적 연계를 시도하여야
한다.

둘째, 공공재로 개발된 NCS의 활용성을 극대화하고 이러한 과
정 속에서 NCS의 내용적·구조적 문제점을 보완하기 위해서는
이를 학교 단위에서 활용하는 중요 주체인 교원들의 이해도를 높
일 수 있는 수단 마련이 요구된다. NCS 기반 직업교육과정의 편
성 및 운영에 대한 교원의 실질적인 이해를 높이고 공감대를 확산
하기 위하여 산업계를 포함한 사회 전반에 걸친 홍보와 교원 연
수를 보다 확대하여 실시할 필요가 있다. 특히 단위학교에서 NCS
기반 직업교육과정의 편성 및 운영에 대한 국가수준의 구체적인
지침과 더불어 NCS 기반 국가수준 교육과정 해설서, NCS 활용 가
이드 등을 제공하여야 하며, 이를 위해 학교 현장 교원의 현장성
높은 의견을 반영해야 한다.

셋째, NCS와 학습모듈이 학교 교육과정에 효과적으로 편성 및
활용될 수 있도록 NCS와 학습모듈을 지속적으로 보완하고 개발

해야 한다. 특히 NCS 기반 직업교육과정이 적용 가능성 높은 교육과정으로 개발 및 운영되기 위해서는 NCS와 학습모듈의 보완 과정에서 산업계가 전면적으로 참여하는 것이 바람직하므로 이를 위한 산업계 대상 홍보와 제도적 지원이 요구된다. 그리고 NCS 학습모듈을 학교 수업에 활용하기 위한 학습모듈 활용방안에 대한 안내와 학습모듈 활용과 관련한 교수학습연구회 활동을 적극적으로 지원하여, 실제 수업에 효과적으로 적용할 수 있는 다양한 방안이 마련되어야 한다.

넷째, NCS 기반 직업교육과정의 효과적인 운영을 위하여 단위학교의 실습기자재, 실습실, 학급당 학생 수 감축, 교원 확보 등의 교육 환경 개선이 요구된다. 이를 위한 NCS 기반 직업교육과정의 교육 환경 기준 개발과 소요되는 예산 추정과 관련된 연구를 실시할 필요가 있다.

다섯째, NCS 기반 직업교육과정의 효과적인 운영을 위해서는 산·학 협력을 기반으로 한 학교-산업체-유관기관의 협업이 요구된다. 이를 위해 NCS 기반 직업교육과정을 편성·운영하는 학교에 산·학 협력 지원기구를 설치하고, 산·학 협력 지원기구의 운영 매뉴얼을 개발할 필요가 있다.

여섯째, 아직 전문대학을 비롯한 4년제 대학에서 NCS 적용에 대한 이상적인 시도와 모범적인 모델이 충분하지 않다. 현재 대학의 NCS 적용 수준은 대학들의 자구적인 목적에 의해 적용해 보려는 도입단계로 NCS 활용 방법과 그에 따른 성과를 확인하기에는 이른 시점이다. 그리고 NCS 적용 과정 또는 절차들이 구체적으로 체계화되어 있지 못한 상황이다. 4년제 대학들이 NCS 적용을 선뜻 할 수 없는 근본적인 문제는 NCS에 대한 명확한 이해 없이 막연한 인식에 근거하기 때문이라고 볼 수 있다. 근본적인 문제 해결을 위해서는 4년제 대학 교직원들을 대상으로 NCS에 대한 체계적인 교육과 현장직무교육을 위한 기업 연계, 즉 산·학 협력 체제 구축이 필요하다. 그러나 무엇보다도 4년제 대학의 대학별 교육목표 및 인재양성 방향과 연계하여 자체적인 NCS 수용 의지를 촉진할 필요가 있다. 학사 이상 수준의 능력단위가 NCS에 존재하고 있음을 인지하고 대학에서도 이 수준에 적합한 내용을 바탕으로 교육과정을 운영하도록 홍보와 활용을 장려할 필요가 있다.

일곱째, 고교-대학-산업현장을 연계하는 평생경력개발 차원에서 NCS 적용이 이루어질 필요가 있다. 대학은 선취업 후진학, 능력중심사회 이행의 중심자로서의 역할을 재정립하고 근로자의 평생경력개발의 선도 모델을 제시할 필요가 있다. 이를 위해서는 평생교육과 후진학 요구 등을 반영한 NCS 기반 교육체계와 관련한 포지셔닝이 요구되며, 정부는 이러한 의지를 가진 대학에 대한 정책적 지원을 강화해야 한다.

NCS에 대한 인문학적 · 철학적 성찰,
"능력중심사회는 가치의 혁명이다."

김진실
한국산업인력공단 NCS기획운영단장

1. 들어가며

　우리 청년들……, 우리의 미래……, 유감스럽게도 전망이 좋지
않다. 대학은 고시생과 영혼 없는 회사원, 다수의 임시직 노동자
를 양성하는 곳으로 변모해 왔다. 대학생들은 영어 점수를 따거나
학점과 스펙을 관리하는 데 급급하여 정작 소양을 위한 독서는 하
지 못한다. 더욱이 '나는 누구인지' '내가 진정 원하는 삶은 무엇인
지' '지금 세상이 어떤 방향으로 흘러가는지' 그리고 '내가 원하는
삶을 실현하기 위해 나는 어떻게 살아야 할지' 고민하거나 토론할
겨를도 없다(전광필, 2007). 때문에 국가 차원에서는 눈부신 경제
발전을 하였음에도 불구하고 대다수 국민은 그리 행복하지 못한
듯하다. OECD 국가와 비교해 볼 때 우리나라 국민의 행복지수는
매우 낮은 수준이며, 자살률이나 이혼율이 매우 높다는 사실은 그
단적인 예다.

행복이란 객관적으로 '이것'이라고 말할 수 있는 어떤 현상 또는 특성이 아니라 어디까지나 주관적인 문제다. 행복지수를 '욕망의 달성도/욕망'으로 규정한다면, 이를 높이기 위한 전략은 분자를 크게 하고 분모는 작게 만드는 방법을 구사하는 것이다. 즉, 부귀영화, 무병장수, 타인과의 비교를 통한 상대적 우월성 등과 같은 욕망에 해당하는 부분을 줄이도록 노력하면 행복지수는 더 높아질 것이다(이종승, 2016).

에리히 프롬은 존재로서의 삶을 실현하기 위해서는 사회 구조적 변혁과 개인의 심리적 혁신 등 모든 측면에서 변화를 위한 노력이 필요하다고 하였다. 그에 따르면, 사회구성원은 각자의 사고와 행위, 태도에서도 변화하여 존재적 실존양식을 지닌 새로운 인간의 성격 구조를 실현해야 한다. 진정한 의미의 존재하는 삶을 위해 가능한 한 탐욕과 증오 그리고 그릇된 환경을 줄이고, 모든 형태의 소유를 기꺼이 포기할 마음가짐을 가져야 한다. 말로는 쉽다. 하지만 소유와 눈에 보이는 스펙을 중요시하는 물질만능사회, 외모지상주의, 치열한 경쟁사회 속에서 자신의 욕망을 줄여 행복감을 높인다는 것은 그리 쉬운 것이 아니다. 한두 사람의 노력으로 될 것도 아니다. 국가사회적인 가치의 패러다임 전환이 필요한 시점이다. 소유보다는 존재, 보여 주기식 스펙보다는 그 사람의 진면목을 인정해 주는 그런 사회가 되어야 한다. 이러한 사회로 변모하기 위한 한 가지 중요한 기반은 최근 정부에서 구축하려고 노력하고 있는 '학벌이 아닌 능력중심사회'이며, 그 핵심 기제는 NCS다. NCS는 'National Competency Standards'의 약자로, 일을 하는 데 필요한 능력(역량)들을 알려 주는 자료다. 이를 활용하

NCS에 대한 인문학적·철학적 성찰, "능력중심사회는 가치의 혁명이다."

여 그간 스펙 위주로 작동되어 왔던 우리 사회를 바꿀 수 있다.

　우리나라가 스펙 위주의 사회가 될 수밖에 없었던 원인은 사람을 평가하는 데 딱히 기준이 없었기 때문이다. 마땅한 기준이 없으니 시험을 통해 높은 점수를 받은 사람이 낫겠다는 평가문화가 팽배해 왔다. 이 결과 모두가 공부라는 한 가지 길에만 매달렸다. 공부를 왜 해야 하는지에 대한 당위성을 고민하지 못하고, 내가 한 공부가 어디에 활용되는지 알지 못한 채, 막연하게 공부를 잘해야만 성공할 수 있다는 기대감 하나로 버텨 온 것이다. 30년 죽어라 공부하고, 30년 죽어라 일하며, 40년 허송세월로 노년을 보내는 죽어 가는 사회⋯⋯. 과연 맞는 것일까? 공부를 잘하는 사람이 꼭 일을 잘하는 것인가? 인성검사 점수가 높은 사람이 과연 인성이 좋을까? 사람을 키우고 사람을 평가함에 있어서는 사람의 능력만큼 다양한 잣대가 있어야 한다. 사람의 능력은 사람마다 다양하기 때문에 획일적으로 키우고, 획일적으로 평가해서 줄 세우는 사회는 사람들의 행복을 저해할 수밖에 없다. 능력중심사회는 가치의 혁명이다. 능력에 대한 가치를 새롭게 정립하면 우리 사회의 모든 것이 바뀔 수 있는데, NCS를 단순히 국가사업을 진행하는 도구(tool)로 취급하는 현실이 안타깝다. 일을 하는 데 필요한 능력(competency)은 그동안 기업의 비밀이었다. 특정 기업에서 요구하는 역량에 대한 정보를 얻기 위해서는 값비싼 사교육이라도 받아야 했다. 하지만 지금은 NCS를 통해 모두 공개되어 자신이 가고자 하는 목표 분야만 선택한다면 어떠한 능력이 필요한지를 알 수 있다. 그럼으로써 전 사회적으로 가치의 변화가 일어날 수 있게 되었다.

필자는 실제 NCS 업무를 하면서 많은 사람을 만나고, 어떤 것이 우리 삶을 변화시키는지에 대하여 고민해 왔다. 우리는 일상의 문제들과 부딪히거나, 사람이 이해되지 않을 때, 문득 아무것도 하기 싫고 이렇게 살아도 되나 싶을 때, 삶이 힘들고 고독하게 느껴질 때가 있다. 누구나 한 번쯤은 고민했던 인생의 질문들······(박홍순, 2014). 내 인생은 왜 이렇게 힘들기만 할까? 의미 있게 살기 위해서는 무엇이 필요할까? 내 맘대로 되는 일은 왜 하나도 없을까? 사람들 사이의 갈등은 어떻게 풀 수 있을까? 신을 믿지 않으면 불행해지는 걸까? 살아가는 데 신념은 꼭 필요한 걸까? 나답게 산다는 것은 무엇일까? 그리고 NCS가 그 답을 찾기 위한 하나의 나침반이 될 수 있을까?

NCS가 지향하는 바가 '아는 것'을 넘어서 '할 수 있는 것'이라면, '아는 것'으로 끝나는 것이 아니라 '생각하여 행복하게 살아가는 방향을 제시'하는 인문학·철학에도 의미하는 바가 있지 않을까 싶다. 필자는 이 자리를 통해서 과연 NCS가 인생을 살아가는 데 어떤 의미를 갖는지를 성찰해 보고자 한다.

2. NCS에 대한 오해와 진실

인문학 전공자도 아닌 사람이 감히 인문학과 철학을 논의한다는 것이 이상할 수도 있겠지만, 한 인간으로서 자신의 삶을 어떻게 살아가야 할지 한 번이라도 고민한 사람이라면 누구나 인문학자, 철학자가 될 수 있지 않을까 싶다. 인문학은 책만 읽는 학문이 아니다. 문자 그대로 '인간을 공부하는 학문이고, 인생을 공부하는 학문이다'.

특히 인문학은 자신이 진정으로 원하는 것이 무엇이고, 행복한 삶은 무엇인가에 대하여 방향을 제시한다. 우리에게는 끊임없이 자신을 성찰하고 익숙한 것들에 대한 비판적 사유를 통해 새로운 의미를 찾아내려는 '인문학적 성찰'이 필요하다.

국가 차원에서의 눈부신 경제발전을 했음에도 대다수 국민은 행복하지 못한 현실을 감안할 때, NCS가 남들에게 과시하려는 욕구를 자기 내면의 욕구를 바라볼 수 있도록 가치를 전환하는 데 어느 정도 역할을 할 수 있다고 생각한다. 특히 보여 주기식 스펙(소유)이 아닌 자신이 가진 진면목(존재)을 보겠다는 채용방식의 변화는 한두 사람의 노력으로 해결하지 못하는 국가사회적인 패러다임 전환의 큰 축을 이룰 수 있다고 하겠다. 하지만 여전히 NCS에 대한 오해와 불신, NCS 교육에 대한 부족한 이해 등 해결해야 할 사항들이 많은 듯하다. 이 절에서는 여전히 사람들이 갖고 있는 NCS에 대한 오해와 진실을 알아보고자 한다.

• 오해 1. 빠른 시대변화에 NCS가 따라갈 수 있을까?

일부에서는 NCS는 직무분석의 결과이기 때문에 시대변화와 기술변화를 따라갈 수 없으므로 국가 차원에서 표준화한다는 것은 무리가 따른다고 지적하고 있다. 하지만 분명한 것은 NCS는 국가직무표준이 아니라 국가직무능력표준(National Competency Standards)으로, 핵심은 직무능력, 즉 그 일을 하는 데 필요한 능력(역량, competency)을 추출한 것이다. 즉, 능력단위요소까지는 직무분석을 통해서 추출하므로, 기술변화에 민감한 분야는 지속적으로 업그레이드해야 하겠지만, 그 일을 하는 데 필요한 직무능력(competency)인 행동(performance criteria)들은 사람들의 우려만큼 그렇게 쉽게 바뀌지 않는다는 것이다. 만약에 세상이 변화함에 따라 능력이 쉽게 쉽게 바뀐다면, 우리나라 교육기관, 학교는 왜 필요하겠는가?

수백 년 동안 세상이 빠르게 변함에도 불구하고 교육기관이 있어야 하는 이유는 기본적으로 갖추어야 할 이론 및 철학이 필요하기 때문이듯이, 일을 하는 데에도 역시 기본적인 능력이 필요하다. 기본적인 능력을 갖춘 후에 기술변화에 따른 지식 등이 더해지는 것이다.

• 오해 2. NCS가 표준이기 때문에 경직화될 수 있다?

NCS가 표준이기 때문에 경직화될 우려가 있다는 주장도 있으나 선진 사례에서 알 수 있듯이 지속적 업그레이드(continuous improvement)를 통해 얼마든지 기술변화에 유연하게 대응 가능하다. NCS 자체는 가치중립적인 개념으로, 능력중심사회 DNA이자 기본 인프라다. 즉, NCS 자체의 문제라기보다는 구축된 인프라를 어떻게 활용하느냐 하는 정부의 활용 지원대책, 민간의 활용 의지 등 NCS 활용생태계 차원의 문제가 더 중요하다. 앞으로 NCS를 활용하는 데 있어서 다양한 전략, 유연한 전략, top-down이 아닌 bottom-up 전략, 우수 사례를 통한 민간 확산이 더욱 필요할 것 같다.

• 오해 3. NCS는 4년제 대학에선 안 맞다?

지난 2016년 7월 22일, 우리나라 노동시장 내 모든 직종(12,000개)에 요구되는 핵심 능력을 제시하기 위해 필요한 NCS는 해당 분야의 아주 기초적인 기술 수준(1수준)부터 해당 분야 최고의 이론·지식을 활용하여 새로운 이론을 창조하는 수준(8수준)에 이르기까지 수준별 직무능력을 정하고 있다. 대학입시 위주로 교과교육이 일률적으로 적용되는 교육 현장에 역량(competency) 개념의 도입은 매우 획기적이고, 정답 위주의 교육에서 문제해결식 프로젝트 교육을 실현하는 데 큰 역할을 할 수 있으리라 생각된다. 따라서 특성화고·전문대에만 적용되고 4년제 대학·연구 인력에는 적용이 어렵다는 지적은 사실과 다르다.

• 오해 4. NCS는 제조업에만 쓰이고 서비스업에는 안 맞다?

NCS는 한국고용직업분류(KECO)를 따르고 있어 제조업뿐만 아니라 금융·보험, 문화·예술·디자인·방송, 정보통신 등 신성장산업을 포괄한다. 특히 일반 사무관리직의 경우 '경영·회계·사무' '영업 및 판매' 대분류에 속하는 NCS로 충분히 적용 가능하고, 전자기술영업과 같이 일반 사무능력과 해당 섹터(전자산업)에 대한 지식이 모두 필요한 경우에는 '영업 및 판매' 관련 NCS를 중심으로 전자산업에 속하는 NCS 모듈을 조합하여 활용 가능하다. 선진국의 NCS 개발을 전담하는 산업별 인적자원개발위원회는 서비스업 포함 전 산업 분야에 구성되어 있으며, 호주 서비스 산업 SC는 공무원에 해당하는 NCS도 개발하고 있다.

- 오해 5. 우리나라는 직무중심의 노동시장이 아니므로 NCS가
  안 맞다?

사실 우리나라가 직무중심으로 인력을 양성·활용해 온 경험이 일천한 것은 사실이다. 과거 개발경제 시대에는 generalist 중심 인력 운용도 효과적이었지만, 기술주기 단축, 글로벌 경쟁 심화 등 지금 시점에서는 직무중심 노동시장으로 질적 전환을 이루어야 한다는 것이 전문가들의 공통된 의견이다. 아울러 대·중소기업 간, 정규직·비정규직 간 지나친 격차 해소를 위해서도 직무중심 노동시장(일·능력·성과와 괴리된 보상체계 개선)으로의 전환은 시급한 과제다.

선진국의 경험에서 알 수 있듯 직무중심 노동시장으로 전환은 매우 어렵고 오랜 시간이 소요되는 과제로, 노사합의가 상대적으로 용이한 인력 양성 분야부터 NCS를 활용하여 현장맞춤형 기술인재 배출→자연스럽게 NCS 기준으로 인력을 관리하는 기업 증가→직무중심 노동시장으로 연착륙시킬 필요가 있다. 즉, NCS는 직무중심 노동시장으로의 이행을 촉진하는 기제이므로, 직무중심의 유연한 노동시장이 될 수 있도록 모두 노력해야 할 것이다.

3. 가치의 패러다임 전환

1) '소유로서의 삶'에서 '존재로서의 삶'으로

소유로서의 삶을 사는 사람은 남들과 비교하여 자신이 우월하

다는 데서 자아정체성을 찾는다. 상대방보다 우위에 있고 힘을 지니고 있다는 것을 확인함으로써 만족감을 얻는 것이다. 하지만 소유로서의 삶이 만들어 내는 병폐는 너무 크다. 피에르 쌍소는 『느리게 산다는 것의 의미』에서 소유에 찌든 삶이 어떻게 우리를 타락시키는지 고발하며 이렇게 말한다. "나는 끊임없이 더 많이 소유하고, 더 많은 능력을 지니고, 더 나은 가치를 지니고 싶었다. 이 같은 욕망은 인간이 존재하기 위한 가장 기본적 요소라고 할 수 있는 애정이 결핍되었을 때 나타나는 결과다."

소유로서의 삶은 스펙을 부추긴다. 자신이 무엇인가를 더 많이 소유할 때 기쁨을 느끼기 때문에 더 좋은 아파트, 더 좋은 차를 갖고 싶어 한다. 여행을 갈 때에도 정작 가고 싶은 곳이 아니라 유명 관광지를 다녀오고는 나도 빠지지 않고 다녀왔다는 안도감 혹은 자부심으로 어깨를 으쓱한다.

물론 많이 가지면 행복할 수도 있고, 더 많은 곳을 여행함으로써 더 만족감을 얻을지도 모른다. 그런데 많이 가지고 많은 스펙을 갖고 있다고 해서 반드시 더 행복하고 더 만족스러운 것인가. 인간이 한꺼번에 소비할 수 있는 물질에는 한계가 있고, 어떤 물질적인 풍요로움도 영속되지는 않는다.

NCS가 지향하는 것은 겉으로 드러나는 보여 주기식 스펙이 아닌 실질적인 능력이다. 문제 유형을 달달 외워 시험 문제를 잘 푸는 인재가 아닌 어떤 문제가 생겼을 때 그것을 해결할 수 있는 인재인지를 보겠다는 것이다. 족집게 과외, 문제풀이식 기교를 통해 높은 영어 점수를 받으라는 것이 아니라, 진정한 영어 의사소통능력을 쌓으라는 것이다. 진정한 능력의 구축은 존재로서의 삶으로 발을 내딛기 위한 필수 조건이다.

최근 인사담당자들도 스펙보다는 경험, 스토리를 선호한다고 한다. 소유로서의 스펙보다는 존재로서의 스토리가 더욱 자신을 차별화할 수 있는 것이다. 즉, 스토리를 만들기 위해서는 경험이 있어야 한다. 그리고 경험을 하기 위해서는 행동을 해야 한다.

스펙은 행동으로 나타나기 어렵지만(꼭 물어봐야만 알 수 있다.), 능력은 일상생활에서 습관처럼 나타나는 행동이다. 스펙을 쌓는 과정에서 능력을 쌓는다면 금상첨화겠지만, 우리나라는 개인의 진면목보다는 스펙을 중심으로 평가하기 때문에 진정한 가치를 추구하기가 어려웠다. 하지만 앞으로 학생들은 사소한 문제패턴을 분석하기보다 인문학적 소양을 키워 진짜 사고력을 배양해야 한다. 영어, 국어, 수학 점수를 높이기 위한 공부가 아니라 실제 의사소통능력, 수리능력, 문제해결능력을 키우는 교육으로 가야 할 것이다.

2) '직장인의 삶'에서 '직업인으로의 삶'으로

인간은 일하는 동물이며, 누구나 일하면서 살고 있다. 일은 개인이 하는 일의 내용에 따라 그 사람의 지위, 생활 수준, 정신건강 등 생활양식에 크게 영향을 미치고 있는데도 우리는 '왜 일하고 있으며' '일을 반드시 해야 하는가?'라는 질문에 대해서 모두가 정확한 답을 가지고 있지는 못하다(이무근, 1993). 즉, 사람들 가운데 왜 자신이 그토록 심한 일을 일생에 걸쳐 하면서 살아야 하는지를 모르고 생활하는 사람들이 있을 뿐 아니라, 이를 불만스러워하면

NCS에 대한 인문학적·철학적 성찰, "능력중심사회는 가치의 혁명이다."

서도 어쩔 수 없이 일을 하면서 사는 사람도 많다. 인간은 일하면서 사는 존재일 뿐 아니라 일에 대하여 생각하면서 사는 존재다.

우리는 직장인인가, 직업인인가? 우리가 일을 할 때 가져야 할 마음과 자세를 살펴보자. 첫째, 일을 할 때 소명의식과 천직의식이 있는가? 자신의 직업에 긍지를 느끼며 그 일에 열성을 갖고 성실히 임하는 직업의식이 바로 천직의식이다. 둘째, 직분의식과 봉사정신이 있는가? 사람은 각자 직업을 통해 사회적 기능을 수행하게 되는데 특히 어떤 일의 일부를 나누어 수행함으로써 참여하게 된다. 급변하는 현대사회에서 직업환경의 변화와 직업의식의 강화는 자신의 직무를 수행하는 과정에 협동정신과 봉사정신을 반드시 요구한다. 셋째, 책임의식과 전문의식이 있는가? 직업인은 그 직업의 사회적 역할과 직무를 충실히 수행하고 책임을 다해야 한다. 이와 같은 자세를 갖고 일을 한다면 직업인이라고 할 수 있다.

이런 상황 속에서 NCS는 직업 혹은 직무 선택의 가장 기본을 다질 수 있는 뼈대를 만들어 주는 것이 아닐까 생각한다. 내가 하고 싶은 일을 정한 후 그에 적합한 능력만을 습득해 나아가면 되기 때문이다. 영어 점수 1점을 더 받기 위해 밤을 새우지 않아도 되고, 관계도 없는 분야에서 가산점을 얻기 위해 달려들지 않아도 된다. 그저 자신이 하고 싶은 분야를 선택하고 필요로 하는 능력만을 배워 나가면 되는 것이다. 이른바 오버스펙(over-spec)에서 벗어나 온스펙(on-spec)만을 갖춰 나가면 된다(김진실, 2016). 오버스펙에 대한 부담이 줄어드는 만큼 직업 혹은 직무의 선택에 좀 더 신중을 기할 수 있을 것이라 생각한다. 자기 자신에 대해 생각해야 할 것이고, 직업과의 관계성에 대해서도 고민할 것이다. 사회생활을 시작할 때 흔히 처음 선택한 직군에서 크게 벗어나지 못한다고들 말한다. 실제로 한 분야에서 오랫동안 경력을 쌓게 되면 다른 직군으로 이동하기가 쉽지 않은 것이 사실이다. 이런 상황에서 NCS의 등장은 그 첫걸음을 잘 내딛도록 도와줄 수 있다.

미래사회는 지금보다도 더 빠르게 변해 갈 것이다. 이제 평생직장의 시대는 끝났다고 한다. 성과연봉제, 임금피크제 등 노동시장은 연공서열이 아닌 개인의 능력에 초점을 맞출 것이고, 상시 구조조정 체제에 돌입할 수도 있다. 이러한 시대를 대비하기 위해서는 안정된 직장을 찾을 것이 아니라, 평생 일할 직무를 찾아 진정한 직업인이 되어야 할 것이다.

3) '보여 주기 스펙'에서 '진짜 능력'으로

'스펙'은 왜 탄생되었을까? 사상 유례없는 청년 취업난 속에서도 무조건 학벌과 훌륭한 스펙을 가지고 있으면 취업이 잘 되리라는 인식이 최근까지 팽배했다. 그 이유를 따져 보면 기업이 스펙에 반응하도록 사회 분위기가 조성되었기 때문이다. '스펙'이라는 단어로 귀결되는 기업의 인사 키워드는 사실 기업뿐만 아니라 모두의 필요에 의해 만들어졌다.

사회적으로 명확한 기준 없이 경쟁하는 상황에서, 스펙이라는 '자기 능력 설명서'의 비대화는 선택받기 위한 어쩔 수 없는 선택이었다. 이러한 측면에서 스펙은 '지원자가 가진 두서없는 능력들의 집합'으로 다시 정의 내릴 수 있다. 부존자원 빈국인 우리나라

NCS에 대한 인문학적 · 철학적 성찰, "능력중심사회는 가치의 혁명이다."

는 인적자원에 대한 투자가 살 길이라는 인식 속에 교육에 열을 올렸고, 그에 따라 학벌이 조성되었다. 대학 서열이 매겨지고 좋은 대학 졸업장은 그 사람이 인재라는 증명서와 같이 작용했다. 하지만 내실 없이 좋은 대학의 간판만 좇는 경향이 생기고, 과도한 경쟁으로 상향평준화가 이루어지며 학벌은 신호 기능을 많이 상실했다.

쏟아져 나오는 고등교육 이수자들을 선별할 마땅한 양방향 신호가 정립되지 않은 상태에서 몇 차례 겪은 경제위기에 기업들이 채용이라는 투자에 소극적인 태도를 취함에 따라 구직자들은 모두 나름의 신호를 강구했다. 성공적으로 보이는 신규 신호에는 쏠림현상이 일어 너도나도 신호를 추가해 갔다. 多多益善이라는 사자성어는 高高益善으로 변했다. 이것이 스펙의 탄생이다.

여기에서 NCS는 스펙의 재배열 함수로 작동한다. NCS는 8단계 수준체계에 따라 능력단위 및 능력단위요소별 수준을 평정하여 제시한다. 이러한 NCS 수준에 따라 기존에 무질서하게 쌓은 능력들을 재배열할 가능성을 생각해 보았다. 특히 재직자들이 경력 개발을 위해 취득할 만한 자격증이 취업 시 요구되는 스펙으로 자리매김한 경우를 살펴보면(회계사, 노무사 등) NCS를 활용한 스펙의 재배열 가능성은 보다 구체화될 수 있다. 이런 경우에 NCS를 통해 적당한 수준을 제시하면 자격증 취득에 매몰되지도 않고, 경력 개발 경로상 자신이 어느 지점에 있는지도 알 수 있을 것이다.

NCS를 활용하여 재배열한 스펙은 취업 이전에 갖춰야 할 능력의 종합선물세트가 아니라 능력개발 경로가 될 것이다. 또한 NCS가 교육·훈련 분야에도 활용되므로, NCS를 통해 교육받은 인재가 어떤 수준의 어떤 능력을 갖추었는지에 대하여 정확한 신호로 작용할 수 있다. 이렇게 된다면 기업은 스펙을 신뢰할 수 있게 될 것이다.

'사용 설명서'라는 스펙의 사전적 의미를 되짚어 봤을 때, 능력 설명서의 역할을 하는 NCS가 진정한 의미의 스펙이 되지 않을까 생각한다. NCS가 입직 희망자들에게 타파해야 할 제2의 스펙이 아니라 '능력 사용 설명서'로 이해되고, 진정한 스펙을 쌓는 데 도움을 주는 사회가 되어야 한다.

4) '페다고지적 교육'에서 '앤드라고지적 교육'으로

페다고지[pedagogy: paida(어린이)+agogos(지도하다, 이끌다)]는 그 어원에서 알 수 있는 바와 같이 아동을 위한 교육인 반면, 앤드라고지[andragogy: andros(성인)+agogos(지도하다, 이끌다)]는 아동교육의 범위를 벗어나 성인을 포함한 일반인들을 대상으로 하는 교육을 의미한다. 페다고지는 학습자의 경험은 학습자원으로서의 가치가 없다고 보고, 교수자는 가르치는 선생님의 역할을 하는 것이다. 즉, 교사의 주도하에 계획, 목표 설정, 평가가 이루어지는 것이다. 반면, 앤드라고지는 학습자의 경험이 학습자원으로서 가치가 있다고 보고, 교수자는 지원자와 조력자(facilitator)의 역할을 하는 것이다. 즉, 학생과 교사 간 상호협동에 의해서 계획, 목표 설정, 평가가 이루어진다.

NCS는 직업에 필요한 능력을 의미하므로, NCS 교육은 이제 일의 세계로 나아가야 하는 중등학교 학생과 미진학 청소년을 주요

NCS에 대한 인문학적 · 철학적 성찰, "능력중심사회는 가치의 혁명이다."

대상으로 하는 페다고지적 교육이라고 오해할 수도 있다. 하지만 장원섭(1998)이 지적했듯 미래사회에서는 급속한 지식, 기술 및 직업세계의 변화, 계속학습의 필요성, 노령화와 고학력화에 따른 학습 요구의 증대 등에 따라 자라나는 세대뿐만 아니라 일의 세계에 이미 들어가 있는 성인들도 NCS 교육의 주요한 대상이 되어야 한다. 즉, 평생직업과 진로가 강조되는 시대에서 NCS 교육은 삶을 준비하는 사람으로서 아동과 청소년의 교육뿐만 아니라 현실을 살아가고 있는 성인들의 삶의 교육을 포괄하여야 할 것이다.

그동안 페다고지적 교육이 학교 혹은 제도화된 기관을 통해서 체계적으로 이루어졌다면, 앤드라고지적 교육은 학교와 같은 제도적 교육기관들뿐만 아니라 일터를 포함한 다양한 삶의 장소에서 일어나야 할 것이다. 앤드라고지적 교육은 가정과 거리 같은 삶의 구체적인 장소 어디에서나 삶을 살아가면서 스스로 배우는 학습을 강조한다. NCS를 활용한 채용 등에서 강조되는 '경험' 또한 대단한 것이 아니라 일상생활 속에서, 삶의 과정 속에서 계속적으로 학습하는 앤드라고지적 교육에서 나오는 것이다. 즉, 삶과 일과 교육이 유기적으로 통합되어야 한다. 또한 페다고지적 교육이 의존적인 성향을 지닌 학생들에게 교사가 지식과 기술을 가르쳐 주는 방식이 주요한 교육방법이라면, 앤드라고지적 교육은 학습자의 현실적 필요에 의한 자발적이고 참여적인 학습방법이 강조된다. 즉, 앤드라고지적 교육은 백지를 채우는 식의 직업훈련이 아니라 삶의 과정 속에서 통합된 학습의 양식이다.

페다고지적 교육이 주입식으로 이루어졌다면, 앤드라고지적 교육은 삶과 일의 현장 속에서 일하면서 배우는 방식으로 이루어진다. 따라서 실질적인 내용의 학습, 현실에 도움이 되는 교육이 이루어질 수 있다. 삶 그 자체가 곧 학습이며 교육은 자연스러운 삶의 과정 속에서 이루어진다. 살기 위해 일하고 일하면서 배운다. 한마디로 교육은 생활인에 의한, 생활인을 위한, 생활인의 교육이다. 즉, 학습과 일, 삶이 통합된 앤드라고지적 삶의 교육으로 만들어 가는 것이다. 그리고 이러한 교육적 철학에서 NCS 교육이 정착되어야 한다.

5) '성공 위주의 삶'에서 '성장하는 삶'으로

유독 우리나라 드라마는 신분 상승 관련 내용이 많다. 수십 년째 신데렐라 콤플렉스라는 신분 상승의 고정된 레퍼토리가 우리나라 드라마에서 불변의 흥행 법칙처럼 확고하게 자리 잡고 있다. 문화는 그 사회의 구조와 구성원들의 사고방식을 반영하기 마련이다. 어느 사회나 신분 상승에 대한 기대나 욕구는 있다. 그렇기 때문에 시대가 변해도 여전히 드라마나 영화의 소재로 등장하는 것이다. 하지만 스웨덴, 노르웨이, 핀란드 등 빈부 격차가 크지 않은 북유럽 복지국가에서는 복권이나 투기가 큰 사회문제로 등장하지 않는다. 열심히 노력하면 사회적으로 중간 정도의 생활을 유지하기가 어렵지 않기 때문에 그들은 열심히 노력하여 잘 살게 되는 꿈을 꾼다.

반대로 빈부 격차가 큰 사회에서는 아무리 열심히 일해도 서민층이 중산층으로, 중산층이 상류층으로 올라설 방법이 없다. 정상적인 방법으로 올라서기 어려운 사회구조에서 당연히 비정상적

NCS에 대한 인문학적·철학적 성찰, "능력중심사회는 가치의 혁명이다."

인 인생역전의 꿈, 즉 대박의 꿈이 자라나게 된다. 여기서 대박이라는 것은 성공이고, 현대인이 목표로 삼는 것은 금전적인 성공이다. 보통 사립대학의 한 학기 등록금은 600~700만 원 정도라고 한다. 학생들이 이렇게 많은 돈과 시간을 들여서 얻을 수 있는 가치들이 무엇일지 생각해 볼 필요가 있다. 과연 대학교육을 통하여 얼마만큼 지적 수준이 높아졌을까? 또 높아진 지적 수준이 얼마나 개인을 만족시켜 줄까? 대학에서 배운 것들이 일을 하는 데 얼마나 도움이 될까? 얼마나 많은 돈을 벌 수 있을까? 확실하게 답할 수 있는 것은 없지만, 공부를 통해 자신에게 필요한 것을 배우고 성장하고 있다는 것을 스스로 알고 있어야 그 공부에 더욱 의미가 있지 않을까 싶다.

우리나라는 대기업과 중소기업 간 임금 격차가 크다. 정규직과 비정규직의 임금 격차도 크다. 같은 일을 하고 같은 능력을 갖고 있어도 대기업에 근무한다는 이유만으로, 정규직이라는 이유만으로 더 많은 임금을 받는다. 이러한 양극화의 해소를 위해서는 먼저 공식적으로 같은 일을 하고 있다는 것을, 같은 능력을 갖고 있다는 것을 증명하고 공정하게 보상을 요구해야 한다. 그래야만 이러한 차별이 완화될 수 있을 것이다.

이는 NCS에 기반한 NQF(국가역량체계)를 통해서 도달하고자 하는 사회다. 돈으로 정보를 얻고 그 정보를 통하여 좋은 자리를 취득하고, 기득권을 유지하는 사회는 우리가 타파해야 할 사회다. 누구나 공평하게 정보를 얻어 정당하게 능력을 쌓고, 그 능력에 따라 공정하게 보상받는 사회로 나아가야 하며, 그것이 바로 능력중심사회다.

많은 돈이 있어도 이룰 수 없는 것이 있다는 점, 그것이 대체로 인간에게 소중한 가치에 해당하는 경우가 많다는 점을 분명히 이해할 필요가 있다. 빈부 격차가 극심한 사회일수록 인간 의식이 돈에 지배당하는 경우가 많다는 점을 고려할 때 근본적으로는 사회의 구조적인 혁신이 필요하다. 동시에 돈의 속박에서 벗어나려는 개인의 가치 전환, 사회적 의식 전환도 중요하다.

6) '정답을 찾는 교육'에서 '생각하는 교육'으로

어떻게 생각의 힘을 키울 것인가?

더운 여름이 가면 또다시 시험의 계절이 돌아온다. 61만여 명의 수험생들이 올해도 어김없이 2018학년도 수학능력시험을 치른다. 한국의 학생들은 초등학교에 입학해 고등학교에 이르기까지 이 수능이라는 종착지를 향해 달린다. 고등학교까지 1인당 양육비가 2억 3000여만 원에 이르고, 아이들의 일과는 학교, 학원수업 외에 다른 것이 거의 없으며, 많은 시간을 공부에 투자하고 있다. 공부는 잘하는데 생각은 못하게 되는 것이다.

대다수의 학부모는 자녀들의 성과를 성적으로 평가한다. 성적을 모든 평가의 기준으로 삼는 것은 학부모만이 아니다. 학교의 교사가 그렇고 우리 사회의 시선도 그렇다. 여전히 우리 사회는 과정보다는 결과 중심의 사고로 학생들을 재단하고 있다.

많은 이가 이러한 우리나라의 교육 시스템에 우려의 시선을 보내며 교육 개혁을 논하고 있다. 하지만 창의력, 문제해결력, 비판적 사고를 강조하면서도 교육개혁의 실상은 그리 낙관적이지 않

NCS에 대한 인문학적·철학적 성찰, "능력중심사회는 가치의 혁명이다."

다. 우리나라 초·중·고 교육은 대학 입시에 맞추어져 있으며, 그렇다 보니 학생들은 수용적 학습을 압도적으로 더 많이 하고 있다. 즉, 정답을 알고 외우는 천편일률적인 교육을 하고 있다는 것이다. 왜 그러한 정답이 나왔는지에 대한 생각, 과정을 해결하는 능력보다는 점수를 높이는 요령과 기교·기술을 키우는 교육을 하고 있다.

학생들이 많은 시간과 돈을 들여 의미 있는 것을 얻어 낼 수 있다면 어느 정도는 감내할 만한 것이라고 말할 수 있을 텐데 현실은 그렇지 못했다. 12년 교육의 종착지인 수능은 학생들에게 단순 문제풀이 기술만을 요구하고 있다. 짧은 시간 안에 많은 문제를 풀어야 해서 자기 생각을 지우고 정해진 답을 찾는 것이 유리할 수밖에 없다.

하지만 교육선진국이라고 할 수 있는 프랑스와 핀란드의 사례를 보면 그 나라들의 시험 문제는 정해진 답이 없다고 한다. 학생들은 스스로 여러 단계의 생각을 밟아 설득력 있게 펼쳐 나가야 한다. 스스로 생각하는 힘을 기르는 것이다. '바다에 유조선이 좌초되어 기름이 유출된 상황을 어떻게 해결할 것인가'와 같이 실생활과 관련된 주제를 주고 생물, 수학, 역사 등 여러 과목을 연계해 학생들의 흥미를 높일 뿐 아니라 모르는 것이 있으면 학생 스스로 더 찾아 공부하게끔 한다. 학생들이 스스로 학습해야 하는 이유가 생기는 것이다.

단순히 지식을 습득하는 시대는 끝났다. 지식의 양보다는 창의적인 능력과 생각의 발전이 더욱 중요해지는 시대가 이미 도래해 있다. 지금과 같이 문제풀이 기술, 줄 세우기식 순위 경쟁에 매몰된 우리 교육은 시대의 흐름과 맞지 않는다. 교육은 해당 국가의 국민이 할 수 있는 최고 수준의 사회적 합의다. 당연히 오랜 시간이 걸릴 것이다. 하지만 지금부터라도 새 시대에 맞는 새로운 교육 프레임이 무엇인지 함께 고민하고 결과물을 만들어 가야 한다. NCS는 정답이 아니라, 스스로 사고하고 문제를 해결하는 길로 인도하는 안내자가 될 것이다.

7) '답'이 아닌 '질문'하는 삶으로의 전환

많은 청년이 "뭘 해야 할지 모르겠어요." "어떤 일이 제게 맞는 건지 모르겠어요." "제 적성이 뭔가요?"라는 질문으로 결국 누군가로부터 답을 찾고자 한다. MBTI 검사가 아무리 뛰어나다 할지언정, 검사지가 삶의 답이 되어 주지는 못한다. 스스로 풀어낸 답이 아니기 때문이다. 그 누구도 "이 길이 네 길이야."라고 말해 줄 수는 없다. 말 그대로 자신의 적성은 자신이 찾아내야 하는 것이기 때문이다. 그러므로 남에게 답을 얻기보다는 스스로 질문을 통해 찾아내야 한다.

자신감이 없어 고민인 친구들도 "나는 왜 자신감이 없을까요?"라고 묻기 전에, 스스로 "자신감이라는 것은 무엇일까?" "자신감이 있는 사람들의 공통점은 무엇일까?" "어제보다 오늘 더 자신감이 있으려면 무엇을 해야 할까?"처럼 끊임없이 질문하고 답을 찾아가는 과정을 반복하면서 자신의 능력을 키워야 할 것이다.

그러나 지금까지 우리는 학교와 사회에서 시키는 대로 대학을 가라면 가고, 대기업에 취업을 하라고 하면 대기업 채용공고가 뜨

NCS에 대한 인문학적·철학적 성찰, "능력중심사회는 가치의 혁명이다."

기만을 기다리면서 지내고 있었다. 하지만 정답 없는 사회에서 나만의 답을 만들어 가기 위해서는 끊임없이 스스로 질문해야 한다. "내가 좋아하는 것은 뭘까?" "좋아하는 일을 하면 잘될까?" "잘하는 일을 하면 잘될까?" "가슴 뛰는 일을 하면 잘될까?" "결국 그러면 어떻게 해야 할까?"를 고민해야 한다.

좋아하는 것을 찾지 못할 때는 어떠한 책을 주로 보는지, 어떠한 영화를 주로 보는지, 어떤 이야기에 '끌림'을 느끼는지, 어떠한 인물이 좋은지, 다시 태어난다면 어떤 사람으로 태어나고 싶은지 등을 끊임없이 생각하고 적어 볼 필요가 있다.

NCS를 통한 능력평가는 스스로 질문하고 자기반성을 하며 피드백하는 훈련을 해야만 효과가 난다. 자기성찰 훈련은 자신의 행동에 대한 반성을 근간으로 한다. 학교생활이나 가족생활 등에서의 자신의 행동을 되돌아보고, 장·단점을 찾아내어 단점보다는 장점이 부각될 수 있도록 노력해야 한다. 자신이 잘할 수 있는 부분과 잘할 수 없는 부분을 인지하고 지속적으로 연습해야 할 것이다. 자신의 행동에 대해 매일 질문을 던져 볼 수도 있다. 오늘 한 행동이 과연 최선이었는가? 고칠 점은 무엇이고, 긍정적인 점은 무엇인가? 스스로 매일 질문을 던져 보고, NCS 능력단위에서 제시하는 수행준거가 시사하는 바가 자연스럽게 나타나는 사람이 될 수 있도록 하여야 한다.

이를 위해서는 같은 분야를 준비하는 동료들끼리 스터디그룹을 형성하여, 피드백을 받아 볼 필요가 있다. 나의 행동을 늘 관찰하는 주변 사람들과 함께 평가를 받아야 할 동료 취준생들, 그리고 실제 그 분야에서 일을 하고 있는 선배들로 구성된 스터디그룹이라면 금상첨화일 것이다. 답을 얻어 내는 단순 암기식 학습이 아니라 스스로의 질문, 타인으로부터의 질문을 통한 학습을 통해 진정한 능력이 개발되는 것이다.

8) '모던사회'에서 '포스트모던사회'로의 전환

모던사회에서는 이성과 과학정신에 기초해 인간을 독립적이고 이성적인 주체로 설정하고, 노동자는 중앙의 통제에 따라 세분화된 분업 체제 아래서 단순하고 반복적으로 주어진 직무만을 수행하였다. 이러한 과학적이고 합리적인 최신의 생산체제를 통해 모던사회는 경제 성장의 극대화를 꾀하였다.

반면, 포스트모던사회는 종교적 권위뿐만 아니라 모던사회의 합리성과 이성, 그리고 관료적 권위 등과 같은 모든 종류의 권위주의에 대한 거부로부터 시작한다. 그 대신 개인의 주체성과 자율성, 자발성, 개인적 선호와 선택, 자기표현과 창의성 등이 중요한 가치로 여겨진다.

포스트모던시대에서 일의 세계는 모던시대와는 달리 탈표준화, 다양화, 개체화, 개별화되어 가는 특징을 나타낸다. 개인의 다양한 요구와 창의적 정신을 강조하는 서비스업과 지식 산업이 가장 주요한 산업으로 발달한다. 기업 조직도 위계적이고 관료주의적인 것으로부터 유연한 네트워크형 조직으로 변화한다. 대량 생산을 위한 기계적인 노동보다는 개인의 자율적이고 창의적인 활동이 보다 강조된다.

새로운 일의 세계는 체계적으로 세분화되고 강하게 분리된 전

NCS에 대한 인문학적 · 철학적 성찰, "능력중심사회는 가치의 혁명이다."

문성보다는 빠른 변화에 융통성 있게 대처할 수 있는 '유연한 전문화(flexible specialization)'를 요구한다. 지식과 기술의 다양성, 지역성, 특수성 및 우연성이 강조되며 이런 것들이 서로 연관되고 절충된 형태의 새로운 관계론적 지식과 기술을 필요로 한다(Stock et al., 1998; Young, 1998). 또한 모던사회에서 중시하는 재산, 소득 같은 물질적 소유(goods)보다는 인적자원과 인간의 생존을 위협하는 요인에 관심을 가지게 된다(Inglehart, 1997).

일부에서는 NCS는 국가가 직무능력을 표준화하여 제시하므로 과거로 회귀하는 것이 아닌지 우려하기도 하지만, 아직까지 대학 입시 위주로 획일적으로 운영되고 있는 교육현실에서 '능력(competency)'에 대한 개념이 도입된 것은 획기적인 일이다. NCS를 활용하는 데서 상황과 여건에 맞는 유연된 활용 전략을 담보한다면, 얼마든지 포스트모던사회, 지식기반사회에서 널리 활용될 수 있을 것이다.

즉, 천편일률적인 기준에 의해, 점수에 의해 평가되는 스펙이 아닌 개개인의 자율과 다양한 경험을 기반으로 하는 행동을 평가하고, 결과보다는 과정 중심의 자기표현을 강조하며, 교과 중심의 획일적인 교육경로가 아닌 지식의 다양성과 지역성, 특수성과 학습자의 수준 등을 고려한 교육훈련과정 운영이 이루어져야 한다. 이로써 개인의 창의성과 문제해결력을 키우도록 하여야 할 것이다. 시대적 변화 속에서 현대인은 삶의 질을 우선시하는 자신의 능력을 극대화하고자 노력해야 하고, 이를 위한 교육으로 바뀌어 갈 수 있도록 해야 한다.

9) '남의 시선을 중시하는 삶'에서 '나 자신을 위 한 삶'으로

남의 시선에 사로잡힌 노예가 될 것인가? 우리가 이렇게 남의 평가에 민감한 것은 우리 안에 존재하는 노예근성 때문이라고 니체는 말했다. 고대 노예제 사회에서 노예는 자기 자신을 주체적으로 평가하지 못했다. 노예를 평가할 수 있는 사람은 어디까지나 주인뿐이기 때문이다. 노예는 주인이 '잘했다'고 칭찬하면 기뻐하고 '못했다'고 지적하면 슬퍼한다. 남의 시선과 평가에 연연할 때 우리는 자신을 노예의 지위로 전락시키는 셈이다.

과연 우리는 어떠한 사람인가? 우리가 바라보는 세상은 어떠한가? '모든 사람은 여러 종류의 위계 속에 등급별로 놓인다. 위계에서 차지하는 위치가 그 사람의 본질적 가치를 결정한다.'라고 생각하지 않는가? 돈이 많다면, 외모가 뛰어나다면, 사회적 지위가 높다면, 권력이 강하다면, 그 사람은 그만큼 더 나은 사람이고, 반대로 가난하다면, 외모가 못났다면, 사회적 지위가 낮다면, 권력이 약하다면, 그 사람은 그만큼 볼품없는 사람인가? 우리는 끊임없이 타인과 자신의 위치를 비교하면서 자신보다 높은 위치에 있는 사람으로부터 경멸당하지 않을 수 있도록 추가적인 지위를 획득하고자 부산하게 움직이지 않는가? 이런 인생에서 중요한 것은 위계에서의 위치이지 활동이나 속성 자체의 가치가 아니다. 이 점에서 인생의 가치는 뒤바뀌게 된다. 맛있는 음식을 만드는 게 중요한 것이 아니라 일등 요리사가 되는 것이 중요해지는 것이다.

오늘날 한국사회는 특히 우리 청소년들을 특정 방향으로 길들

이러고 한다. 아이들을 공부하는 기계로 만들어 서열을 매기고, 뒤처진 이들을 경멸하면서 자신은 경멸당하지 않으려고 부단히 노력한다. 사회와 부모가 아이들을 이렇게 길들이는 과정에서 왜곡되거나 병적인 현상도 수없이 나타나고 있다. 많은 청소년이 삶에 기쁨을 느끼지 못하고 염증을 느끼거나, 자신에 대한 긍지와 자부심을 갖지 못하고 부모님을 만족시키지 못하고 있다는 죄책감, 자신은 별 볼 일 없는 존재라는 열패감에 시달리고 있다. 니체는 "그대 자신이 되어라."라고 말했다. 우리는 우리 자신의 성격과 적성 그리고 환경 등을 잘 고려해서, 그것을 긍정적으로 승화시키기 위해 노력해야 한다. 그러나 이렇게 우리가 자기를 실현하기 위해서는 무엇보다 남의 눈치를 보지 않고 사는 주체성을 가져야 한다. 우리는 자신도 모르게 항상 남의 시선과 평가에 신경을 쓰고 남에게 무시당하지 않을까 걱정한다.

NCS를 통해 자신의 분야에 적합한 능력을 파악하고 비전에 맞게 능력을 개발해야 한다. 능력은 개발 가능하다. 자기주도적 행동이고 재현되는 것이지, 머리로만 하는 암기식 공부가 아니다. 일하는 분야에서 필요한 행동을 파악하고, 자신의 행동을 중심으로 피드백을 받고, 자기반성을 하면서 자신의 행동을 갱신해 나가는 훈련을 통해서 능력을 키워야 한다.

10) '특수계층을 위한 직업교육'에서 '일반인을 위한 직업교육'으로

NCS 교육은 육체노동자 또는 기능인만을 양성하는 교육에 불과한가? NCS 교육은 공업이나 제조업에서 일할 사람들을 키우는 교육인가? NCS 교육은 낮은 수준의 인력을 키우는 교육인가? NCS 교육은 일반교육이 아닌 특별한 사람들만을 대상으로 하는 '특수'한 교육인가? 더 나아가 직업교육은 꿈도 미래도 없는 교육인가?

고대로부터 직업교육은 귀족을 위한 '자유교양교육(liberal arts)'과는 대비되는 노예와 천민을 위한 교육으로 중등 및 초급 대학 정도 수준의 교육으로 한정되어 왔다. 하지만 의사, 변호사 등 소위 전문직을 양성하는 교육은 직업교육이 아니란 말인가? 직업 지위를 평가하는 데 있어서 어디부터가 전문교육을 요구하는 직업이고, 어디부터가 직업교육을 통한 직업인지를 판정하기는 매우 어렵다.

그럼에도 불구하고 법학자, 의학자 등과 같은 직업인을 양성하는 일이 소위 전문교육이라고 불리며 일반 직업교육과 구분되는 이유는 해당 전문직을 위한 교육이 일반 직업인을 양성하는 직업교육과는 다르다고 구분 지으려는 정치적인 합의가 내포되어 있기 때문이라고 볼 수 있다. 실제로 기존 전문직들은 전문교육의 질 향상과 개선을 위해 교과내용, 훈련 수준, 교육연한 등을 결정하는 데 영향력을 행사한다. 또한 선발 기준과 자격을 엄격하게 제한하여 전문직으로서의 권위를 유지하려 한다(전병재, 안계춘, 박종연, 1995).

점차 산업구조가 고도화되고 지식기반사회가 도래함에 따라 고급 기술인력, 지식 기반 산업인력 또는 전문인력을 양성하는 교육의 비중이 크게 증가할 것으로 전망된다. 그럼에도 불구하고 직업교육의 개념이 낮은 수준의 직업인을 양성하는 교육만으로 한정된다면, 직업교육의 사회적 역할과 영역은 크게 축소될 수밖에 없을 것이다

지난 2016년 7월 22일, 우리나라 노동시장 내 모든 직종(1만 2,000개)에 요구되는 핵심능력을 제시하기 위해 필요한 NCS 24개 분야 847개를 고시하였다. 각각의 NCS는 해당 분야의 아주 기초적인 기술 수준(1수준)부터 해당 분야 최고의 이론·지식을 활용하여 새로운 이론을 창조하는 수준(8수준)에 이르기까지 수준별 직무능력을 정하고 있다. 따라서 특성화고·전문대 등 특수집단에만 적용되고 4년제 대학·연구 인력에는 적용이 어렵다는 지적은 사실과 다르다.

앞으로 NCS를 통한 교육은 사회적 지위나 교육적 수준의 높낮이를 뛰어넘어 일의 세계에서 공헌할 수 있는 모든 직업인을 양성하는 교육이라는 개념으로 확장되어야 한다. 그것이 직업교육 개념 본래의 의미를 회복하는 길이며, 동시에 그렇게 될 때 지금까지 직업교육이라는 개념이 가지고 있었던 사회적인 오명으로부터 벗어날 수 있게 된다.

11) '칸막이 정책'에서 '시스템적 정책'으로

우리나라에서 인적자원개발은 전통적으로 교육과 훈련으로 이원화된 채 실시되어 왔다. 교육정책은 학교를 중심으로 한 직업교육만을 강조하였고, 노동정책은 직업훈련원을 통한 직업훈련에만 치중하였다. 직업교육은 실업계 고교와 전문대학, 산업대학에서

만 이루어지는 활동으로 여겨졌으며, 직업훈련은 주로 비진학 청소년과 실업자를 대상으로 직업훈련기관에서 기능인을 양성하는 일로 간주되었다.

자격은 어떠한가? 자격을 취득하는 사람이 어떠한 교육을 받았는가는 상관없이 필기시험과 실기시험을 통한 검정형 자격으로 운영되어 일과 교육훈련과 자격이 제각각 운영되는 비효율이 발생했다. 교육과 훈련과 자격 모두 인간의 능력을 개발하기 위한 것이며, 가르치고 배우고 평가하는 활동이라는 측면에서 근본적으로 같다. 그럼에도 불구하고 행정상·정책상의 편의와 이해관계에 따라 현실적으로 분리되어 왔다. 하지만 학습자의 입장에서는 그러한 구분은 무의미하고, 장소가 어디이든 상관없이 자신에게 필요한 직업능력을 개발하면 된다.

노동시장 관점에서도 우리나라 노동시장은 연공서열 위주의 경직된 노동시장으로 숙련에 대한 보상체계가 미흡하고 숙련 형성에 대한 유인이 부족한 실정이다. 그간 다양한 HR 사업을 통한 지속적인 지원사업에도 불구하고, 국가 차원에서의 교육과 채용, 그리고 노사관계와 인사 관리 등의 연계 부족으로 인하여 사회적 시스템을 구축하는 데 어려움이 있었다. 특히 기업단위별 능력에 대한 정의와 그 능력을 달성하기 위한 구체적인 행동지표들이 투명하고 공정하게 관리되지 않고 있어 능력중심 인사 관리 및 성과평가에 대한 회의가 있는 실정이다.

세계 각국에서는 인적자원 개발을 위한 시스템 개선의 노력이 이루어지고 있다. 우리나라도 장기적인 안목에서 개인의 직업능력을 객관적이고 효율적으로 평가하기 위한 시스템을 구축하여

NCS에 대한 인문학적·철학적 성찰, "능력중심사회는 가치의 혁명이다."

직업교육훈련과 자격제도 간의 연계 체제를 강화해야 한다. 이와
같이 현장의 일을 중심으로 직업교육훈련과 자격제도를 연계하
고, 근로자의 경력개발을 유도할 수 있는 기제가 'NCS'라고 할 수
있다.

NCS를 기반으로 시스템 정책을 수립하려면 먼저 필요한 국가
인적자원을 산업별·업종별·규모별로 예측하여 국가인적자원
수급을 위한 종합계획을 수립하고, 체계적인 국가인적자원정책을
수립해야 한다. 둘째, 국가인적자원개발 단계에서는 교육훈련기
관 등을 통하여 국가인적자원에 대한 전문적인 교육·훈련을 실
시하고 평가하여 자격을 부여해야 한다. 셋째, 국가인적자원관리
단계에서는 인사, 보수, 후생복지, 전직 및 실업 등에 관한 활동을
효율적으로 운영할 수 있도록 유도해야 한다. 마지막으로, 국가
인적자원정보시스템에서는 국가인적자원 개발 및 관리에 필요한
노동시장 관련 정보, 교육훈련기관 관련 정보, 자격 관련 정보, 직
업·진로 관련 정보 등을 효율적으로 제공해야 한다.

12) '말세인의 삶'이 아닌 '초인의 삶'으로

우리 사회는 스펙사회다. 하지만 상향평준화를 위한 진정한 스
펙사회라기보다는 남들보다 조금만 더 우월하면 만족하는 보여
주기식 스펙사회라고 할 수 있다. 간판을 얻기 위한 정보 싸움, 기
득권에 줄 서기, 남 끌어내리기, 하향평준화하기 등의 문제가 만
연해 있다. 이때 등장하는 것이 니체의 '말세인'과 '초인'의 개념이
다. 안일함을 탐하는 '말세인'으로 살 것인가, 고귀하고 기품 있는

'초인'으로 살 것인가(박찬국, 2014)!

니체는 오늘날의 현대인들은 안락한 생존과 쾌락에만 연연해하기 때문에 병약한 인간이 되어 버렸다고 말했다. 조금만 힘들어도 불평을 쏟아 내고 아주 사소한 자극에도 호들갑을 떤다. 헤밍웨이의 『노인과 바다』에는 망망대해에서 홀로 대어와 목숨을 걸고 싸우는 한 노인의 모습이 나온다. 또한 스스로 위험한 투쟁을 택하기보다는 손쉽게 남의 전리품을 약탈하는 방법을 택하는 상어 떼가 나온다. 상어 떼는 노인이 힘겹게 잡은 대어에 달려들어 쉽게 그 고기를 뜯어 먹는다. 이러한 상어 떼의 정신을 가리켜 '비열하고 천박한 기회주의의 정신'이라고 부르고, 이렇게 쉽고 안락하게만 인생을 살려는 정신을 '말세인들의 정신'이라고 일컫는다(장영희, 2010). 정신력과 생명력의 고양을 위해 적어도 자신과 대등하거나 강한 자들과 투쟁하는 험난한 운명을 택하는 것이 아니라, 이윤과 안락을 확보하기 위해 온갖 비열한 방법으로 약한 자들을 뜯어먹는 안이한 운명을 선택하는 자들을 경멸한다.

인생은 우리의 바람과는 상관없이 우리를 엄습하는 운명들로 점철되어 있다. 어떤 부모에게서 태어날지, 어떤 외모와 지능을 갖게 될지, 어떤 병에 걸릴지, 어떤 사람들을 만날지 등 우리가 선택할 수 없는 것들은 너무도 많다. 인생은 이러한 운명과의 싸움이다. 이러한 싸움에서 우리는 좌절하면서 자신이 부딪힌 운명이 다른 사람들에게 주어진 운명에 비해 너무나 가혹했고, 인생은 불공평하기 짝이 없는 것이라고 한탄할 수도 있다. 하지만 인간은 자신의 운명과 투쟁하고 다른 사람들과 투쟁하는 과정에서 자신을 강하게 단련하고 고양할 수 있다.

NCS에 대한 인문학적·철학적 성찰, "능력중심사회는 가치의 혁명이다."

현대사회는 사람들이 겪어야만 하는 운명의 부담을 가능한 한 줄여 주려고 한다. 과학과 기술을 통해서 사람들을 길들이고 안락한 삶으로 인간을 무능하게 만들려고 한다. 하지만 니체는 "위험하게 살아라. 우리는 우리의 운명이 평온하기를 바랄 것이 아니라 가혹해져야 한다."라고 했다. 이러한 운명과 대결할 때 우리는 우리 자신을 보다 강하고 깊은 존재로 고양시킬 수 있다는 것이다. NCS가 꿈꾸는 사회는 능력중심사회다. 자신의 꿈과 끼에 따라서 얼마든지 능력을 키우고, 키운 능력을 제대로 보상받고 사회적으로 대우받는 사회를 의미한다. 우리 스스로 자신의 운명을 받아들이고 그 안에서 성장할 가능성을 발견한다면, 한 단계 도약할 수 있다는 것이다. 자신이 일하는 분야에서 필요한 능력을 파악하고 그 안에서 스스로 노력하여 능력을 개발하여야 한다.

13) '최고(결과)'가 아닌 '최선(과정)'의 삶으로

인생은 그 자체가 부단한 노동이다. 때문에 우리는 진정한 인생은 노동 끝의 과실을 향유하는 즐거움 속에 있다고 생각한다. 노동과 학습의 시간은 '수단화'되며, 목적을 달성하기 위해서 어쩔 수 없이 거쳐야 하는 인고의 시간으로 여겨진다. 자본주의 사회는 이 이분법을 강화한다. 승진, 연봉 상승, 사업 확장을 달성한 상태만이 '목적'이 되고 나머지는 수단으로 전락한다. 수단과 목적의 이분법에서 보면 진정한 인생은 극히 짧다(이현, 2016).

"최선을 다해라." 우리 사회에서 덕담처럼 오고 가는 말이다. 격려의 의미로도, 경고의 의미로도 쓰인다. 그러나 최선을 다한다는 것이 도대체 무슨 뜻일까? 사람들이 흔히 생각하는 의미는 좁은 범위의 목표에 초점을 맞추고 모든 에너지와 시간을 쏟아부으라는 뜻이다. 인생이란 가시적인 성취의 연속에 불과하며 특정 시점에서 목적을 최대한 달성하는 것이 '성공한 삶'이라는 근시안적인 세계관 속에서 살아가고 있다.

하지만 진정한 최선은 무엇일지에 대하여 고민할 필요가 있다. 먼저, 인생에서 '좋음'이 무엇인지를 결정하는 일이 필요하다. 누구도 어느 한 가지에 모든 삶을 소진해야 한다는 의무감에 사로잡힐 필요가 없고, 다른 사람이 심어 놓은 죄책감에 시달릴 필요도 없다. 그러면서도 우리는 무가치한 나태나 무지한 확신에 빠져 자신의 인생을 낭비하지 않을 수 있다. 반성을 통해 신념을 점검하고, 조회의 과정에서 신념을 개선하며, 지속 가능한 실행에 어울리는 방식으로 인생의 방향을 세우고, 언제나 근본적으로 검토할 태도를 갖출 수 있는 것이다.

앞으로, 일자리의 개념이 변화된다. '지역사회→글로벌시장, 제조업·사무업→서비스 지식산업, 상하 조직→네트워크 조직, 풀타임→프로젝트당 파트타임, 정규직원만 근무→파트타임·아웃소싱, 고정된 일터 출근→다양한 일터 변화·이동, 경영진의 채용 특권→사회적 일자리, 충성도 중심→시장지식, 스킬, 창의성, 일자리를 찾아서→삶을 찾아서'로 미래의 일자리는 변한다. 인재의 조건도 바뀐다. 미래를 주도하는 인재는 정형화된 틀에서 벗어나 다양한 능력을 갖추어야 한다. 스토리가 있어야 하고, 공감을 이끌어 내는 능력이 있어야 하며, 물질이 아니라 삶의 가치에 대한 의미를 부여하고, 큰 그림을 보는 능력을 갖추어야 한다.

NCS를 통해 단순히 작업(task) 중심의 능력에서 더 광범위한 능력(미래지향적 능력, 돌발상황 대처능력, 직무환경/역할능력, 작업관리능력)을 키워야 한다. 학교가 아닌 일터에서 일하면서 배울 수 있도록 하여 문제해결능력을 향상시켜야 한다. 이를 통해 목적과 수단에 의해서 사람을 평가하는 것이 아니라, 가치를 구현하고 경험하는 과정을 진지하게 받아들이고 인생을 이끌어 가야 한다.

14) '상대평가(지필평가)' 아닌 '절대평가(수행평가)'로

상대평가는 상대비교평가, 규준지향평가라 하고, 절대평가는 목표지향평가라 한다. 상대평가는 개인차를 분명히 파악할 수 있고 평가자 편견을 배제할 수 있다는 게 이점인 반면, 지나친 경쟁을 불러일으킨다. 소수만을 '우수집단'으로 분류해 대다수를 '루저'로 전락시키는 것도 문제다. 절대평가는 쓸데없이 누가 잘나고 못나고를 구별 짓지 않는다는 점에서 좋다. 구성원들이 힘을 합해 공부할 수 있는 분위기도 만들 수 있다. 최근 미국과 한국의 글로벌 기업들이 사원평가에서 상대평가 방식을 버리고 절대평가 방식을 채용하는 사례가 증가하고 있다. 마이크로소프트, 다우케미컬, 액센추어, 어도비 등 다양한 업종의 글로벌 기업들이 속속 상대평가 제도에서 절대평가 제도로 전환하고 있다(김성수, 2016).

왜 상대평가 제도의 인기가 이토록 하락하고 있는가? 상대평가 제도는 사원들이 모두 우수한 성과를 보이더라도 사원의 성과를 여러 등급으로 나누도록 강제배분(forced distribution)하는 방식을 따르기 때문에 사원들이 나쁜 등급을 받지 않기 위해 긴장을 늦추지 않게 하는 효과가 발생할 수 있다. 즉, 개인 평가에 기반한 성과급 제도는 원래 사원들에게 커다란 동기 부여 효과가 있어야 하는데, 선행 연구들에서는 그 효과가 생각보다 상당히 작은 것으로 보고하고 있다. 최근 많은 글로벌 기업이 상대평가에서 절대평가 방식으로 대거 전환하는 것은 공정한 평가를 통해 성과급의 동기 부여 효과를 높이려는 의도와 무관하지 않다.

절대평가를 하기 위해서는 수행해야 할 목표가 있어야 한다. NCS는 국가 차원에서 다양한 산업부문별·수준별로 수행해야 할 역량(목표)들을 제시한 자료로, 그 분야에서 필요한 행동지표들을 수행준거(performance criteria)로 제시한다. 847개의 NCS, 1만 599개의 능력단위, 30만여 개의 능력단위요소, 200만여 개의 행동지표들을 담고 있는 소중한 사회적 자산이다. NCS를 활용하기 위해서는 NCS 각각이 담고 있는 수행준거에 주목해야 한다. 수행준거는 능력으로 발휘되기 위해 상황과 조건에서 관찰 가능한 행동지표로, 해당 직무에 대한 근로자의 능력이 '~할 수 있다.'로 명확하게 표현되는 것이다. 이는 교육에서는 학습목표로 활용되고, 평가에서는 평가준거로 활용될 수 있다.

수행준거의 특징은, 첫째, 개인의 다양한 내적 특성이 결합되어 행동으로 나타날 수 있다. 둘째, 단지 보유한 지식이 아니라 개인의 실천 능력으로 구현될 수 있다. 셋째, 행동 구현의 지속성, 반복성, 성과의 예측 가능성을 내포하고 있다. 넷째, 자기주도적인 행동(self-motivated)이 일관되게 재현될 수 있다. 다섯째, 측정과 향상이 가능하므로, 능력평가와 능력개발이 가능할 수 있도록 한다.

NCS를 통해 능력을 평가하기 위해서는 평가내용을 미리 공개

NCS에 대한 인문학적·철학적 성찰, "능력중심사회는 가치의 혁명이다."

하고 그 능력을 측정해야 한다. 능력은 필기시험만이 아닌 다양한 방법으로 측정 가능해야 한다. 특히 일상생활 속에서 주변의 관찰을 통해서 측정이 가능하도록 해야 한다.

15) '입시위주의 교육'이 아닌 '자녀들의 평생진로교육'으로

우리사회에는 소위 '매니저 맘(manager mom)'이 가득하다. 매니저 맘은 자녀의 성공을 위해 자신의 모든 것을 바치는 대한민국 엄마들의 모습을 빗댄 말이다. 이러한 사회현상은 왜 발생한 것일까? 그동안 스펙 중심의 채용시스템이 학벌 지상주의를 부추기면서 우리 아이들이 살아갈 미래의 모습을 하나로 단정 지었기 때문이다. 그래서 엄마들은 자녀들이 무엇을 잘할 수 있고, 무엇을 못하는지를 심각하게 고민해 보는 방법을 가르쳐 주지 못했으며, 그 때문에 자녀들은 자신의 숨은 재능과 열정에 대해 생각해 볼 기회가 없었다.

또한 많은 엄마가 직업의 세계를 잘 모른다. 그래서 대학만 가면 모든 게 잘 풀릴 줄 알았고, 그렇게 믿고 싶었을 것이다. 하지만 현실은 어떠한가? 2016년 체감 청년실업자 수가 120만 명을 넘어섰다. 대한민국의 청년실업률(15~29세)은 11.1%로 외환위기 이후 15년 만에 최고치를 기록한 것으로 나타났다(통계청, 2016). 이제 입시 위주의 교육은 안 된다. 자녀들의 평생진로교육이 이루어져야 할 시점이다.

학부모와 자녀들이 NCS를 참고해야 하는 가장 중요한 이유는 무엇일까? 그것은 바로 NCS를 분류한 기준이 학벌이나 스펙이 아닌, 직무에 반드시 필요한 역량들이기 때문이다. 이 역량들은 곧 아이의 '재능'과도 밀접한 연관성이 있다는 점에서 의의가 있다.

예를 들어, 우리 아이가 '식품 조리'에 열정을 갖고 있다고 가정하자. 그럼 NCS 분류표를 차례대로 짚어 가며 복어 · 양식 · 일식 · 중식 · 한식 조리 등의 직무를 파악하고, 직무별로 요구되는 능력들을 꼼꼼히 살피면서 아이가 갖고 있는 능력이 무엇이고 현재 어느 정도의 수준인지를 점검해 보면 된다. 또한 이 역량들을 키워 나갈 수 있도록 교육의 방향을 설정할 수 있기 때문에 지금처럼 무턱대고 아이들을 학원으로 내몰지 않아도 된다. 자녀들은 NCS를 통해 자신이 탁월한 성과를 낼 수 있는 분야를 찾을 수 있고, 비로소 그 역량들을 꽃피울 기회를 갖게 되는 것이다. 일방적 교육을 위해 불필요한 비용과 시간을 낭비하지 않아도 되니 자녀도 행복하고, 행복한 자녀를 바라보는 부모 또한 행복하지 않겠는가!

물론 NCS가 우리나라 교육과 매니저 맘의 현실 자체를 해결해 주는 근본적인 대안은 아니다. 하지만 많은 엄마가 NCS를 통해 자녀와 대화하는 시간도 충분히 가져 보고, 자녀의 숨은 재능과 적성을 발견해 가며, 자녀가 진정으로 원하는 분야에서 다양한 능력들의 불꽃을 피울 수 있도록 방향을 설정해 주는 현명한 엄마가 되기를 바란다. NCS는 자녀와 학부모 모두를 행복한 세상으로 이끌어 주는 날개가 되기에 충분하다. 그것은 NCS를 분류한 기준이 학벌이나 스펙이 아닌, 직무에 반드시 필요한 역량들이기 때문이다. 이 역량들은 곧 아이의 '재능'과도 밀접한 연관성이 있다는 점에서 의의가 있다.

NCS에 대한 인문학적 · 철학적 성찰, "능력중심사회는 가치의 혁명이다."

16) '국내 인재'에서 '글로벌 인재'로

국제화 · 세계화의 가속화로 국가 간 인력의 이동도 증가하고 있으며, 근로자가 지니고 있는 능력을 국가 간에 어떻게 상호 인정할 것인가는 매우 중요한 문제다.

2009년 '직무능력표준의 조화에 관한 ASEM 콘퍼런스(ASEM conference on harmonization of competency standard)'에서는 능력 표준(competency standards)의 조화를 위한 3단계 제안인 투명성(transparency), 동등성(equivalency) 및 조화(harmonization)이라는 주제로 논의가 진행되었다. 특히 아시아와 유럽은 자격체계가 상이하여 실제적인 자격 상호 인정은 매우 어려운 일이나, 콘퍼런스를 통해 ASEM 회원국의 직업능력 표준 및 자격 시스템에 대한 우수 사례와 경험을 공유하고 직업능력표준의 조화의 토대를 마련하는 의미 있는 자리였다.

앞으로 세계 많은 국가는 경제위기에 처하게 되고, 저고용 · 저성장의 고용상황이 지속될 것이며, 기술의 개발과 고용의 미스매치를 줄이는 것이 주요 이슈가 될 것이다. 국가마다 교육 · 훈련 및 자격체계 상이, 사회 · 경제적 차이 및 언어 장벽, 선진국 주도의 상호 인정 체계, 노동시장의 보호주의 등 해결해야 할 사항이 많다.

하지만 중요한 것은 노동시장의 요구에 맞는 기술 개발에 관심을 가져야 하며, 국가별 자격 및 교육훈련 체계의 상이성으로 인한 개인의 능력 인정 문제를 고려해야 한다는 것이다. 글로벌 시대에 노동력을 인정하는 기제가 자국 대학의 졸업장만으로는 많은 한계가 따른다.

이를 위해서는 능력표준(competency standard)의 조화가 필요하다. NCS는 고용 가능성을 높이는 교육훈련 분야에 중요한 방향성 및 기준을 제시해 줄 수 있고, 서로 산발적으로 이루어지고 있는 교육과 훈련을 탈피하여 평생학습체계를 구축하는 데 중요한 요소가 될 수 있다. 국제적으로 통용될 수 있는 능력에 대한 기준을 통해 정확한 증거기반의 인정체계가 가능할 수 있기 때문이다.

이를 위해서는 교육훈련이 자율과 책임에 따른 성과중심 교육 훈련이 될 수 있도록 성과 관리를 내실화할 필요가 있고, 특히 교육훈련과 노동시장을 연계하는 대표적 신호기제로서 자격의 효용성을 제고해야 한다. '자격 없는 교육훈련은 없다.'라는 기조하에, 앞으로 자격이 교육훈련의 질 관리 수단이 될 수 있도록 할 필요가 있다. 또한 NCS 기반 '교육훈련-자격-학위(학점)'가 상호 연계되는 시스템(NQF, 국가역량체계)이 필요한 시점이다.

또한 직업교육훈련 시장의 품질을 관리할 수 있는 중요 수단으로 작동하여, 그동안의 공급자 중심 규제 위주 시장에서 고객 중심의 서비스산업으로 체질을 개선하는 데 역할을 하리라 생각된다. 특히 직업교육훈련도 서비스산업으로 발전시켜 스스로 일자리 창출이 이루어질 수 있도록 선진화되어야 하고, 호주의 VET시스템과 같이 우리의 독자적인 직업교육훈련 및 자격 시스템을 해외에 수출할 수 있도록 하여야 할 것이다.

4. 마무리

'우리나라 청년들에게 직업이란 어떤 의미를 가지고 있을까?'

인생에서 직업을 선택하는 것은 중요한 일이다. 삶의 절반 이상을 함께하는 동반자를 선택하는 일과도 같은 것이다. 따라서 어떤 직업 혹은 직무를 향해 나아갈지 정할 때는 신중해야 한다. 하지만 이런 고민에 여유를 부릴 만큼 현 취업시장은 녹록지 않은 상황이다. 내가 하고 싶은 일을 고민하기에 앞서 내가 현재 가진 스펙으로 들어갈 수 있는 곳을 찾아 취업시장의 문을 두드리게 만들고 있는 것이 현실이다.

'학벌이 아닌 능력중심사회의 구현!'

이 문구 자체는 당위성을 띠는 좋은 말이다. 동시에 어쩌면 영원히 풀어야 할 과제가 될 명제일지도 모른다. 그만큼 어려운 것이다. 사람들의 인식 변화가 필요하기 때문이다. 여기에 우리나라 지식층이 더욱 관심을 가져야 한다. 그간 많은 인문학자와 철학자가 주장한 '행복한 삶'과 다른 것이 아니다. 같은 것이다. 함께 노력해야 한다.

'행복'에 대한 인문학적 담론은 아리스토텔레스의 사유에서 시작하여 공리주의, 실존주의에 이르기까지 항상 인간 존재의 근본적 질문과 연관되어 왔다. 하지만 이제까지 잘 작동되어 왔던 행복에 대한 이러한 이해가 최근에 이르러 별로 그 효과를 보지 못하고 있는 이유는 무엇일지 생각해 볼 필요가 있다. 그 까닭은 '인간의 삶'을 망각한 채 현실에 동조하거나, 비판적 상상력이 고갈

된 까닭이다. 즉, 인문학이 필요한 것이다. 특히 인문학에 있는 '이해' '성찰' 그리고 '비판'이라는 사유의 기본적인 특성을 현실의 NCS 제도 형성과 결부해 살펴볼 필요가 있다.

이에 필자는 NCS를 단순히 국가사업을 진행하는 도구(tool)로 취급하는 현실이 안타까워 NCS의 의미를 탐색하고, 그 역할을 되새겨 보고자 이 글을 준비했다. NCS 업무를 하고 많은 사람을 만나 오며 들었던 고민들……. 어떤 것이 우리 삶을 변화시키는 것일까? 삶은 무의미한 것일까? 삶의 의미는 무엇일까? 사람의 가치가 사회에서 그 사람이 차지하는 위치(스펙)로 결정되는 세계관하에서 자기보다 못생긴 사람, 자기보다 가난한 사람, 자기보다 무능한 사람이 얼마나 많은지로 자기 삶의 가치를 측정하고 삶의 방향을 세운다. 이게 과연 의미 있는 삶일까? 타인의 권리를 해치지 않고 자신의 삶을 가치로 채울 때, 우리는 다른 사람들의 평가에 휘둘리거나 짓눌리지 않고 자유인으로 살아갈 수 있지 않을까?

그 많은 고민을 여러 측면으로 구분하여 NCS가 어떻게 활용될 수 있는지 성찰해 보았다. 이를 통하여 NCS가 단순한 도구로 쓰이고 마는 것이 아니라, 우리 사회에 의미가 있는 중요한 기제로서 정착되고 더욱 발전해 갈 수 있기를 바란다.

NCS에 대한 인문학적·철학적 성찰, "능력중심사회는 가치의 혁명이다."

NCS의 역할과 과제에 대한 토론

박동열
한국직업능력개발원 평생직업교육센터장

1. 토론에 들어가며

   최근 4차 산업혁명 도래, 지식정보기술의 현장 적용 등으로 인하여 노동 시장에서 고숙련 일자리에 대한 수요가 증가하고 있는 상황에서 '우리나라 숙련 기술·기능 인력 양성 및 활용 체계가 과연 이러한 요구를 충분히 반영하고 있을까?'라는 의문이 제기되어 왔다. 특히 인공지능(AI), 사물인터넷, 3D 프린터 등 지능정보기술이 실용화 단계에 접어들면서 예비 근로자인 학생들에게 문제 상황을 인식하고 해결방안을 제시할 수 있는 컴퓨팅 사고 (computational thinking), 급변하는 환경에 능동적으로 대처할 수 있는 학습 민첩성(learning agility), 더 나아가 '능력을 가지고 있는가?'보다는 '능력을 가지고 성과를 낼 수 있는가?' 등이 요구되고 있다. 뿐만 아니라, 2016 다보스포럼에서 미래에는 단순 반복에 의존하는 직업은 사라질 것으로 전망되었다. 결국, 기업은 현재뿐만 아니라 미래를 대비하기 위하여 가치를 창출할 수 있는 고숙련 인재를 필요로 하고 있는 상황이다.

특히 현 정부는 능력중심사회 구현의 일환으로 기업-학교 간 인력 미스매치를 해소하기 위하여 NCS 중심으로 직업교육을 개편하고, 학교 밖 학습경험의 체계화를 통한 일학습병행제 기반 직업교육을 확대함과 동시에, 지속적인 경력개발을 위한 선취업후진학 병행 방안을 수립·운영하고 있다.

이와 같이 능력중심사회 구현의 중요한 기제로서 국가역량체계(NQF)와 국가직무능력표준(NCS)의 역할과 중요성은 더욱 커질 것으로 전망된다. 이러한 상황에서 NCS의 단순한 활용 방안 모색보다는 왜 NCS를 활용한 역량 중심 교육으로 전환되어야 하는지에 대한 사회적 필연성과 철학적 접근 등이 논의되는 의미 있는 자리라고 판단되며, 필자에게 주어진 두 개의 주제, '역량개발 전략으로서 NCS의 역할'이라는 주제로 역량의 개념, NCS 개발과 활용을 폭넓게 발표해 주신 주인중 박사님과 '직업교육과 국가직무능력표준(NCS)' 주제로 직업교육 관점에서 NCS를 체계적으로 이해할 수 있도록 발표해 주신 이병욱 교수님께 감사를 드린다.

두 분의 발표 내용과 범위가 매우 광범위하기에 발표 내용에 관한 세부적인 내용 토론보다는 발표자들이 고민하고 제시하여 준 이슈 중심으로 토론을 하고자 한다.

2. NCS 활용을 통한 사회적 기여 방안

1) 능력중심사회 구현

NCS는 능력중심사회 구현을 위한 주요 기제로서 역할을 수행할 것이다. 다시 말해, NQF와 NCS에 기반한 학습-채용 제도가 구축된다면 기존 전통적인 ACADEMIC 성공경로뿐만 아니라 직업교육 또는 자신의 적성에 맞는 분야에서 경력을 탐색, 준비, 유지 및 향상할 수 있는 '다양한 사회계층이동 경로'가 구축되어 구동될 것으로 기대된다.

능력중심사회란 '학력이나 학벌 등의 특정한 요소로 국한하지 않고 다양한 요소를 종합적으로 활용하여 개인의 능력을 인정함과 동시에, 모든 구성원에게 공정하게 능력을 개발할 수 있는 기회를 제공하고 능력 중심의 고용과 인사 관행 등이 이루어져 개인이 가진 능력을 차별 없이 발휘할 수 있는 사회'를 말한다(허영준, 김기홍, 박동열, 전승환, 2014). 그동안 우리나라는 능력중심사회 구현을 위하여 많은 노력을 하여 왔지만, 여전히 개인의 직무 능력보다는 학력이나 스펙에 의한 인력 채용과 배치 등이 이루어지고 있는 실정이다.

이러한 문제점을 해결하기 위하여 현 정부에서는 '학벌이 아닌 능력중심사회 만들기'를 주요 국정과제로 제시하고, 세부 추진과제로 국가직무능력표준(NCS) 및 학습모듈 개발, 국가직무능력표준(NCS) 기반 교육훈련과정 및 자격제도 개편, 취업 중심의 고교 직업교육체제 확대, 산·학 일체형 도제학교 도입, 선취업후진학 병행 경로의 확대, NCS 기반 채용제도 개선 등 다양하고 실현 가능한 정책 과제를 수립하여 추진하고 있다.

이러한 노력을 통하여 능력중심사회의 구성요소인 사회적 안전성(security), 사회적 응집성(cohesion), 사회적 포용성(inclusion) 등을 달성하는 데 많은 기여를 할 것으로 기대된다(허영준, 박동열, 강서울, 2015). 결국, 학생들이 직업교육을 통하여 또 다른 행복한 삶의 경로를 만드는 데 NCS는 매우 중요한 역할을 수행할 것으로 기대된다.

2) 기업-학교 간 불일치 해소

NCS는 사회적 이슈로 제기되고 있는 기업과 학교 간의 불일치 문제를 해결하는 단초가 될 것으로 기대된다. 다음 [그림 1]에서 알 수 있듯이, 근로자의 능력은 크게 ① 대부분의 기업에서 요구하는 해당 직무 수행에 필요한 성취능력(NCS)과 ② 특정 기업에서 해당 직무 수행에 필요한 성취능력(firm-specific competency) 등으로 구분할 수 있다(박동열, 박윤희, 김진모, 이병욱, 2010). 이러한 구분은 국가직무능력표준(NCS) 개발 단계에서 대부분의 기업에서 공통적이거나 일반적으로 수행되는 직무에 근거한 지식, 기술, 태도 등으로 구성된 성취기준을 개발할 수밖에 없으며, 특정 기업에서 직무 수행에 필요한 성취기준을 NCS에 포함시키기 어려운 현실적인 부분이 있다.

그러면 왜 기업은 대학을 포함한 직업교육기관에서의 교육에

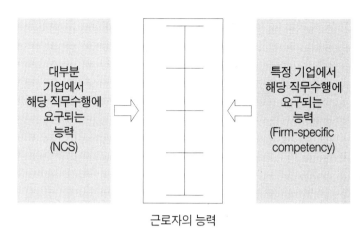

근로자의 능력

[그림 1] NCS와 Firm−specific competency로 구성된 근로자의 역량 개념
출처: 박동열 외(2016)에서 인용함.

만족하지 못하고, 신입사원에게 특정 기업에서 요구하는 역량교육을 실시하는 것일까? 여러 가지 복합적인 요소가 있겠지만, 교육과정 관점에서 살펴보면, ① 교육 내용의 차이와 ② 학습내용의 숙련 차이 등으로 구분할 수 있을 것이다. 앞에서 제시한 근로자의 역량이 크게 두 가지로 구분된다면, 학교중심 직업교육은 예비 근로자가 노동시장으로 입직하기 위하여 필요한 역량의 학습에 중점을 둘 수밖에 없다.

이러한 한계를 개선하고 직업교육기관에서 '취업 맞춤형 교육'을 개발·운영하기 위해서는 현재 추진되고 있는 NCS 기반 교육과정 편성·운영과 함께 특정 기업에서 요구되는 숙련중심 학습과정인 '도제과정(Apprenticeship course)'의 확대를 고려해야 하며, 이를 도식화하면 다음 [그림 2]와 같다.

이와 같이 직업교육기관에서 '도제과정'을 적극 도입하게 된

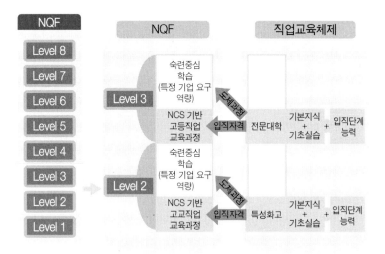

[그림 2] 입직 과정으로서의 직업교육기관 역할

다면 ① 특성화고졸 근로자의 특정 기업 요구 역량을 기를 수 있으며, ② 입직 과정인 학교중심 직업교육의 한계를 개선할 수 있고, ③ 도제과정의 핵심인 기업 OJT를 통한 학습내용의 숙련도 제고와 함께 기업의 문화를 체화하는 잠재적 학습 기회도 가질 수 있으며, ④ 기업 입장에서도 신입사원의 직장 적응 시간을 최소화하고 기업에서 해당 직무수행에 필요한 성취능력(firm-specific competency)을 제고하기 위한 연수 비용도 줄일 수 있을 것이다.

그러면 왜 직업교육은 입직과정으로서의 역할만을 수행할 수밖에 없었는가? 과거 전문대학에서는 '주문식 교육과정'을 개발하여 운영하였고, 최근에는 일반대학에서도 '주문식 교육과정'을 운영하고 있다. 그럼에도 불구하고 직업교육의 교육과정은 주문식 교육과정에 참여할 수 있는 학생의 규모, 기업이 요구하는 숙련 형

NCS의 역할과 과제에 대한 토론

성 인프라(시설 기자재, 예산 등) 미흡 등으로 전면적인 도입을 할 수 없는 한계가 있다.

이러한 한계를 극복하기 위하여 과거에는 현장실습, 인턴십 등의 제도를 운영하였지만, 기업 현장에서 요구하는 능력을 기업 스스로가 구체적으로 제시하지 못하였고, 중숙련 이상의 능력을 요구하지 않아, 결국 기업은 신입사원을 대상으로 기업에서 요구하는 특정 능력을 향상시키기 위한 교육을 실시할 수밖에 없게 되었다(박동열, 2016b).

따라서 우리가 접근하고 있는 역량중심 교육으로의 전환을 위해서는 주인중 박사님의 원고에 제시된 역량의 개념을 이해하는 것이 필요하다. 다만, 포괄적 역량과 직무 세부적 역량 간의 개념적 차이, 한계역량(threshold competencies)과 차이역량(differentiating competencies) 간의 개념적 차이 등을 고려하여 NCS 개발 및 활용을 고려해야 한다. 추가적으로 고민되어야 할 세 가지를 제시해 보면 다음과 같다(박동열 외, 2016).

① Spencer가 제시한 역량 모형에서는 측정 가능한 영역과 측정 불가하거나 어려운 영역으로 구분하고 있고, 노나카 이쿠지로가 제시한 형식지(Explicit Knowledge)와 암묵지(Tacit Knowledge)의 구분 차이에서 알 수 있듯이, NCS로 구현될 수 있는 역량 또는 지식의 부분에는 한계가 있다. 따라서 이를 기반으로 한 역량교육 또는 훈련을 실시하기 위해서는 측정 또는 학습하기 어려운 영역에 관한 내용도 같이 고려되어야 할 것이다.

② NCS 개념 정의에서 과연 우리는 역량을 어떻게 바라보고 교

육에 적용할 것인가에 관한 고민을 해야 한다.

먼저, 역량의 개념을 조직의 목표 달성과 연계하여 뛰어난 직무수행을 보이는 고성과자(High Performer)가 보다 자주, 보다 효과적으로 활용하는 지식, 기술, 태도 등의 종합체로 보는 경우에는 직업교육이 단순히 할 수 있는 수준을 넘어 숙련 중심의 학습을 추구하는 방향으로 학습 패러다임이 전환되어야 한다.

다른 개념적 접근으로 역량을 조직의 목표 달성과 연계하여 근로자 또는 학습자가 성취해야 할 최소 성취 기준으로서의 지식, 기술, 태도 등의 종합으로 규정하는 경우에는 직업교육의 패러다임을 완전학습으로 전환하여야 한다.

과연 우리가 추진하고 있는 NCS는 앞에서 제시된 두 가지 접근 방법 중에서 어떤 개념과 철학적 근거에 기반하여 추진하고 있는지를 심각하게 고민해 보아야 한다.

③ 지식, 역량 개념의 변화 추이를 보면, 과거에는 '무엇을 알고 있는가?'를 중심으로 한 직업교육이었다면, 점차 '무엇을 할 수 있는가?' 중심으로 변화하였고, 최근에는 '할 수 있는 능력을 발휘하여 성과를 낼 수 있는가?'를 중심으로 전환되고 있다. 이러한 변화를 고려할 때 직업교육 체제는 단순히 학생들이 할 수 있는 수준에서 벗어나 '자신의 능력을 발휘하여 성과를 낼 수 있는 수준'을 교육 목표로 설정하고 변화되어야 한다.

3) 기술인력의 양성 및 활용체계 구축

NCS는 선순환적 숙련 기술·기능 인력 양성 및 활용 체계를 구축하는 데 기여할 수 있다. 우리의 현실을 보면, 아직도 우리는 학교를 졸업한 인력과 기업이 요구하는 인력 간의 양적·질적 미스매칭 문제에 당면하고 있으며, 이를 개선하기 위해서는 직업교육의 내적 요인뿐만 아니라 노동시장과 기능인력에 관한 부정적인 사회 마인드 등 직업교육의 외적 요인도 고려해야 한다. 특히 우리나라는 '기능 관련 직업에 대한 낮은 사회적 인식→열악한 사회·경제적 보상→기능 관련 직업 기피→기능인력 부족 및 질적 저하→외국인 인력의 국내 활용 확대→외국인 인력의 장기 근무에 따른 숙련도 향상 및 임금 구조 혼란→국내 기능인력의 저부가가치 노동 참여 및 외국인 인력과의 임금 경쟁' 등의 악순환적 고리가 형성되어 있으며, 이를 선순환적인 구조로 변경하기 위한 노력이 요구되고 있다(박동열, 2016a).

물론 최근 저출산 고령화 등으로 생산 가능 인력이 감소하는 상황에서 일부 산업 분야에 한하여 '숙련 외국 인력의 정주화' 정책은 국내 노동시장 보완성 원칙, 산업 구조 조정 저해 방지 원칙 등과 고려하여 조화롭게 추진되어야 한다. 이런 맥락에서 일-학습-자격의 유기적 연계를 위하여 추진되고 있는 국가역량체계(NQF)와 국가직무능력표준(NCS)은 선순환적 숙련 기술인력 양성 및 활용 체계 개선과 외국인 인력 정책 개편에 많은 시사점을 준다([그림 3] 참조).

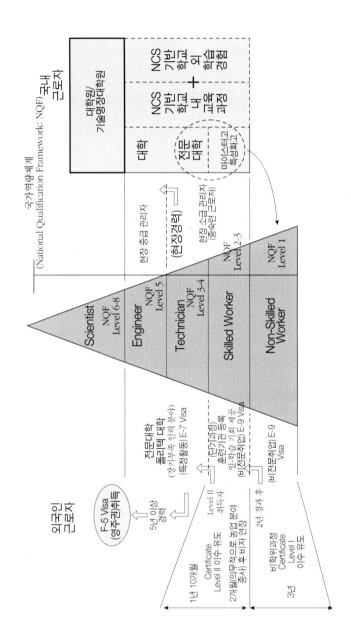

[그림 3] 기술인력 양성 및 활용체계

출처: 박동열(2016a)에서 인용함.

4) 역량중심 평생직업교육 체제

NCS에 기반한 역량중심 평생직업교육 체제로 전환하는 데 기여할 수 있다. 고숙련사회에서 요구하는 중숙련 이상의 인력을 양성하기 위해서는 중등 직업교육의 혁신적인 변화가 필요한 상황이다. 특히 최근 취업중심 특성화고의 정체성과 역할이 강화되면서 학교중심 직업교육만으로는 학생들에게 기업에서 요구하는 취업역량을 향상시키는 데 한계가 있었다.

이러한 한계를 개선하고자 학교 밖 학습경험을 통한 숙련도 향

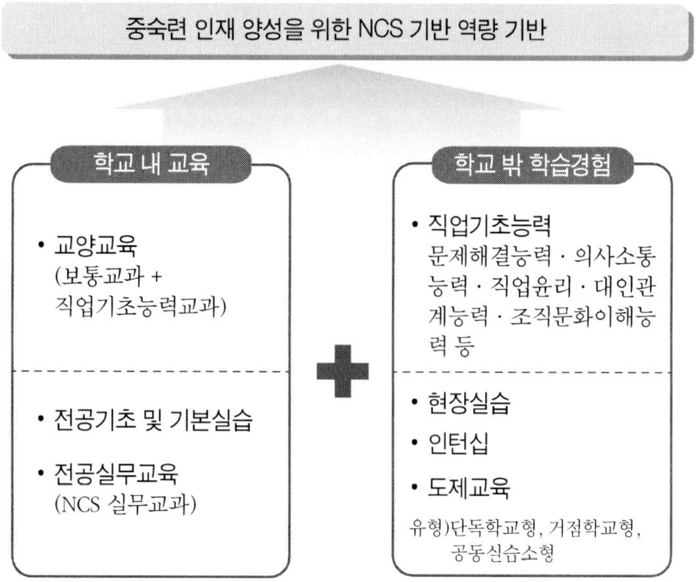

중숙련 인재 양성을 위한 NCS 기반 역량 기반

학교 내 교육

- 교양교육
  (보통교과 +
  직업기초능력교과)

- 전공기초 및 기본실습

- 전공실무교육
  (NCS 실무교과)

학교 밖 학습경험

- 직업기초능력
  문제해결능력 · 의사소통
  능력 · 직업윤리 · 대인관
  계능력 · 조직문화이해능
  력 등

- 현장실습
- 인턴십
- 도제교육
  유형)단독학교형, 거점학교형,
  공동실습소형

[그림 4] NCS 기반 역량교육 실시를 위한 학교 내 교육과
학교 밖 학습경험의 연계

출저 : 박동열 외(2016)에서 인용함.

상 및 현장직무능력 향상을 목적으로 하는 현장실습 운영의 내실화를 추진하였지만, ① 현장실습이 교육 관점보다는 기업의 부족인력 충원 중심으로 운영되고, ② 현장실습 기간에 체계적인 교육내용이 마련되지 못하였으며, ③ 기업 내 현장실습을 담당할 현장 기업교사가 확보되지 못하였고, ④ 현장실습 기간 중 학생의 법적 지위가 명확하지 않았으며, ⑤ 현장실습에 참여하는 기업에 대한 인센티브가 없어 기업의 자발적인 참여를 유도하지 못하였고, ⑥ 학교 내 교육과정과 학교 밖 학습경험의 연계가 거의 이루어지지 못하였으며, ⑦ 현장실습 기간 중 학교 교사의 역할이 모호함과 동시에 참여할 수 있는 지원이 없었으며, 마지막으

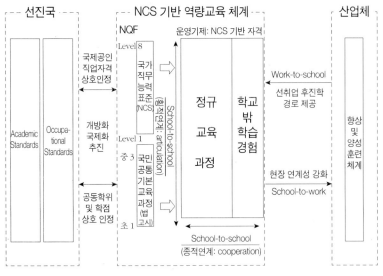

[그림 5] NCS기반 학교내 교육과정과 학교 밖 학습경험의
연계를 통한 평생직업교육체제

출처 : 박동열 외(2010)에서 인용함.

로 ⑧ 기업 내 현장실습을 통한 학생 역량 향상을 평가하고 관리하는 체계도 마련되어 있지 않은 실정이었다.

결국 기업에서 요구하는 중숙련 인재 양성을 위해서는 NCS 기반 역량교육을 실시하여야 하고, 이를 위해서는 학교 내 교육과 학교 밖 학습경험의 유기적인 연계가 마련되어야 한다. 이러한 연계는 전문교과와 현장실습 또는 도제과정의 연계뿐만 아니라 보통교과/직업기초능력교과(성공적인 직업생활 등) 등의 학교 내 교육과정과 기업에서의 체화된 직업기초능력 관련 학습경험의 연계도 포함되어야 한다.

특히 NCS 기반 역량교육을 적용하기 위해서는 국가자격체계(NQF)에 기반한 공급자(학교), 수요자(기업과 학생) 간 유기적 상호작용을 통하여 개인의 역량 계발과 기업의 생산성 향상을 추구하는 통합된 직업교육체제를 구현하여야 한다(박동열 외, 2010). 이를 위한 추진 전략으로는 현장성, 자율성, 책무성(질 관리)이 제시되었다. ① 현장성은 NCS 기반 교육과정 개발부터 NCS 교육과정 운영단계, 양성된 인력의 활용단계까지 산업체의 참여를 확대하는 것이고, ② 자율성은 NCS 기반 교육과정을 학교 여건 및 학생 특성에 따라 다양하고 유연하게 운영할 수 있어야 하는 것이며, ③ 책무성(질 관리)은 현장중심 역량교육을 실시함과 동시에 기업에 학생의 역량평가 결과를 객관적인 신호기제로 전달 및 활용될 수 있도록 유도하는 것이다.

결국 NCS 기반 역량교육은 크게 국가자격체계(NQF)를 기초로 하여 ① 학교 내 교육과정과 학교 밖 학습경험 간의 연계, ② NCS 기반 자격 등을 기제로 하여 운영된다. 특히 앞에서 제시한 현재까지 현장실습의 한계를 개선하고, 중숙련 인력을 양성하기 위해서는 중등뿐만 아니라 고등단계에서도 산학 일체형 도제과정의 중요성이 강조될 수밖에 없다(박동열, 2016b).

3. 나가며

국가역량체계(NQF)와 국가직무능력표준(NCS)을 개발하여 활용한다 하더라도, 미래 인재양성단계에서 우리가 당면한 모든 문제를 해결할 수는 없다. 다만, 미래의 변화에 따라 기업에서 요구하는 인재를 육성하고 능력중심사회를 구현하여 사회의 건강성을 높이는 데 국가역량체제와 국가직무능력표준이 어떻게 기여할 수 있는지를 간략하게 제시해 보았다.

그동안 고민하였던 내용을 다시 한 번 정리할 수 있도록 다양한 관점에서 심도 있는 자료를 제시하여 주신 발표자들에게 감사를 드리며 토론을 마치고자 한다.

NCS와 한국 교육의 발전 방향

이종재
서울대학교 교육학과 명예교수

1. 서론

'NCS를 기반으로 한 능력중심사회의 구축'은 자유학기제와 대학 구조 조정을 위한 PRIME 사업과 함께 박근혜 정부가 추진하는 핵심 교육정책의 하나다. 이 글에서 NCS의 의미와 그 의의를 한국 교육의 발전 과정과 과제에 비추어 살펴보고자 한다. NCS와 관련한 네 편의 발표 논문과 장석민 박사의 NCS 정책에 대한 분석적 검토를 토대로 하여 간단하게 논평하고자 한다. 한국교육의 발전맥락으로 ① 한국 교육의 선진화 과제, ② 한국 교육의 빛과 그림자, 그리고 ③ 한국 교육의 새로운 패러다임의 관점에서 NCS의 의미와 그 의의를 생각해 보려 한다.

2. NCS(국가직무능력표준)

1) NCS에 대한 이해

NCS는 무엇인가? NCS에 대한 논의에는 '끼를 찾고 꿈을 실현하는 능력중심의 직업교육의 구현'이라는 NCS의 정책비전과 함께 NCS에 대한 낙관적인 소망과 기대가 제시되어 있다. NCS의 핵심 키워드는 직업교육의 현장 적합성과 능력중심사회 구현에 대한 기여라고 볼 수 있다. 그러나 NCS에 대한 포괄적인 설명에도 불구하고 여러 가지 질문이 제기된다. 그 내용체계는 무엇이며 추구하는 목적은 무엇이고, 어떻게 개발되었으며, 그 성과는 무엇인가? 운영의 실제는 어떠하며 활용 상황은 어떠한가? 어떠한 문제를 제기하고 있는가? 많은 질문이 제기된다. 그러나 NCS 체제로 직업교육의 체제를 전환하고 있는 실제를 파악하기 어렵기 때문에 NCS에 대한 이해는 참 어렵다.

이병욱 교수는 NCS의 취지와 정책목표 및 그 활용과 의의를 다음과 같이 간결하게 요약하고 있다. '국가직무능력표준(National Competency Standards: NCS)'을 구축하여 직업교육체제를 직무중심교육으로 개편하고, 국가자격체계(NQF)를 재구조화하고 직업능력 관리체계를 구축하여 '학벌이 아닌 능력중심사회 구현'을 이루겠다는 것이다. 사교육의 동인이 되는 학벌경쟁을 지양하고, 직업능력을 형성하고 그 능력에 따라 사회적 활동을 하게 하는 능력중심사회의 구축은 매우 매력적인 정책 제안이다. 그러나 '능력중심사회는 어떠한 사회이고, NCS를 통하여 이러한 사회의 구축은 가능할까?'라는 의문이 든다. 850여 종에 이르는 다양한 종류의 NCS를 살펴보기도 어렵고 적용되는 실제를 살펴보기도 어렵다. 이제 NCS를 개발하여 시행하고 있기 때문에 적용상의 문제점도 있고, 더구나 그 효과를 평가하기에는 실적을 살펴볼 자료도 적다. 이러한 한계를 가진 이 논의에서는 NCS의 특징에 비추어 ① 국가직무능력표준의 의미, ② 능력중심사회와 NCS와 국가역량체계(NQF)의 관계, ③ NCS의 개발과 적용 과정과 학교와 교사의 역할, 그리고 ④ 담대한 정책실험으로서의 NCS를 논의하고자 한다.

2) NCS의 주요 특징

(1) 국가직무능력표준의 설정의 의미: 훈련의 길 vs 학습의 길

장석민 박사는 NCS는 직무분석을 기초로 하여 작성된다는 점을 분명하게 지적하였다. NCS는 '근로자가 자기의 직무에서 직무를 성공적으로 수행하기 위해 요구되는 지식, 기술 및 태도를 포함한 직무수행 역량을 산업부문별·수준별로 체계화한 것으로 국가 차원에서 표준화한 것'이라 볼 수 있다. NCS를 적용하는 입장에서는 NCS를 기반으로 직업교육 체제를 구축하여 교육·훈련 및 자격의 현장 적합성을 제고하고, 고용 가능성을 향상하며, 교육·훈련-자격의 연계를 통한 중복 투자의 문제를 해소하고, 일 중심의 평생학습 촉진과 자격의 국제화 촉진 등이 가능할 것으로 기대한다.

NCS는 우리나라 노동시장 내 모든 직종(11,655)에 요구되는 핵심능력을 제시하기 위해 한국고용직업분류(Korean Employment Classification of Occupations: KECO)에 따라 직무를 2015년을 기준으로 대분류 24개, 중분류 77개, 소분류 227개, 세분류 857개로 분류하였다. 분류체계 중 세분류는 직무를 지칭하고, 세분류 단위에서 NCS가 개발된다. 세분류는 NCS의 기본 구성요소인 능력단위로 구성되어 있는데 능력단위는 능력단위 분류번호, 능력단위 정의, 능력단위요소(수행준거, 지식·기술·태도), 적용범위 및 직장생활, 평가지침, 직업기초능력으로 구성되어 있다. 능력단위요소는 8단계로 수준을 정하였다. 수준은 과업 수행의 독자성, 관련 지식의 범위, 권한과 책임이 부여된 정도에 따라 구분되는 것으로 보인다. 대개 고졸학력에서는 1~2수준, 전문학사의 경우에는 4~5수준에서 입직하고, 이후 경력과 학습에 따라 수준을 높여 가는 것으로 이해된다.

교육부는 고교단계와 그 후의 직업교육을 NCS를 활용한 일(직무) 중심 교육으로 전환하고 있고, 자격체계 또한 NCS를 기반으로 재구조화하고 있다. 공공기관 및 공기업을 필두로 한 산업체에서도 NCS를 활용한 채용, 배치, 인사 등과 관련하여 정책적 시도와 실천이 이루어지고 있다.

NCS에 대한 교사와 학교 현장의 문제는 NCS에 기반한 직업교육의 성격을 드러내고 논의와 검토의 과제를 제기한다. 이들이 제기하는 문제는 다음과 같다(이 책의 이병욱 발표자료).

① NCS에 의한 직업교육은 단일직무에 대한 집중훈련의 길로 갈 가능성이 높다. 융합경험을 강조하는 시대에 학생이 다른

직종과 직무로 전이할 수 있는 다양한 능력을 갖추기 어렵고 정해진 수준에 한하여 교육을 실시하기 때문에 숙련도를 높일 수 있는 교수·학습과정을 운영하기에는 한계가 있다.

② 4년제 대학들도 교육과정을 적용함에 있어 'NCS 기반의 특정 직무중심 교육이 과연 대학교육으로서 적합한가?'라는 의문을 제기한다.

③ 변화하는 직업세계를 고려할 때 학생들이 다양한 방면으로 진출할 가능성을 높여 주어야 함에도 불구하고, NCS 기반 체제는 진로경로 선택을 특정 분야로 국한할 수가 있다. 특히 중등단계 직업교육기관인 특성화고 등에서 조기에 구체적이고 특정한 직무 중심의 교육훈련을 제공할 경우 학생의 진로가 제한될 수 있는 한계를 가지고 있다.

NCS에 기반한 직업훈련은 특정 직무수행능력에 대한 단기적 훈련에는 적합할 것으로 기대된다. 그러나 직업훈련을 넘어서 직업교육과 교육의 영역으로 들어갈수록 그 적합성에는 문제가 제기된다. 직업교육은 그 의미와 목표에서 교육적 접근을 한다. 교육적 접근은 인재육성 관점에서 전인교육과 학습역량의 개발에 중점을 둔다. 당장 활용할 인적자원의 능력 개발에 중점을 두기보다는 적응역량의 향상, 창의력의 토대 구축, 건전한 가치관 형성과 윤리의식의 형성을 추구하는 학습을 강조한다.

NCS에 기반한 학습 모형은 단일직무에 대한 집중훈련 모형이 아닐까 생각된다. 단기적 훈련에는 적합성이 있을 것으로 보인다. 아울러 직무분석에 기반한 교육과정 개발 방법들은 변화가 극심한 산업 기술 분야의 특성을 반영하지 못할 수도 있다. '인생3모작 시대에 학습내용으로서의 NCS 기반 훈련 모형이 유용성이 있을까?' 하는 의문도 든다. 직무수행능력을 개발함에 있어 협소성이 보이고, 현재의 직무수행 형식이 미래사회에도 적합할 가능성에 대한 문제도 제기되며, 직업교육과 직업훈련의 차이를 고려하지 않고 직업훈련의 관점을 학교교육에 무차별적으로 적용하고 있지는 않은지 생각하게 된다. 또한 학교 교육에서 NCS가 추구하는 경향이 '훈련의 길'인지 '학습의 길'인지 묻게 된다.

(2) NCS, 능력중심사회, 국가역량체계(NQF)의 관계

NCS는 훈련 기준뿐만 아니라 자격 기준도 제시한다. 고용노동부(2015)는 직업능력개발사업 대상 기관에 적용되는 훈련 기준을 2013년에 NCS 기반으로 개선하였다. 산업계가 평가해서 자격을 주는 NCS 기반의 교육훈련제도를 도입하도록 되어 있다. 이 제도는 졸업생, 재직자뿐만 아니라 2015년부터 특성화고, 전문대학, 그리고 4년제 대학의 재학생을 대상으로 제도를 확대 운영 중이다. 고용노동부는 일-자격-교육훈련의 연계성 확보를 위해 NCS를 기반으로 하는 자격제도의 개편을 추진하고 있다(고용노동부, 2015). 구체적인 정책 내용은 다음과 같다.

① 현행 국가기술자격의 출제 기준과 평가방법에 NCS를 적용하여 개편(2015년까지 국가기술자격 총 526종목 중에 431종목에 대해 NCS를 반영하여 출제기준을 개정)

② 과정평가형 자격제도 도입을 통한 자격 취득 방식의 개편을 추진

③ NCS를 기반으로 한 신 직업자격으로 자격종목을 재설계[총 24개 분야 600종목의 자격('14년 7대 분야 269종목, '15년 17대 분야 331종목)이 설계를 완료하였다.]

④ NCS 기반 국가역량체계(NQF) 구축이다. NQF는 학교 교육, 직업훈련, 자격, 현장 경력 등이 NCS 기반으로 체계적으로 인정받도록 하기 위한 국가차원의 인정기준이다. 교육부와의 협력과제로 2017년 구축 완료를 목표로 진행하고 있다.

⑤ NCS는 이들 학교급 간을 비롯한 평생교육 차원에서 지속적인 직업능력개발을 할 기회와 이정표를 제공해 주는 역할을 하게 될 것이다.

자격제도의 개편을 통하여 국가인증 자격의 체계를 구축하고 자격취득의 경로와 기준을 국가가 정한다. 이 맥락에서 NCS를 추진하는 측에서는 학력이나 스펙이 아닌 직무수행능력을 표시하는 자격이 통용되는 사회를 '능력중심사회'라고 규정한다. 개인의 특성을 반영하는 여러 가지 표시 중에서 학력과 스펙을 대신할 만한 표시로서 직무능력을 표시하는 국가자격체계를 구축하겠다는 구상이다. 이를 위하여 NCS를 통하여 직무능력을 규정하고, 이것을 훈련기준으로 삼아 훈련과정을 인증하여 훈련과 교육에 자격을 부여하고 국가자격의 체계에 의거하여 사람을 평가ㆍ선발하는 기제로 삼겠다는 구상이다. 이미 있는 자격을 더욱 의미 있게 하고 명품화하는 방향으로 가야 하지 않을까 생각해 본다.

(3) NCS의 개발·적용 과정과 학교와 교사의 역할

NCS는 우리나라 모든 직종(11,655)에 요구되는 핵심능력을 제시하기 위하여 2015년을 기준으로 대분류 24개, 중분류 77개, 소분류 227개, 세분류 857개로 구성된 직무능력 체계를 구성하였다. 분류체계 중 세분류 단위에서 NCS가 개발된다. NCS는 산업별 협의체(SC) 또는 대표 기구가 개발하고, 국가가 인증·고시하며, 직업교육을 담당하는 학교 및 훈련기관에서 적용하고, 산업체에서 활용하는 형태로 그 역할이 분담되어 있다.

교육부는 특성화고와 마이스터고를 포함하여 2013년부터 중등단계 직업교육을 담당하고 있는 학교의 국가수준 교육과정을 NCS 기반으로 개정하기로 2015년 9월에 '2015 개정 교육과정'을 통해 고시하였다. 고등교육단계에서도 다수의 전문대학에서 이미 특성화 사업의 일환으로 NCS에 기반한 교육과정 및 교수·학습평가가 이루어지고 있으며 직업교육에 중점을 두는 4년제 대학에서도 관련된 학과에서는 NCS 기반의 교육과정을 편성·운영하고 있다. 고등직업교육단계에서는 교육부가 2014년 전문대학 특성화 재정지원사업의 기본 요건으로 NCS 기반 특성화 교육과정 개편을 제시하였다. 특성화대학으로 선정된 73개 전문대학은 대학별로 NCS 센터를 설치하고 해당 학과의 교육과정으로 NCS 기반 교육과정을 개발·운영해 진행하고 있다. 교육부는 NCS를 활용한 학습모듈을 학교에 제공한다.

NCS의 개발과 적용과정은 몇 가지 특징을 지니고 있다. NCS의 개발이 외부 개발형이고 교육과정의 개발과 학습모듈도 외부에서 개발하여 학교에 제공된다. NCS의 적용은 중등교육에서는 교육과정의 고시로서 규제되고 전문대학과 대학에서는 특성화 재정지원사업과 연계되어 대학에 강한 구속력을 발휘한다. 또한 교육내용 구성에서의 타율적 획일화를 염려하게 한다.

학교 교육은 특히 중등교육 이후부터는 다양화와 특성화를 지향해 나가야 할 것으로 본다. 다양화와 특성화를 이루기 위해서는 학교의 교육내용 구성에 자율성과 자기주도성이 주어져야 할 것이다. 그리고 학교의 발전과정에서 이러한 프로그램들이 명품화되어야 할 것이며, 세계적으로 그 이름을 내놓을 수 있는 학교의 직업교육 프로그램으로 발전할 수 있어야 할 것이다. 그러나 현재 NCS의 개발과 적용과정에는 학교와 교사의 창의적인 노력이 발휘될 수 있는 공간이 작아 보인다.

(4) 담대한 정책실험으로서의 NCS

NCS 관련 정책과 제도의 구축과정은 체계적으로 진행되어 왔다. 이병욱 교수가 정리한 주요 추진과제를 보면 다음과 같다.

① 2015년 기준으로 하여 고용노동부가 850여 종의 NCS 개발을 마쳤다.

② 교육부는 '2015개정 교육과정'을 통하여 NCS를 기반으로 일-학습-자격이 일체화된 중등단계 직업교육과정을 고시하였다. 고등직업교육단계에서는 교육부가 2014년 전문대학 특성화 재정지원사업의 기본 요건으로 NCS 기반 특성화 교육과정 개편을 진행하고 있다.

③ NCS의 개발 책임을 담당하고 있는 고용노동부(2015)는 직업능력개발사업 대상 기관에 적용되는 훈련 기준을 2013년에

NCS 기반으로 개정하였다. 훈련 기준의 적용을 받는 모든 직업훈련기관과 폴리텍의 교육훈련과정을 NCS 기반으로 개정하고 이를 전제로 예산 등을 지원하고 있다.

④ NCS학습모듈 개발은 2013년에는 51개 세분류의 개발이 완료되었고, 2014년에는 175개, 2015년에는 321개 등 개발 규모가 점차 확대되어 왔다. 또한 NCS가 개발 완료된 세분류에 대해 최종적으로 2016년까지 281개의 학습모듈 개발을 목표로 하고 있다.

⑤ NCS를 기반으로 하는 자격제도의 개편을 추진하고 있다(고용노동부, 2015). 이를 위하여 과정평가형 자격제도를 도입하고, NCS 기반 국가역량체계(NQF) 구축을 추진하고 있다. 교육부와 고용노동부는 이를 위해 협업체계를 구축하고 있으며, 2017년까지 완성을 목표로 진행 중이다(교육부, 2015).

NCS 관련 정책입안에서부터 시작하여 NCS의 개발, 학습모듈 개발, 국가자격제도의 구축에 이르기까지 2013년부터 시작하여 2017년에 마치는 계획 아래 추진하여 왔다. NCS의 개념설계에서부터 시범개발, 시범적용의 결과를 확인하기 이전에 전면적 시행이라는 계획 아래 NCS 관련 구상을 정책화하여 실행한 사례에 해당한다. 실로 담대한 구상이고 담대한 정책실험이라고 할 수 있다. NCS의 특성을 고려할 때 검토해야 할 문제가 제기됨에도 불구하고 실험적 접근의 계획이 없고 시범사업의 전략 없이 추진되어 왔다.

박근혜 정부의 임기 이후에 NCS 관련 정책과 제도의 운영이 어떻게 될지 주목하게 된다. 특히 고등교육의 구조 조정 과정에 들어간 지금 70여 개의 전문대학이 NCS를 따르고 있는데, 이것이 전문대학의 장기적 특성화라는 발전에 어떤 영향을 주게 될지 주목하게 된다.

"NCS를 현재보다 대강화·요강화하고, 개발 대상 직무의 수준과 범위 결정에 관련하여 충분한 전문가의 논의 시간 보장 및 검증 시스템을 구축하여야 한다. 개발 초기 단계에는 중앙정부의 관여가 필요할 수도 있으나, 기본적인 체계가 구축되고 여건이 마련되면 그 역할을 관련 산업 분야 및 산업 부문별 협의체(sector council)로 과감하게 이관해 운영하여야 한다. 그리고 NCS와 이에 기반한 교육과정의 부분 수시 개정 체제를 현재보다 훨씬 용이하게, 그리고 유연하게 하여야 한다."라는 이병욱 교수의 지적은 중요한 참고가 될 것으로 본다.

3. 한국 교육의 발전 방향과 NCS

1) 한국 교육 선진화기의 과제

(1) 선진화 시기 교육의 과제: 글로벌 인재 육성

한국 교육은 지난 70여 년 동안 양적 성장과 질적 발전을 이룩하였다. 한국 교육의 발전단계를 볼 때, 한국 교육은 정초기를 거쳐 산업화기와 민주화기를 거쳐 이제 선진화기에 돌입하였다고 볼 수 있다. 교육의 사회적 목표가 산업화시대에는 '인력개발형'

이었다면, 이제는 역량계발형 인재 육성으로 가야 할 것이다. 지금 이 시기는 인성과 전인교육의 중요성을 인식하고 있다. 공교육 제도 운영에서 교육의 기회균등 원칙도 실력경쟁형을 넘어서 경쟁의 공정성을 중시하고, 실력주의만을 넘어서 공동체 관점에서 교육약자를 고려하는 배려의 원칙이 요구되는 시기임을 보여 준다. 우리가 선진국 대열에 들어가기 위해서는 몇 가지 과제를 수행할 수 있어야 할 것이다. 선진화 시기에 우리 사회는 다음과 같은 다섯 개의 과제를 앞에 두고 있다고 생각한다. 이 선진화 과제는 교육이 유의해야 할 사회적 과제가 된다(Lee, Kim, & Byun, 2012).

- 공평한 사회제도의 운영
- 약자를 배려하고 보호하는 사회안전망의 구축
- 창의적으로 문제를 해결하는 역량의 개발
- 공공(公共)의식의 형성
- 남북통일의 완수

이 시기에는 공평한 사회제도를 운영해야 할 뿐만 아니라 약자를 배려하고 보호하는 사회안전망의 구축을 이룩해야 한다. 그리고 이제는 교육의 사회적 목표를 교육의 가치에서 사적 교육경쟁을 넘어 전인교육에서 인성과 공심(公心), 즉 공적의식을 함양하는 교육으로 가야 할 것이다. 또한 창의적으로 문제를 해결하는 역량을 개발해야 할 것이다. 교육공동체를 고려하는 배려와 수평적 다양화를 이룩하는 학교의 생태계가 이룩되어야 할 것이며(정범모, 2016), 교육경쟁이 획일화된 가치 위에서 서열상의 '상대경쟁'이 되기보다는 다양한 영역에서 최고 수준에 도전하는 질적 수준에 대한 '절대경쟁'으로 변혁되어야 할 것이다.

세계화의 맥락에서 공교육 내실화는 다양한 영역에서 이 시대에 적합한 인재 육성의 길을 만드는 방향으로 가야 할 것이다. 이 길을 '글로벌 인재 육성'이라고 할 때, 공교육으로서 중등교육은 학교별로 그 교육의 중점을 다양화하여 여러 길을 준비하는 도움을 줄 수 있어야 한다. 수평적 차원에서 중등교육의 다양화와 고등교육의 특성화를, 그리고 명품화를 실현하는 교육의 질적 혁신을 이루어야 할 것이다.

'한 줄 세우기 식의 경쟁형 인재 육성'으로부터 '개성 있는 글로벌 인재 육성'으로 교육과 학습의 패러다임의 전환을 추구해야 할 시대라고 생각한다. 따라서 사적인 교육경쟁에서 벗어나 모든 학생을 위하는 글로벌 인재 육성의 길로 가는 길을 제도적으로 만드는 교육정책과 제도에 대한 개념 설계를 해야 할 것이다.

(2) 경제논리를 넘어 교육논리로

교육정책은 시대과제에 대한 대응성이 있어야 한다. 교육은 홀로 독립적으로 존재할 수 없다. 국가와 사회의 다른 부문과 상호의존적 관계에서 그 발전을 모색해야 한다. 또한 국가의 경제, 사회, 문화 등의 영역에서의 국가 발전 수준과 부합해야 한다. 교육정책은 우리나라의 발전을 선도할 뿐만 아니라 국가의 발전 수준에 부합하는 교육의 위상을 지켜야 한다. 이런 맥락에서 교육정책은 한국사회의 과제와 도전에 대응하는 정책을 설계해야 한다.

한국 교육의 과제는 한국사회의 문제와 밀접하게 연결되어 있다. 따라서 한국의 발전과정에서 제기되는 사회적 쟁점과 국가의 과제에 대응하는 교육정책이 논의·설계되어야 할 것이다. 교육은 우리나라 정치, 경제, 사회, 문화 그리고 남북통일의 문제와 연결된다. 교육정책은 인간교육을 통하여 우리 사회의 인적 기반 구조(infrastructure)를 구축하는 핵심적 역할과 기능을 수행한다. 교육정책은 이러한 과제에 대응하는 교육의 방향, 우선순위, 역할, 과제를 설계함으로써 교육의 외연에서 중요한 의의(意義)를 제기할 수 있다. 다음과 같은 것들이 국가적 과제가 될 것이다.

- 경제와 사회에서의 양극화 문제
- 출산율 저하와 초고령화사회 문제
- 청년실업 문제
- 남북관계와 통일 문제

교육정책의 형성, 결정 그리고 집행과정에서 터득한 역사적 학습이 있다. 교육정책의 기본 골격을 형성한 생각과 관점, 전략적 접근에 대한 반성적 문제제기를 교육정책의 역사적 학습으로 삼아 검토한다. 이것을 한국 교육 60년 역사에서 우리가 터득한 '역사적 학습'이라고 규정할 수 있다(이종재, 이차영, 김용, 송경오, 2015, pp. 391-396). 가장 중요한 역사적 학습으로는 발전교육에 적응된 경제논리를 들 수 있다.

한국 교육에서 '발전교육론(Development Education)'은 정부의 정책을 형성하는 중요한 전략적 관점 중의 하나다. 발전교육론은 국가발전과 교육의 관계, 교육의 역할과 교육의 산출, 교육제도 운영 원리 등에 관하여 관점을 제시하였다. 정범모는 '발전을 넘어서'와 '발전의 병리'라는 제목으로 발전교육론에 대한 반성적 논의를 제시하였다(Chung, 2010, pp. 79-96). 정범모는 발전론에 내포되어 있는 경제제일주의(economism), 단기적 관점과 도구주의(instrumentalism), 능력주의(meritocracy), 개발주의 등을 반성해야 할 관점으로 지적하였다. 교육체제를 설계할 때 경제논리가 등장하기도 하고 정치논리가 제기되기도 한다. 산업화 시기에는 경제논리가 '개발 전략 계획'의 흐름에서 교육에 영향을 많이 주었다. '인력 수급계획론(manpower planning approach)'은 산업별/직종별 인력 수요에 따라 교육의 양적 확대를 규정하는 논리였으며, 교육투자론은 인적자본의 형성을 위하여 적정규모의 교육투자를 결정하는 논리였다. 이는 NCS에 내재하고 있는 관점과 전제가 경제제일주의, 단기적 관점, 업적주의 그리고 상호의존성을 보지 못하는 개발주의와 연결되어 있다는 우려를 갖게 한다.

① 경제제일주의

경제제일주의는 발전을 경제 성과 중심으로 편협하게 규정하는 관점이다. 경제적 이득을 위한 개발 논리, 일의 결과만을 중시하는 수단주의, 단기간에 성과를 보려는 단기적 관점 등은 서로 연관되어 있다. 이 관점에서는 교육의 성과를 인력(manpower)으로 보고, 교육의 과제를 인력개발로 규정한다. 인력이 1960~1970년대를 주도한 중요한 정책 관점이었다면 인적자원개발론(human resources development)은 1990년대와 2000년대를 주도한 관점으로 볼 수 있다(김신복, 2012). 이 관점이 교육정책의 설계를 주도할 때 인간교육이나 전인교육 등의 교육 이상은 그 의미를 드러내기가 어렵다. 인간의 지적 성장뿐만 아니라 사회적 · 정서적 · 심미적 성장과 발달을 보는 안목은 제약을 받으며, 교육의 목표와 가치를 보는 관점이 협소해진다(McGinn, Snodgrass, Kim, Kim, & Kim, 1980).

교수와 학습 그 자체에 내포된 내재적 가치보다는 외재적 가치를 얻기 위한 수단으로서 교육의 의미를 강조한다. 이에 교육에 대한 경제제일주의의 반성으로 인간교육과 전인교육의 중요성, 교육의 앎의 기쁨, 보람의 앎, 학습의 즐거움, 호기심, 열정 등의 내재적 가치에 대한 인식을 새롭게 할 필요성이 제기되고 있다. 또한 인간교육도 인간개발의 효용성에 주목하기보다도 이제는 인간 성품과 덕목에 주목하게 되었다.

② 단기적 관점

단기적 관점은 단기간에 가시적 성과를 내려고 집착하는 관점이다. 현재 하는 일에 충실하지 못하고 대충 하려 한다. 또한 현재의 중요성에 대한 인식이 투철하지 못하고 하는 일 그 자체의 중요성을 소홀하게 취급한다. 정범모는 '역사적 현재(historic present)'라는 개념으로 현재와 지금 하고 있는 일의 중요성을 지적하였으며, 현재에 내포된 역사적 의미와 현재 하고 있는 일에 대한 역사적 평가에 주목할 필요성을 제기하였다. 현재의 역사성을 생각할 때 원칙과 대의에 어긋나게 일을 수행하기가 어렵다. 서양에는 현재(present)는 하늘이 준 선물(present)이라는 말이 있고, 동양에서는 진인사 대천명(盡人事 待天命), "지금 최선을 다하고 하늘의 명을 기다린다."라는 말을 중히 여긴다.

③ 업적주의

계급, 집안, 지역, 학벌 등의 소속을 평가의 기준으로 삼는 귀속주의에서 한 단계 발전한 원칙이 업적주의(meritocracy)다. 능력과 업적을 평가의 기준으로 삼는 업적주의는 보다 공평하고 정의로운 사회를 운영하기 위한 원칙으로 볼 수 있다. 그러나 실력대로 경쟁하게 하는 업적주의에는 다음과 같은 몇 가지 문제가 있다. 교육 기회의 배분을 업적주의에 의할 경우 본인 이외의 환경적 요인에 의해 불평등이 발생하게 된다. 표면적 평등 속에 이면적 불평등이 작용하는 것이다. 또한 과열 경쟁을 유발하고, 이 결과로 양극화 경향을 확대할 가능성이 있다.

④ 개발주의

개발만을 중심으로 생각하는 개발주의는 자연환경을 훼손하여 왔다. 개발주의의 관점에 내포된 가치 지향은 삶에 내재하는 다양한 관계에서의 '상호의존성'을 깊이 고려하지 못한다. 인간과 자연의 관계에서 상호의존적 관계로 조화와 공존을 생각하기보다는 '사적 이익'을 중심으로 개발과 착취의 관점을 반영하기 쉽다. 개발주의에 대한 반성은 '더 큰 하나' 안에서의 상호의존적 공존과 상생의 공동체적 가치관을 제기한다.

2) 한국 교육의 성취와 그림자

지금 이 시기의 한국 교육의 성취 과제는 세계화시대를 이끌고 나갈 한국의 인재 육성이다. 이것을 '글로벌 인재 육성'이라고 표현할 수 있다. 글로벌 인재 육성은 이 시대를 살아가는 우리의 다음 세대들이 성취해야 할 중요한 학습의 과제가 무엇이 되어야 하는지를 생각하게 한다. 이 생각은 NCS가 제시하는 직무수행능력의 표준을 넘어선다.

(1) 주요 성취

지난 70년 동안에 한국 교육은 괄목한 만한 성취를 이룩하였다. 특히 초등교육의 완전 취학은 순차적으로 교육 기회를 확대하고 양적성장을 이룩할 수 있는 한국 교육의 기틀을 확립하였다. 또한 초등교육에서부터 고등교육에 이르기까지 교육의 보편화를 달성하였다. 이 과정에서 한국 교육은 경제 성장과 정치적 민주화에 크게 기여하였으며, 경제 성장의 결과로 교육의 발전을 이룩할 수 있었다.

한국교육의 수준을 국제적으로 평가하기는 쉽지 않다. 다만, OECD의 PISA(국제학업성취도 평가)나 PIACC(국제 성인 핵심역량평가) 그리고 IEA(국제학업성취도평가연구)의 TIMMS 등의 자료는 한국 교육의 질적 수준을 가늠하는 단서를 제공한다. 이 절에서는 OECD 자료를 토대로 하여 한국 교육의 수준과 특성을 살펴볼 것이다.

① 국민의 학력 수준 향상과 성인의 낮은 학습역량 수준

교육 기회의 확대로 학력(學歷) 수준은 단기간에 세계 최고 수준으로 향상하였다. 초등교육과 중학교 교육의 여건을 개선함으로써 높은 학업성취 수준을 이루었다. 그러나 학생들의 학습을 위한 관심과 동기 수준은 매우 낮은 것으로 드러나 '자기주도적 학습력'이 약할 가능성을 염려된다. 우리나라 국민 전체의 학습역량은 국제적으로 중간 이하의 수준을 보이고 있기 때문에 자기주도적 학습력이 중요한 과제다.

성인역량(adult competency)을 조사한 OECD의 PIAAC 자료는 한국 성인의 교육 수준 향상을 보여 주고 있다. 연령별 교육 수준

연령별 고등교육 이수 인구
Percentage, by age group

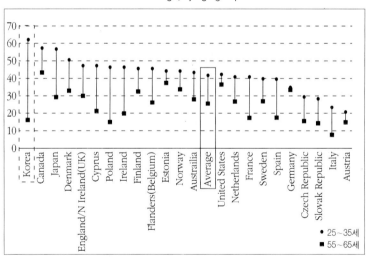

[그림 1] 한국, 학력 수준의 급속한 향상

출처: OECD(2012).

은 지난 70여 년 동안의 교육 기회의 확대 결과를 보여 준다. 한국은 연령이 낮아질수록 교육 수준은 상대적으로 높은 경향을 보인다. 평균 교육 수준도 높은 편이다. 젊은 연령대에서 한국은 최고 수준의 학력을 보인다.

그러나 성인의 정보처리역량(Information Processing Skills: IPS)을 보여 주는 문해력, 수리력, 그리고 정보화사회에서의 문제해결역량에서 한국은 평균 이하의 수준을 보인다. 연령별로 보면 연령이 올라갈수록 정보처리역량 점수는 낮아진다. 한국은 연령별 격

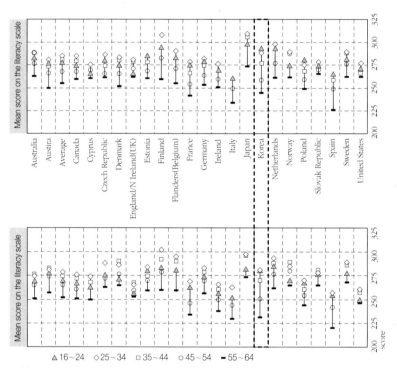

[그림 2] 연령별 문해 및 수리 능력

출처: OECD(2012).

차가 가장 크다. 우리나라의 경우에 성인의 문제해결능력은 삶의 과정에서 성장하지 못한다. 핀란드, 노르웨이, 스웨덴 등 북유럽의 강소국가와 일본의 경우에는 연령이 증가할수록 문제해결능력이 향상하는 데 반하여 한국의 경우에는 오히려 감소하는 경향을 보인다. 이를 통해 자기주도적 학습력에 문제가 있다는 추정을 할 수 있게 된다. 학습역량, 즉 학습력이 약하고 학습에 노력을 하지 않는다는 의미를 내포한다.

② 15세 기준 한국 학생의 높은 학력 수준

PISA는 15세 학생(우리나라 중3과 고1에 해당함)들의 읽기, 수학능력, 과학탐구, 문제해결능력 등에 관한 수준을 알려 준다. 여기서 몇 가지 특징이 드러난다. 2012년 PISA의 국제성적비교에서 한국 학생의 수학과 읽기 성적은 OECD 34개 국가 중에서 최고의 성적 순위를 보였다. 한국은 읽기에서 1위, 수학에서 2위, 과학에서 8위를 하였다. 반면, 미국은 세 분야 모두 20위 수준이었다. 한국 학생의 우수한 성적은 2000년 이후 PISA 성적이 공개된 이래 계속된 현상이다. 핀란드는 PISA에서 가장 우수한 성적을 보였다.

PISA의 성적 공개는 공교육에 대한 신뢰와 국격에 대한 인상을 개선한다. 핀란드는 PISA 성적 공개 이후에 우리나라의 평준화 제도와 비슷한 '9년제 종합기초 교육체제(9년제 Peruskoulu)'에 대한 논란을 가라앉히고 평등지향 정책을 안정화하였다. 한국과 싱가포르는 PISA 성적 공개로 국격에 대한 이미지가 향상하였다고 평가받는다. 세계은행은 PISA 성적 공개 이후 한국의 교육 발전 사례를 많은 개도국에 새로운 교육 발전 모형으로 소개하기 시작하였다. PISA 결과에서 우리나라는 다음과 같은 몇 가지 특성을 보였다.

- 우리나라 학교 간 학업성취 수준의 격차는 상대적으로 적은 것으로 나타난다.
- 한국은 학업성취 수준에서 일정 수준에 미달하는 낙후자 비율이 낮다.
- 한국은 학업성취에 미치는 가정의 영향이 적은 국가에 속한다.
- 한국은 높은 성적 순위에도 불구하고, 학습에 대한 흥미, 학습 동기, 자신감에서 조사 참여 국가 중에 거의 최하위 수준에 있다. 학습에 대한 '마음의 근력'이 매우 약하다고 평가된다. '외재적 학습동기', '타율적 학습', '입시경쟁형 학습유형'과 관련이 있을 것으로 추정한다.

③ 입학 경쟁의 공정성 확립과 사교육의 영향

우리나라의 공교육은 입학 경쟁에서 시험을 통한 선발의 공정성을 확립하였다. 교육에서 공정성의 확립은 매우 중요한 성취다. 하지만 시험 성적을 기준으로 학생을 선발하는 입학시험 제도는 빛과 그림자를 포함한다. 시험에 의한 수학능력을 평가하는 '능력주의 평가관점'은 능력주의에 따른 교육 기회 배분의 효율과 평가의 공정성을 높였다. 그러나 시험을 통한 입학 선발의 공정성은 입시교육이라는 부작용을 낳았다. 그리고 입시교육의 그늘에서 과외와 사교육이 자리를 잡았다. 표면적 효율성과 공정성의 그림자에 사교육이 자리 잡은 것이다. 사교육의 영향력이 크면 클수록 능력주의 평가의 공정성은 훼손된다.

　사교육은 한국만의 현상은 아니다. PISA 2012년 자료에 의하면, 한국의 사교육 참여율은 상위 7위에 해당한다. 인도네시아, 베트남, 말레이시아, 그리스, 알바니아 등은 우리보다 사교육 참여율이 높다. 그러나 15세 기준 학원 수강시간은 한국이 가장 많다. 한국의 사교육은 '공교육에 연계된 그림자 교육(shadow education)'의 특징을 갖는다. 사교육의 내용은 공교육의 시험에 대비하기 위한 교수와 학습이다. 학습의 보완을 위한 보충학습형(supplementary private tutoring)이라기보다는 공교육에서의 시험 경쟁을 위한 사교육이다. 사교육은 학생의 관심과 시간을 점유하는 데서 공교육과 경쟁관계에 있으며, 때로는 공교육을 압도하기도 한다. 한국, 중국의 상하이 지역, 홍콩에서는 성적 우수자의 사

한국 학생의 학습에 대한 관심, 동기, 태도: 학습 기반 바닥 수준임		
Rankings of affective attitudes of 15-year-old Korean students taking the PISA		
정의적 태도	PISA 2003 (수학, 40개 국가 중)	PISA 2006 (과학, 60개 국가 중)
흥미	31	56
학습동기	38	53
자신감	38	53

Source: Date compiled by the authors, Mumbers are overall rankings

[그림 3] 한국 학생의 학습에 대한 관심, 동기, 태도

교육 참여율이 가장 높다. 한국은 전형적으로 공교육에 연계된 시험경쟁형 사교육의 특성을 보인다.

④ 소결

한국 교육은 그 성취에도 불구하고 학습의 너비와 깊이 그리고 길이를 확장해야 할 과제를 안고 있다고 생각된다. 여기에 학습의 자기주도성과 내재성을 넣어야 할 것으로 보인다. NCS는 그 한정된 분야에서의 적합성에도 불구하고 그 적합한 부분을 넘어서서 적용할 경우에 오히려 학습을 왜곡하고 축소할 가능성이 있다.

3) 한국 교육의 새로운 패러다임을 찾아서

한국 교육은 패러다임의 변화가 필요하다. 패러다임의 변화는 교육의 지향과 틀의 변화를 의미한다. 지금까지 걸어 온 길이 '한 줄 세우기 교육'이었다면 앞으로 걸어가야 할 길은 무엇이 되어야 할지 탐구가 필요하다. 이 길을 '글로벌 인재 육성'의 길로 생각해 본다. 우리의 다음 세대가 살아가야 할 세계는 공간적으로 글로 벌한 세상이다. 글로벌 세상은 사람과 지역 간에 상호의존적 관계에서 상호 협력하며 살아가야 할 세계다. 지금 세계는 시간적 차원에서 평생에 걸쳐 학습하는 평생학습시대로 이행하고 있다. 한국 교육은 이제 시간적으로 멀리 보고 공간적으로 나를 넘어서는 관계 속에서 교육의 목표와 성과를 바라보며 나아가야 할 것이다. 이러한 관점에서 교육을 보는 관점을 '글로벌 인재 육성' 모형으로 생각할 수 있다.

(1) 장기적 관점에서 인재 육성을 추구한다

교육에 대한 새로운 문제 제기는 참다운 학업성취 목표를 재정립하고, 이를 위한 학교혁신을 요구한다. 참다운 학업성취로서 단기적인 시험 성적이나 학력 취득보다도 글로벌 인재로서의 역량과 성품을 지닌 존재로의 성장을 추구한다. 또한 이러한 성취를 소수의 학생에 국한하지 않고 모든 학생이 이러한 성취를 이룰 수 있도록 돕는 학교를 추구한다. 학교는 이 사명을 감당할 수 있도록 변화하여야 한다.

글로벌 인재는 인성의 바탕 위에서 창의력과 전문성을 발휘하고 공공의 가치와 공익을 추구하며 협력적으로 일할 수 있는 역량과 성품을 말한다. 이러한 인재 육성을 위하여 전인교육의 중요성이 다시 강조된다. 전인교육은 교육의 중심에 학생을 놓고 교육의 성과를 추구한다. 자기주도적 학습역량을 계발하고 학습의 동기를 큰 뜻과 연결하여 공부하는 동기와 마음의 계발을 추구한다. 직무수행능력은 인재 육성의 극히 작은 일부에 지나지 않는다. 스펙, 학벌, NCS를 넘어서 소명과 사명의식, 성품, 창의력과 전문적 문제해결능력 그리고 공의식이 더욱 소중한 역량의 요소가 된다.

(2) 학생은 학습의 중심이다

학생은 스스로 공부하는 과정에서 자기주도적 학습의 기쁨과 가치를 경험할 수 있어야 한다. 즉, 공부해야 할 중요한 이유와 가치를 알고 관심을 가지고 공부할 수 있도록 도움을 받아야 한다. 학생은 내가 공부하고 싶은 것, 내가 잘 하는 것과 '좋은 것' 혹은 가치 있는 것과 연결함으로써 공부하는 중요한 이유를 찾아보는 공부를 해 볼 수 있어야 한다. 나를 넘어서 자기보다 높고 큰 곳에 뜻을 두고 공부함으로써 뜻을 세우는 입지(立志)를 공부할 수 있다. 좋은 일(good works)에 대한 생각은 이 과정에서 시작된다. 공부해야 하는 이유로 '공부하여 남 주자.'라는 생각으로 '빚진 자'로서 쓰임 받는 통로가 되는 '보람'을 탐구하는 공부가 필요하다.

(3) 글로벌 인재의 핵심 요인

글로벌 인재 육성은 다음 세대의 교육을 생각하는 관점이다. 우리는 21세기를 살아가야 할 우리의 다음 세대들이 갖추어야 할 사람의 품격으로서 성품의 조건을 생각한다. 글로벌 인재 육성에 대하여 여러 가지 모형이 제시되어 왔다. 인재를 구성하는 핵심 요인으로서 다음 네 가지 요인을 지적한다.

- 인성
- 전문성과 전문적 역량과 자기주도적 학습력
- 창의력
- 공공의식

우리는 그동안 전문성만을 중요하게 강조하여 왔으나, 이제는 창의력이 요구되고 자기주도적 학습력이 제기된다. 그리고 이러한 창의력과 전문적 역량은 인성의 토대 위에서 형성된다는 것을 인식하게 되었으며, 인재의 폭과 그 그릇이 커져야 함을 인식하게 되었다. 따라서 좁은 전문성에서 융합형 전문성으로, 여기에 창의력을 발휘해야 하고 학습력으로 지속적으로 평생학습사회를 헤쳐 나가야 한다. 또한 이 위에 나를 넘어서는 공공의 문제를 나의 문제로 삼을 줄 아는 공공의식이 있어야 한다.

정범모는 창의력과 공공의식을 발휘하는 것이 선진국 대열에 들어가는 요건이 된다고 지적하였다(정범모, 2016). 나를 넘어 남에게까지 가는 관심의 파문이 공의식(公意識)이 된다. 나를 넘어서는 '타인'에 대한 관심을 내면화하고, 그 관심을 타인에게 이르도록 드러내는 외향화를 공공의식이라고 할 수 있고 '교양'이라고도 생각할 수 있다. 나와 남이 상호 의존적 관계에서 서로 떨어질 수 없는 불이(不二)의 개체라는 인식은 타인에 대한 배려, 존중, 감사의 토대가 된다. 이러한 인식에서 타인과의 관계에서 겸손함을 이룰 수 있게 되고 협력의 관계를 형성할 수 있다. 이 공공의식은 나로부터 시작하여 세계의 문제까지 생각하는 세계시민의식으로까지 전개된다.

(4) 인성의 중요성

인간이 지닌 중요한 능력은 지적 능력만이 아니다. IQ 이외에 감성지능도 있다. 감성지능은 학업과 공부 그리고 삶의 궤적을 결정하는 데 중요한 영향을 준다. 삶의 과정에서 시련과 고난을 극복하는 힘도 인성에서 나온다. 또한 인성은 회복탄력성을 결정한다. OECD는 앞으로의 시대를 살아갈 핵심역량으로 전문적 역량뿐만 아니라 협력하는 '관계 역량'과 '긍정적 자기인식'(Rychen & Salganik, 2003)을 설정하였다.

Howard Gardner는 '다중지능론'을 제시하여 인간 역량에 관한 관점의 폭을 넓혔고 전인교육의 중요성을 강조하였다. 그의 다중지능(multiple intelligences) 이론은 그동안 학교교육에서 전통적으로 강조하여 왔던 논리-수리적 '지능'과는 독립적이고 자율적인 지능의 영역을 제시하였다. Howard Gardner 교수의 '다중지능론'은 개성의 존재와 그 다양성을 말할 뿐만 아니라 인성지능으로 불릴 수 있는 대인지능, 자기이해지능의 중요성을 드러낸다. 특히 '자기이해지능'은 자기 자신의 생각과 느낌, 감정을 파악하고 통제하는 역할을 한다. 또한 다른 여러 가지의 다중지능을 통합하고 작동하도록 이끄는 촉매적 기능을 수행한다. 자기이해지능은 자기에 대한 인식과 자아정체성을 형성한다. 이 지능의 중요성은 다시 강조할 필요가 없을 정도다. 타인을 이해하고 배려하고 입장을 바꾸어 그의 입장에서 생각하는 역지사지의 '대인관계지능'과 자기에 대한 인식과 자기통제를 할 수 있는 '자기이해지능'은 가히 인성지능이라고 할 만하다.

전인교육은 인성지능과 창의성 그리고 공공의식을 계발하는 교육의 기초가 된다. 전인교육은 지적영역, 정적영역 그리고 의지의 영역의 성장과 발달을 추구한다. 이 과정에서 역량을 발휘하는 성품을 계발한다. 전인교육은 21세기 교육의 중요한 성취목표를 달성하기 위한 기초로서 그 중요성이 더 강조되고 있다. 전인의 계발은 교육이 추구하는 학업성취의 이상(理想)이다.

삶을 살아가는 과정에서 우리는 수많은 역경과 시련을 만나게 된다. 역경과 시련은 삶의 한 조건이며 또한 과제이기도 하다. 이 역경과 시련을 잘 감당하여 극복하는 사람이 있고, 작은 시련에도 좌절하는 사람이 있다. 민족에 따라서 이 시련과 역경을 이겨내는 민족이 있고, 시련을 만나 역사의 무대에서 사라지는 민족도 있다. 김주환 교수는 '인생의 허들을 뛰어넘는 내면의 힘' 또는 '역경을 극복하는 마음의 근력'에 주목하고 이 성품을 회복탄력성 (resilience)이라고 정의한다(김주환, 2011). 긍정적으로 자신을 이해하고 자기를 조절하는 능력은 회복탄력성의 첫 번째 요소가 된다. 회복탄력성의 두 번째 능력은 대인관계능력이다. 자기조절능력과 대인관계능력의 중요성을 학습 과제에 포함해야 한다. 인성교육은 회복탄력성을 결정한다.

OECD는 21세기에 요구되는 핵심역량을 탐구하고 그 결과를 제시한 바 있는데(DeSeCo project: defining and selecting core competence), 21세기의 선진 미래사회에서 요구되는 핵심적인 역량을 세 개의 범주로 구분하였다. 자기에 대한 주체적 이해능력, 타인과 협동적으로 일할 수 있는 대인관계능력 그리고 과제를 전문적으로 수행할 수 있는 전문적인 지적 역량을 설정하였다. 경제적 측면을 중시하는 OECD의 교육정책의 지향에 비추어 가장 중요한 역량으로 과제를 전문적으로 수행할 수 있는 지적 전문역량을 제시할 것으로 상정하는 상식적인 기대와는 달리 자기에 대한 긍정적 이해능력과 타인과 협동적으로 일할 수 있는 대인관계능력을 전문적 역량과 함께 주요한 역량의 범주로 제시하였다. 자기에 대한 긍정적 이해능력과 타인과 협동적으로 일할 수 있는 대인관계능력은 전인교육의 토대 위에서 형성되는 역량이다. OECD는 전인교육의 토대 위에서 형성되는 '성품'을 21세기를 준비하는 중요한 역량이라고 보았다.

NCS는 교육정책의 분석과 설계에서 인력 개발, 인적자원의 개발 등을 강조하고 협소한 교육가치관, 교육을 외재적 가치 획득을 위한 수단으로 보는 교육의 수단주의 관점, 능력주의에 터한 교육의 기회균등론과 연결된다. 전인교육을 지향하는 민주적 공동체의 관점에서는 교육제도의 운영 원리로서 교육에서의 평등성이며, 평등성은 다양성 속에서의 수월성을 포함한다. 교육의 내재적 가치를 존중하고 교육 본연의 모습을 추구하는 방향으로 정책을 추구할 것이다. 교육의 성취로서 사회적 자본의 형성을 고려하고 (오욱환, 2013) 생산성과 실적도 중요하지만 인성과 성품, 덕스러움까지 포함할 것이다. 교육의 기회균등에 대하여 경쟁보다는 지원과 배려를 중시하고, 기회의 배분원리로서 차등적 보상의 원칙을 적용할 것이다.

Kluckhorne의 가치관의 모형에 비추어 볼 때, 1960년대의 개발 연대에서 근대적 가치 지향으로 설정하였던 시간 차원의 '미래 지향', 자연과의 관계에서의 인간의 '독립성', 행동동기의 목적으로서 '역량(doing)'의 강조보다는 당시에 오히려 전근대적으로 간주하였던 '현재 지향'과 자연과의 조화, 인간관계에서의 '상호의존성', 그리고 역량보다는 새로운 의미에서의 '존재(being)'의 가치를 보다 적합한 가치 지향으로 설정할 것으로 추측한다.

(5) 공동체의 관점

합리적 분석 모형은 사회에 대한 관점으로서 '시장'을 생각한다. 시장이란 개인이 사익을 추구하기 위해 다른 사람과의 거래를 하여 서로에게 유익이 될 때 재화와 용역을 교환하는 사회체제다. 시장적 관점은 자율적 · 합리적 의사결정자인 개인의 집합을 사회로 간주하고, 개인은 합리적 계산을 통하여 사익을 극대화할 수 있다고 본다. 경제적 관점은 이러한 생각을 대표한다. 이에 반하여 정치적 관점은 공동체적 배려와 지원을 지향한다. 공동체의 관점에서 낙후된 지역과 소외된 계층을 배려하고 이들의 필요에 부응하는 지원을 제공하는 정책을 설정한다. 공동체는 공동의 이익을 추구하고 이를 위한 공동의 노력을 발휘하는 사회체제다. 공익은 공동의 사익, 합의가 이루어진 목표, 공동체에 유익이 되는 것들을 포함한다. 공동체는 공익을 추구하며, 정치적 관점은 '공동체의 작용'을 전제한다(Olssen, Codd, O'Neill , 2004).

Howard Gardner는 현대사회는 3M을 추구한다고 진단했다. Market, Money와 Me다. 이것은 개인 차원에서의 이익을 지향하는 관점을 표현하는 핵심 단어가 된다. 그는 이에 대한 대안으로서 3E를 제시했다. Excellence, Engagement와 Ethics다(최보윤, 2010). Gardner 교수는 기회의 문을 열어 놓고, 무언가에 몰두할(engage) 환경을 조성하라고 강조했다. "몰두하게 되면 사랑에 빠지게 되고, 미래에 대해 흥미진진하게 탐구합니다. 그게 없다면 아이들은 휴대폰이나 만지작거리며 남들이 뭐하고 놀고 있나 쳐다보게 되는 거죠."

그는 "지적 능력이 뛰어나다고 해서 반드시 옳은 행위를 한다고 볼 수는 없다."라며 "이제는 바르고, 선하며, 윤리적으로 사회에 실현하는 행동력이 제시돼야 한다."고 했다. 이를 위해 '몰입(Flow)' 이론으로 유명한 Mihaly Csikszentmihalyi 교수와 발달심리학 권위자인 William Damon 교수와 함께 1990년대 중반부터 '굿 프로젝트' 활동을 하면서 리더십과 사회 변화에 대해 연구하고 있다. 현대사회에서 중시되는 3M(Market, Money, Me) 대신

3E(Excellence, Engagement, Ethics: 뛰어남, 사회적 참여, 윤리)를 제시하는 것이다.

집합체로서 공동체에는 공동의 의지, 구성원의 자격, 통합작용 그리고 상호지원이 있다. 정치공동체에서 가장 중요한 과제는 개인의 이익을 지향하는 개인들에게 공적 문제를 우선적으로 생각하도록 하는 것이다. 공동체에서는 사익과 공익의 조화와 균형을 취하는 것을 중요한 과제로 간주한다. 정치공동체에서는 공동체 안에서의 협동과 공동체에 대한 충성을 통하여 공익과 사익 간의 간격을 축소하려고 한다. 이 과정에서 개인의 선호와 행동은 공동체 안에서 타인과 공적 영향력의 영향을 받게 된다(Stone, 1997: 52). 공정성, 정의, 권리, 선에 대한 사람들의 생각은 서로 다르다. 그러나 정책 문제와 정책에 대한 개인의 인식은 공익을 추구하는 정치공동체에서 형성된다고 본다.

4. 결론

NCS는 단기적 직업훈련 모형으로서는 유용한 모형과 접근이 될 것으로 기대된다. 그러나 직업훈련을 넘어서 직업교육과 학교교육의 영역에서는 오히려 부작용을 낼 수 있으리라는 우려를 갖게 한다. 김진실 박사가 제기하는 "능력중심사회는 가치의 혁명이다."라는 교육 패러다임의 추구는 NCS를 통하여 이루어지기보다는 글로벌 인재육성으로 가는 교육의 관점의 혁신에서 이루어질 가능성이 크다는 생각이 든다. 목표는 비슷해도 가는 길은 다

르다. NCS의 길은 훈련의 길이요, 교육의 혁신의 길은 학습을 지
향하는 길이다.

참/고/문/헌

고용노동부(2015). 국가직무능력표준(NCS) 구축.

고용노동부(2016. 7. 22.). 국가직무능력표준(NCS) 확정 고시.

고용노동부(2016). NCS 개발 및 보완 계획.

고용노동부, 교육부(2016a). 한국형 국가역량체계(안) 설계 추진계획(안).

고용노동부, 교육부(2016b). NCS 활용 확산 추진 계획.

곽병선(1998). 상황주도력의 개발: 교육문제 해부와 국가 교육과정정책 과제. 한국교육개발원 연구노트(RN 98-1).

곽병선(2003). 교육경쟁력 어떻게 높일 것인가? 교육환경의 변화와 교육정책의 과제 심포지엄 자료집, 165-191.

곽병선(2004). 위기의 공교육 어떻게 해결할 것인가? 국정자문위원회 교육정책토론회 발표자료.

곽병선(2015). 미래 창조문명의 허브, 한반도 밸리를 향해. 국제미래학회 편저. 대한민국 미래보고서: 융합과 초연결의 미래, 전문가 46인이 예측하는 대한민국 2035(pp. 577-587). 서울: 교보문고.

관계부처합동(2016). 2016년 자격관리운영시행계획(안). 자격정책심의회 자료.

교육부(2013). 행복교육, 창의인재 양성. 교육부 업무보고.

교육부(2014). 모두가 행복한 교육 미래를 여는 창의인재. 교육부 업무보고.

교육부(2015a). 국가직무능력표준(NCS) 기반 교육과정 가이드라인.

교육부(2015b). 모두가 함께하는 행복교육 창의인재 양성을 위한 2015년 교육부 업무. 교육부 업무보고.

교육부(2016). NCS 학습모듈 개발 계획.

교육부, 고용노동부(2013~2016). 제1차~제5차 NCS 운영위원회 보고 자료. 미발간.

교육부, 고용노동부(2014. 12. 18). 스펙·학력이 아닌 능력중심사회 조성 방안 발표.

교육부, 충남대학교(2015). NCS 기반 교육과정 핵심 요원 양성 및 역량 강화 연수 자료집.

교육부, 한국교육개발원(2013). 교육통계연보.

교육부, 한국직업능력개발원(2014). 능력중심사회구축을 위한 NCS기반 고교 직업교육과정 개정 및 교원임용체제 체제 개선 공청회 자료.

김덕기, 김현수, 김상진(2006). 국가기술자격 취득자 활용증진 방안. 한국직업능력개발원.

김미숙, 이동임, 주인중, 박종성, 최영렬(2011). 국가자격체제 구축. 교육과학기술부 한국직업능력개발원.

김성남, 김지영, 이민욱, 정향진, 현지훈(2015). 국가직무능력표준(NCS) 학습모듈 활용 실태 분석. 한국직업능력개발원.

김성수(2016. 6. 17.). GE·MS…직원 상대평가 버리고 절대평가로 바꾼 이유. 매일경제 보도자료.

김신복(2012). 교육 인적자원 행정과 발전. 서울: (주)미래엔.

김주환(2011). 회복탄력성-시련을 행운으로 바꾸는 유쾌한 비밀. 경기: 위즈덤하우스.

김진실(2016). NCS 채용, 이렇게 준비하라. 월간인재경영.

나승일(2013). 학벌 아닌 능력중심사회를 위한 NCS 구축과 활용. 한국교육개발원 교육개발, 40(3), 89-98.

나현미, 정향진(2009). 2009년도 국가직무능력표준 및 국가자격체계 구축사업: 자격정보종합시스템 구축. 한국직업능력개발원.

박동열(2013). 국가직무능력표준(NCS)을 활용한 역량교육 추진 실태와 과제. The HRD review, 16(3), 52~71.

박동열(2016a). NQF에 기초한 선순환적 숙련 기술 기능인력 양성 및 활용 체계 구축 방안. 한국직업능력개발원 연구연가 결과보고서.

박동열(2016b). 학교밖 학습경험의 체계화를 위한 산학일체형 도제학교 운영 및 내실화. 한국직업교육학회 학술발표대회.

박동열, 박윤희, 김진모, 이병욱(2010). 전문계고 체제 개편 추진방안(로드맵) 연구. 교육부.

박동열, 전종호, 안재영, 김민규, 김정민, 지단비, 이병욱(2016). 산학일체형 도제학교 모형화 및 확대 방안. 교육부.

박찬국(2014). 초인수업. 경기: 21세기북스.

박홍순(2014). 저는 인문학이 처음인데요. 서울: 한빛비즈.

배호순(2000). 교육과정 평가 논리의 탐구: 학교 교육과정 평가 방법론 서설. 경기: 교육과학사.

백정하, 장명희, 이병욱, 이영민, 전외술, 최정훈(2016). 4년제 대학의 NCS 활용 현황과 과제. 교육부, 한국대학교육협의회.

오욱환(2013). 사회적 자분의 교육적 해석과 활용. 경기: 교육과학사.

이무근(1993). 직업교육학개론. 경기: 교육과학사.

이무근(2006). 직업교육학원론. 경기: 교육과학사.

이민수(2016). 2016 NCS 기반 교수·학습 및 평가 개선 심화 연수 자료집. 교육부, 대전광역시교육청, 충남대학교.

이병욱, 김신명, 이상현, 홍주환(2016). 2015 NCS 기반 교육과정 핵심요원 양성 연수 결과 보고서. 교육부, 대전광역시교육청, 충남대학교.

이종범(2008). 2008년도 국가직무능력표준 개발 및 자격체제 구축: 직업기초능력 수준별 성취기준 개발. 한국직업능력개발원

이종승(2016). 한국사회의 발전과 행복. 서울: 학지사.

이종재, 이차영, 김용, 송경모(2015). 교육정책론. 서울: 학지사.

이현(2016). 삶은 왜 의미 있는가. 서울: 미지북스.

장명희, 이용순, 김선태, 옥준필, 박동열(2013). NCS기반 고교 직업교육

과정 개정 연구. 교육부, 서울특별시교육청, 한국직업능력개발원.

장명희, 전승환, 전동열(2014a). NCS 기반 고교 직업교육과정 총론 개발 연구. 한국직업능력개발원.

장명희 외(2014b). NCS 기반 교육과정 도입에 따른 중등직업교육 교원의 양성·임용·연수 개선 요구분석. 직업교육연구, 33(6), 159-182.

장영희(2010). 내 생애 단 한 번. 서울: 샘터.

장원섭(1998). 성인교육의 사회학.

전광필(2007). 21세기 문명의 위기와 대안교육.

정범모(2004). 한국의 내일을 묻는다. 경기: 나남출판.

정범모(2016). 창의력과 공의식: 선진국 요건. 서울: 학지사.

전병재, 안계춘, 박종연(1995). 한국사회의 전문직업성 연구. 경기: 사회비평사.

정재창, 민병모 공역(2001). 알기 쉬운 역량모델링[*The Art and Science of Competency Models*]. R. Lepsinger & A. D. Lucia 저. 서울: PSI 컨설팅. (원저는 1999년에 출간).

정철영(2015). 직업교육의 의의와 과제. 교육정책포럼, 261.

정태화, 윤형한, 홍용기(2015). 고등직업교육기관의 통합 방안-전문대학을 중심으로. 한국직업능력개발원.

정향진(2013). 국가직무능력표준(NCS) 도입에 따른 실행 과제 및 추진 전략. The HRD review, 16(3), 51~71.

제18대 대통령직인수위원회 교육과학분과(2013. 2. 14.). 교육과학분과 국정과제 토론회(비발행자료).

주인중, 조정윤, 임경범(2010). 국가직무능력표준(NCS) 사업의 현안 및 정책방안. The HRD review, 13(3), 21~39.

최동선, 허영준, 정향진, 이병욱, 이지현(2013). 실전·창의인재 양성사업 모니터링 및 성과분석. 한국직업능력개발원, 고용노동부.

최보윤(2016. 4. 26.). 많이 질문하세요, 아이가 당신의 선생님이 되도록. 조선일보 보도자료.

통계청(2016). 경제활동 인구조사.

한국산업인력공단(2016). 2016년 NCS 개발 매뉴얼.

한국직업능력개발원(2003a). 학벌주의 극복을 위한 종합대책 세미나 자료.

한국직업능력개발원(2003b). 수요자중심의 인적자원개발을 위한 국가직 무능력표준 개발 방안 세미나 자료.

한국직업능력개발원(2006). 국가기술자격취득자 활용 증진방안. 고용노 동부.

한국직업능력개발원(2016a). 2016. 08. 11. 자격현황. 미발간 내부자료.

한국직업능력개발원(2016b). 제3차 자격관리운영 기본계획 수립을 위한 1차 TF 회의자료. 미발간.

허영준, 김기홍, 박동열, 전승환(2014). 능력중심사회 구현을 위한 직업교육 훈련체제 개편 방안 연구. 한국직업능력개발원.

허영준, 박동열, 강서울(2015). 델파이 조사를 활용한 능력중심사회의 개 념 설정 및 구성요소 추출. 직업교육연구, 34(6), 53-71.

ASEM Conference (2009). ASEM Conference On Harmonization Of Competency Standard.

Baker, T., & Aldrich, H. E. (1996). Prometheus stretches building identity and cumulative knowledge in multi-employer careers. *The boundaryless career: A new employment principle for a new organizational era.* New York: Oxford University Press.

Becker, B. E., & Huselid, M. A. (1999). Overview: Strategic human resource management in five leading firms. *Human resource management, 38*(2), 287-301.

Becker, B. E., Huselid, M. A., & Ulrich, D. (2001). *The HR scorecard: Linking people, strategy, and performance.* Boston: Harvard Business School Press.

Bergenhenegouwen, G. J., ten Hom, H. F. K., & Moorjman, E. A. M. (1996). Competence development-a challenge for HRM professionals: Core competences of organizations as guidelines for the development of employees. *Journal of european industrial training, 20*(9), 29–35.

Chung, B. M. (2010). *Development and education: A critical appraisal of the Korean case.* Seoul: SNUPRESS.

Cronbach, L. J. (1963). Course improvement through evaluation. *Teachers College Records, 64,* 676–683.

DeFillippi, R. J., & Arthur, M. B. (1994). The boundaryless career: A competency–based perspective. *Journal of organizational behavior, 15,* 307–324.

Dubois, D. D. (1993). *Competency–based performance improvement: A strategy for organizational change.* Amherst, MA: Human Resource Development Press.

Ennis, S. (1998). *Assessing employee competencies, evaluating corporate training: Models and issues.* 101 Norwell, MA: Kluwer Academic Publishers.

Erben, M. (Ed.). (1998). *Biography and Education.* New York: Routledge.

Garavan, T. N., & McGuire, D. (2001). Competencies and workplace learning: Some reflections on the rhetoric and the reality. *Journal of Workplace Learning, 13*(4), 144-164.

Hagan, C. M., Komopaske, R., Bernardin, H. J., & Tyler, C. L. (2006). Predicting assessment center performance with 360–degree, top–down, and customer–based competency assessments. *Human resource management, 45*(6), 357–390.

Inglehart. R. (1997). *Modernization and Postmodernization–cu;tura;, Economic and political changes in 43 Societies.* Princeton, N. J.: Princeton University.

Kakabadse, A. (1991). *The wealth creators.* London: Kogan Page.

Kluckhohn, F. R., & Strodtbeck, F. L. (1961). *Variations in value orientations*. Oxford, England: Row, Peterson.

Lee, C. J., Kim, Y., & Byun, S. Y. (2012). The Rise of Korean Education from the Ashes of the Korean War. *Prospects (UNESCO's Quarterly Review of Comparative Education), 42*(3), 303-18.

Lievens, F., Sanchez, J. I., & De Corte, W. D. (2004). Easing the inferential leap in competency modeling: The effects of task-related information and subject matter expertise. *Personnel psychology,* 57, 881-904.

Lucia, A. D., & Lepsinger, R. (1999). *The art and science of competency models: pinpointing critical sucess actors in organizations.* San Francisco: Jossey-Bass/Pfeiffer.

McClelland, D. C. (1973). Testing for competence rather than intelligence. *American psychologist, 28*(1), 1-40.

McGinn, N. F, Snodgrass, D., Kim, Y., Kim, S. B., & Kim, Q. (1980). *Education and Development in Korea.* Cambridge: Harvard University Press.

McLagan, P. (1997). Competencies: the next generation. *Training & development, 51*(5), 40-47.

Mirable, R. J. (1997, August). Everything you wanted to konw about competency modeling. *Training and Development,* 73-77.

OECD(2012). *Education at a Glance 2012: OECD Indicatiors.* OECD Publishing.

Olssen, M., Codd, J., & O' Neill, A. M. (2004). *A, Education Policy: Globalization, Citizenship & Democracy.* London: SAGE Publication Ltd.

Prahalad, C. K., & Hamel, G. (1990). The core competency of the corporation. *Harvard business review, 67*(3).

Rychen, D. S., & Salganik, L. H. (Eds.). *Key competencies for a successful life and a well functioning society.* Toronto, Canada:

Hogrefe Publishing

Schippmann, J. S., Ash, R. A., Battista, M., Carr, L., Eyde, L. D., Hesketh, B. et al. (2000). The practice of competency modeling. *Personnel psychology, 53*, 703-738.

Sparrow, P. (1996). Competency based pay: Too good to be true? *People management*, DEC 5, VOL. 2:24, 22-27.

Spencer, L., & Spencer, S. (1993). *Competence at work: Models for superior performance*. New York: John Wiley & Sons.

Stock, et al. (1998). Delphi Germany survey 1996 -The political and dimensions of knowledge-based society and its effects on educational processes and structures (Combined Final Report).

Stone, D. A. (1997). Policy Paradox: The art of Political decision making. New York: W. W. Norton & Company.

Stufflebeam, D. L. (1972). The relevance of the CIPP evaluation model for educational accountability. SRIS Quarterly. 5.

Timmons, G. (1988). *Education, Industrialization, and Selection*. New York: Routledge.

Townley, B. (1994). *Reframing human resource management: Power, ethics and the subject at work*. London: Sage,

Young, M. F. D. (1998). *The Curriculum of the Future-From the "new sociology of education" to a critical theory of learning*. Hove, UK: Psychology Press.

참고 사이트

국가직무능력표준 홈페이지.

　http://www.ncs.go.kr/ncs/page.do?sk=indexView

careeronestop(Sponsored by the U.S. Department of Labor) 홈페이지.

　https://www.careeronestop.org

저자 소개

곽병선(Kwak Byongsun)
서울대학교 교육학 학사
미국 마케트 대학교 교육학 석사
미국 마케트 대학교 Ph.D. (교육학)
전 한국교육개발원 원장, 경인여자대학교 총장
    한국장학재단 이사장

김진실(Kim Jinsil)
서울대학교 농/산업교육과 및 동 대학원 졸업
서울대학교 교육학 박사(직업교육훈련, HRD)
전 한국산업인력공단 훈련품질향상센터 센터장
    한국산업인력공단 직무능력표준원 자격동향분석팀 팀장
현 한국산업인력공단 NCS센터 NCS기획운영단 단장

박동열(Park Dongyeol)
서울대학교 농/산업교육과 및 동 대학원 졸업
서울대학교 교육학 박사(직업교육과정 및 평가, 진로교육)
전 경일대학교 교수
    글로벌 현장학습 대학/전문대학 평가 및 사업관리 위원
현 한국직업능력개발원 평생직업교육센터장

이병욱(Lee Byungwook)

충남대학교 교육학 박사(직업기술교육)
전 대통령자문교육혁신위원회 상임전문위원
    교육과학기술부 정책자문위원, 교육부 교육개혁협의회 총괄위원
현 충남대학교 사범대학 기계 · 금속공학교육과 교수
    대한공업교육학회 부회장, 편집위원장

이종재(Lee Chongjae)

서울대학교 교육학과 및 동 대학원 졸업
미국 플로리다 주립대학교 Ph.D. (교육학)
전 한국교육개발원 원장, 한국교육행정학회 회장
    대통령 교육과학기술자문회의 위원
현 서울대학교 교육학과 명예교수

장석민(Chang Sukmin)

공주사범대학교 및 서울대학교 대학원 졸업(교육학)
미국 오하이오 주립대학교 Ph.D. (기술직업교육)
전 국립한국복지대학교 총장
현 (사)한국교육연구소 이사장, 한국직업능력개발원 연구자문위원
    HRD Consulting Korea 수석 고문

주인중(Ju Injoong)

강원대학교 공학 석사 및 경영학 석사
강원대학교 공학 박사
전 고용노동부 인적자원개발사업 평가위원
    지식경제부 산업기술정책 평가위원
현 한국직업능력개발원 선임연구위원

직무중심 역량개발을 위한

NCS의 역할과 과제

The Roles and Tasks of National Competency Standards

2017년 5월 25일 1판 1쇄 인쇄
2017년 5월 30일 1판 1쇄 발행

엮은이 • 한국행동과학연구소
펴낸이 • 김진환
펴낸곳 • (주) **학 지사**
　　　　　04031 서울특별시 마포구 양화로 15길 20 마인드월드빌딩
대표전화 • 02)330-5114　　　팩스 • 02)324-2345
등록번호 • 제313-2006-000265호

홈페이지 • http://www.hakjisa.co.kr
페이스북 • https://www.facebook.com/hakjisabook

ISBN 978-89-997-1276-0 93370

정가 15,000원

이 도서의 국립중앙도서관 출판시도서목록(CIP)은 서지정보유통지
원시스템 홈페이지(http://seoji.nl.go.kr)와 국가자료공동목록시스템
(http://www.nl.go.kr/kolisnet)에서 이용하실 수 있습니다.
(CIP 제어번호: CIP2017011468)

교육문화출판미디어그룹 **학 지사**

심리검사연구소 **인싸이트** www.inpsyt.co.kr
원격교육연수원 **카운피아** www.counpia.com
학술논문서비스 **뉴논문** www.newnonmun.com